中国メディアの変容

ネット社会化が迫る報道の変革

陳雅賽
Yasai Chen

早稲田大学エウプラクシス叢書——**007**

早稲田大学出版部

Changes in China's Media
How the New Media Influenced News-Reports

CHEN Yasai, Phd, is an associate professor at the Department of Media & Publishing, Shanghai Normal University.

First published in 2017 by
Waseda University Press Co., Ltd.
1-9-12 Nishiwaseda
Shinjuku-ku, Tokyo 169-0051
www.waseda-up.co.jp

© 2017 by Yasai Chen

All rights reserved. Except for short extracts used for academic purposes or book reviews, no part of this publication may be reproduced, stored in a retrieval system or transmitted in any form whatsoever—electronic, mechanical, photocopying or otherwise—without the prior and written permission of the publisher.

ISBN978-4-657-17805-3

Printed in Japan

目 次

序　章　1

第 1 節　問題の所在……………………………………………………1
第 2 節　突発事件報道に関する議論………………………………4
　　　1　災害報道に関する議論……………5
　　　2　公共衛生事件報道に関する議論……………6
第 3 節　先行研究………………………………………………………7
　　　1　既存メディアを中心とする研究……………8
　　　2　ネットメディアと政治コミュニケーションに関する研究……………14
　　　3　突発事件に関する研究……………15
　　　4　ネット世論とソーシャルメディアに関する研究……………18
第 4 節　本書の目的と意義……………………………………………20
第 5 節　仮設と研究手法………………………………………………22
第 6 節　分析対象および使用する資料……………………………25
第 7 節　本書の構成……………………………………………………26

第 1 章
改革開放以降の中国のメディアの
内容管理制度　29

第 1 節　一元管理体制から二元管理体制へ変革………………29
第 2 節　新聞，出版，ネットメディアの報道・掲載内容の
　　　　　管理制度……………………………………………………31
　　　1　新聞・出版の報道内容に関する管理制度……………………31
　　　2　ネットメディアに関する内容管理制度……………41

第3節　突発事件報道規制について……………………………52

　　1　1949年から2003年における突発事件報道……………53

　　2　2003年以降──情報公開の姿勢へ……………56

第4節　中国のメディア管理制度の特徴……………………59

第2章
SARS報道
──情報隠蔽から情報公開へ

61

はじめに……………………………………………………61

第1節　中国における突発事件の報道慣例……………………62

第2節　SARS事件の経緯………………………………………63

　　1　2002年11月16日〜2003年4月前半（情報隠蔽）……………63

　　2　4月半ば〜4月20日（情報公開へと向かう）……………66

　　3　4月21日〜（情報を積極的に公開する）……………67

第3節　SARS報道の内容分析………………………………68

　　1　分析方法……………68

　　2　報道件数の変化（1）──4月20日から報道件数が急増……………69

　　3　報道内容の変化（2）──情報主題が多様化へ……………70

第4節　情報コントロールしたままのSARS報道……………85

第3章
5・12四川大震災における中国メディアの報道実態
──新聞とネットメディアを中心に

87

はじめに……………………………………………………87

第1節　研究方法……………………………………………88

第2節　政府の対応やメディアの発信活動 …………………………………… 88

第3節　四川大震災の報道実態

　　　　——報道量や報道内容の分析を通じて ………………… 91

　1　報道件数——集中した2週間 …………… 91

　2　報道ジャンル——社会ジャンルがメイン ………… 92

　3　報道主題

　　　——党報の救援活動の宣伝と都市報の震災情報報道が特徴 ……… 94

　4　報道イメージ分析——中立報道がメイン ………… 98

　5　発信クレジット——自社クレジット VS. 新華社 ………… 103

　6　ニュースソース——市民・企業・団体ニュースソースを

　　　多く扱った ………… 105

第4節　四川大震災に関するインターネット上の発信 ……… 107

　1　情報源——掲示板の独自発信が多い ………… 109

　2　報道主題——焦点は「震災」「社会の動向」 ………… 110

　3　発信内容のイメージ——掲示板はマイナス報道が多い ………… 111

　4　指摘・批判対象——掲示板が「民間」対象へ批判 ………… 112

　5　賞賛対象——ニュースサイトと掲示板が「民間」対象へ賞賛 ……… 113

　6　書き込みの機能——情報伝達と動員機能が顕著 ………… 114

　7　コメントの機能——情報伝達と分析機能が顕著 ………… 115

第5節　四川大震災における中国メディアの報道実態 ……… 116

第4章
7・23温州列車脱線事故における
中国世論の形成
　　　　　　　　　　　　　　　　　　　　　　119
——既存メディアとネットメディアの分析を通じて

はじめに ……………………………………………………………… 119

第1節　先行研究および研究の意義……………………………… 120

第2節　7・23鉄道事故の経緯 ………………………………… 122

第3節　研究方法………………………………………………… 125

　1　研究対象の選定……………125

　2　内容分析の手順……………126

第4節　3紙の7・23鉄道事故報道分析……………………… 128

　1　報道掲載面の変化──殺到した報道と消えた報道……………128

　2　報道ジャンル──政治ジャンルが多い……………131

　3　報道主題──重視されている事故主題……………131

　4　報道イメージ──『新京報』の批判性が強い……………135

　5　プラスイメージ，マイナスイメージの内訳……………136

　6　鉄道部・鉄道産業が批判の中心……………138

　7　感動的な救援・救助活動が賞賛の中心……………139

　8　発信クレジット──自社と新華社が多い……………139

　9　ニュースソース──政府・民間ニュースソースを中心として………141

第5節　7・23鉄道事故のネット世論の内容分析 ………… 143

　1　情報源──既存メディアに依拠するネットメディア……………143

　2　微博ユーザー──個人ユーザーが過半……………144

　3　現れた報道主題の多様性……………145

　4　発信内容のイメージ──掲示板の批判性が強い……………147

　5　指摘・批判対象──中国体制を批判した報道もあった……………148

　6　賞賛対象──救援・救助活動報道が多い……………149

　7　微博の情報伝達機能 VS. 掲示板の公権力の監視機能……………149

　8　コメントの機能──微博より強い掲示板の権力監視機能……………151

第6節　ネット世論が突発事件報道の内容を変革する
　　　　可能性が見られる…………………………………… 152

第5章

8・12天津爆発事故における
中国ネット世論の形成　　155
──新浪微博の分析を通じて

はじめに……………………………………………………………… 155

第1節　8・12天津爆発事故の経緯 …………………………… 156

第2節　研究方法………………………………………………… 158

　　1　研究対象……………158

　　2　内容分析の手順……………160

第3節　新浪微博の書き込みの分析…………………………… 161

　　1　発信件数の変化──報道量が維持した1週間……………161

　　2　書き込み主題──事故そのものに関する情報を重視……………162

　　3　書き込みフレーム──監視機能を果たした……………164

　　4　書き込みイメージ──マイナスがプラスより多い……………164

　　5　指摘・批判対象──事故関係企業が批判の的……………166

　　6　情報源──ネットメディアと既存メディアの連携……………166

第4節　書き込みに付随するコメントの内容分析…………… 167

　　1　主導した批判・指摘・疑問の態度……………168

　　2　批判の中心は政府と官僚の不作為……………168

　　3　書き込みに付随するコメントの態度の変化……………169

第5節　ネットメディアが政府対応に民意を反映させる
　　　　可能性が見られる………………………………………… 175

第6章
ソーシャルメディアと社会安全事件〈世論〉形成 177
──雷洋事件をめぐって

はじめに……………………………………………………… 177
第1節　「雷洋事件」の経緯……………………………………… 178
第2節　研究対象と方法………………………………………… 181
第3節　天涯掲示板の書き込みと書き込みに付随する
　　　　コメント分析…………………………………………… 181

1　殺到した書き込み……………182

2　書き込み主題──事件に対する疑問……………183

3　7・23事故と8・12事故より強い批判性……………184

4　マイナスイメージは警察，司法制度を指摘したのか……………185

5　主な情報源──ソーシャルメディア……………186

6　権力と闘うコメント……………187

第4節　新浪微博に残っている発信……………………………… 191

1　注目初期と展開期に集中した発信……………192

2　雷洋事件関係者の微博書き込みの態度……………193

3　関係者の書き込みに付随するコメントの態度の変化……………194

第5節　ネット世論は制度的な改革を促せなかった………… 197

第7章
突発事件報道の変容とあり方 199

はじめに……………………………………………………… 199
第1節　近年における突発事件報道の変容……………………… 200

1　メディアによる情報伝達の変容と政府の情報操作……………201

2 市民に関する宣伝報道の増加……………205

3 メディアが政府と対抗する動き……………208

4 ネット世論が政府と世論に与えた顕著な影響と限界……………210

5 共産党によるメディア管理体制の不変性……………212

第2節 突発事件報道のあり方……………………………… 214

1 突発事件報道の問題点……………214

2 突発事件の各段階における報道のあり方……………221

3 中国の突発事件報道のあり方……………235

第3節 中国における突発事件報道の変容の可能性………… 241

掲載図表一覧……………245

内容分析コード表……………249

参考文献……………263

索　　引……………271

英文要旨……………277

序　章

第1節　問題の所在

　世界中のどの国も，日々何らかの危機の脅威を受けており，そういった危機への対処は各国の政府，メディアが常に直面する課題と言える。それは中国でも同じであり，特に社会に大きな影響を与える突発的危機――例えば南方地方で頻繁に発生する洪水災害，近年多くなってきた西南地方の地震災害，あるいは頻発する重大な交通事故や，2003 年の SARS 事件以降の豚インフルエンザの流行といった相次ぐ公共衛生事件――は，中国の報道界では「突発事件」と呼ばれ，以前からそれに関する報道は，中国政府の意向で他の事象の報道と比べ非常に慎重になされてきた。それゆえ，そうした突発事件への政府の対応やメディアの報道姿勢には，政府の執政方針や政策からメディアの報道機能，報道方針，さらには政府の執政能力，メディアの報道力などといった多様な面が反映されている。

　このような突発事件が，中国に限らず各国でも頻繁に起こっているのは言うまでもない。世界の人々の印象に深く残った公共の安全を脅かす突発事件としては，例えば 2001 年にアメリカで発生した 9・11 テロ事件や 2013 年に起きたボストンマラソンでの爆発事件が挙げられるだろう。しかし近年の中国においてはこのような突発事件がとりわけ多く見られ，しかも特に SARS の蔓延の際に問題となったように，事件そのものだけでなく，突発事件発生の際の中国政府の情報隠蔽など，中国の突発事件報道のあり方までもが中国のみならず世界中の人々を驚かせ，その後，中国政府の突発事件への対応と中国メディアの報道は海外でも注目されるようになった。そうしたことから，中国政府は突発事件の情報公開に対する姿勢を一層改善するべく見直しを行った。また中国メディアの突発事件における公権力[1]を監督する役割も一層重要視されるように

なってきている。

　アメリカや日本などの民主主義国では，第二次世界大戦後，憲法によって言論の自由が保障され，検閲は禁止されている。また政治上の権力として行政権・立法権・司法権の三権がそれぞれ独立しているのに加えて，メディアが第四の権力と認識され，政治権力へのその監視力が強く期待されている。だが，不偏不党，公平かつ公正に真実を伝えることはジャーナリズムの目標ではあるが，その実現にはこうした国々でもかなりの困難が伴っている。マーティン・ファクラー（元ニューヨーク・タイムズ東京支局長）はアメリカのマス・メディアの９・11 後の報道は，結論を言えば失敗だったと批判した。なぜなら，「国家的危機なのだから，政府の情報はすぐそのまま伝えないといけないとか，『みんなで一緒に頑張ろう』という愛国主義的な考え方が支配していく中，権力監視という役割を果たしたかと言えば，果たせなかった。結局，アメリカのマス・メディアはイラク戦争という間違った戦争を止めることができなかった[2]」からである。アメリカと同様に，日本が３・11 東日本大震災を経験したときに，メディアの慎重な報道，特に政府当局や東京電力からの発表をそのまま伝えたことは記憶に強く残っていよう。世界のどの国でも，どの政治体制の国でも，重大な突発事件が発生する際の報道については，権力を持つ集団の影響を受けていると言えるのではないか。

　しかし，上述のアメリカや日本と比べて中国はいくつかの点で事情が大きく異なっている。すなわち，日米は，政治体制そのものが，行政権・立法権・司法権が分かれている多党制民主主義国家であるのに対し，中国は共産党の一党統治の社会主義共和国体制である。そして中国は行政権・立法権・司法権の三権の独立に努めてはいるが，現実は共産党の力が三権の上に屹立し，その上中国の政治の各業務——その中にはメディア報道に関する指導も含まれている——は同党によって指導されている。そのため長期にわたり，中国メディアによる突発事件報道には，中国共産党による情報操作，情報の不透明性などの批

1　ここで「公権力」と呼んでいるのは，中国政府の各部門，機関，公共団体が国民に行使している権力である。事故関係部門の鉄道部，事故原因の調査部門である安監部も公権力部門である。

2　「特集・震災から１年　マスコミ学会で東大総長に会場から激しいヤジ　震災・原発報道で見えたマスコミの限界とは？」2012 年 3 月 6 日（http://blogos.com/article/33329/〔2013 年 1 月 3 日〕）。

判がつきものだった。

　中国共産党は，政権を担うようになって以来，国内外の政治情勢に応じたメディア政策の調整によって，突発事件報道に関する党の要求を実現してきた。その方針とは突発事件の事実報道を抑え，共産党の宣伝報道を中心とするというものであり，それは徹底的に維持され実行されてきた。その当時は通信手段が未発達だったため，中国の市民はどこで何が発生したのか，という知識を，すべて共産党が認めた報道内容からしか得ることができなかった。そのため，後述するように深刻な問題にはならず，そのようなメディア政策の長期的存続が可能だったと言える。ところが 2003 年の SARS 事件においては，中国ではすでに通信手段が発達してきていたため，中国政府が疾病感染の情報を隠蔽していることが広く明らかとなり，市民の恐慌や SARS 伝染の拡大を引き起こす事態に発展した。それまで長く保たれてきたメディア政策はここにきて行き詰まりを見せ，中国社会に大きな影響を及ぼし，中国政府のイメージは国際社会で大きなダメージを受けた。

　このように，突発事件が多発するともにネットメディアも発達してきている現在においては，突発事件の報道は市民の権利，社会の発展，国家政策，外交など国内外のあらゆる面に，以前にも増して一層深く影響を与えるものとなってきている。経済の急速な発展に伴う社会経済の著しい変化の中にある市民は，情報へのニーズも当然ながら従来よりも大きく変化・拡大させており，また通信技術の革新によってメディアの多様化，ハイテク化も進展しつつある。このような背景において，政治改革を慎重かつ漸進的ながら確かに進めている中国当局は，メディアの管理姿勢も変化させているのだろうか。もし変化があるならば，それはどのようなものだろうか。また，変わりつつある社会における中国メディアのあり方，特にその報道機能はいかに変容しているのだろうか。そしてこれらの変容は突発事件の報道にどのような影響を及ぼし，またいかなる問題点が生じるのだろうか。さらに，今後の突発事件報道はどうあるべきだろうか。このような問題点の考察が現在は強く求められているとの意識から，本書は，中国共産党のイデオロギー・コントロールの下にあり，また改革開放後の市場経済体制の導入によって産業化されてきている中国のメディアにおける突発事件報道の実態やそれらの変化および問題点を究明することにしたい。

そして，特に近年の変動著しい中国社会におけるネット世論[3]と既存メディアの世論[4]，政治，社会などの諸要素との相互関係を明らかにすることを試み，さらに，突発事件報道のあり方や今後の可能性をも探ってみたい。

第2節　突発事件報道に関する議論

　突発事件という言葉は中国独特のものであるが，上述のように突発事件自体は世界のどの国でも発生している。そのため，突発事件報道に関する議論は中国のみならず，欧米など多数の国でも多くなされている。2007年11月1日から施行されている「中華人民共和国突発事件対応（応対）法」によると，突発事件は自然災害，事故災難，公共衛生事件および社会公共安全事件の4種類に分かれる。そのため，突発事件報道とは災害報道，公共衛生事件報道[5]，生産安全事故報道[6]，社会安全事件（テロ事件を含む）報道[7]を指すことになる。日本は震災，津波，土石流など自然災害の多発国であり，災害報道の対応，災害報道の経験が比較的多く共有されている。特に2011年の3・11東日本大震災が発生した直後，原発報道に関わる深刻な問題が多く顕在化したことで，災害報道，事故報道に対する研究が盛んに行われた。アメリカでも毎年ハリケーンに頻繁に襲われることから，政府の自然災害への対応やそれについてのメディアの報道の経験が多く蓄積されており，それに関連する研究も少なくない。そこで本節では，こうした突発事件報道に関する中国国外でなされた理論研究に焦点を当てて，研究蓄積のある海外での突発事件報道論を検討する。

　3　本書では，特定の争点に関する，ネット上の開かれた「小公共圏」に集まる可視化された個人および団体・組織・企業の集合的意見を「ネット世論」と呼ぶ。ネット世論の定義に関する議論は第5章で行う。

　4　新華社元編集長南振中は1998年，市民を代表する「民間世論」と「主流メディアの世論」の概念を提出した（陳 2013）。ソーシャルメディアが民意を表明する主要な場所になるにしたがって，「ネット世論」は「民間世論」の主要な部分になりつつある。「主流メディアの世論」は主流の既存メディアを通じて形成された世論である。

　5　突発的公共衛生事件とは，突発的に発生し，多数の人々に健康被害を与える，もしくは与える可能性のある事件。公共衛生事件報道とは，そのような事件に関する報道である。

　6　中国では，企業における生産上の事故を「生産安全事故」と呼び，事故のレベルを特に重大な事故，重大な事故，比較的重大な事故，一般事故の四つに分けている。そのような事故に関する報道は生産安全事故報道と呼ばれている。

　7　中国では，突発的に発生し，社会の秩序を妨害し，市民の安全を脅かす事件を社会公共安全事件と呼ぶ。そのような事件に関する報道は社会安全事件報道と呼ばれている。主にテロ事件，経済安全に関わる事件を含む。

1 災害報道に関する議論

災害報道論は，大きく①災害情報，②情報の伝え方，③情報を伝える側の機能・責任，という三つの側面から論じられている。

まず①災害情報について，多くの研究が指摘しているように，大きな災害の発生した直後には，多大なショックを受けた人々の間で流言が発生しやすい（廣井 2004；津金澤 1999）。流言が広く伝播するのに必要な条件として，Allport & Postman（1947）は「R（流言の強度）＝I（流言の重要度）× A（状況の曖昧度）」という公式を導き出した。大きな災害であれば，I（流言の重要度）が非常に高いことが想定できる。R（流言の強度）を決定する条件としては，A（状況の曖昧度）しかない。また東京大学新聞研究所（1979：109）は，流言の沈静化には，権威ある公的部門がマス・メディア（テレビ，ラジオ）上で直接流言を打ち消す情報を放送することが重要な役割を果たすと指摘した。しかしながら，政府の発表をそのまま報道する「発表ジャーナリズム」「大本営報道」が，災害報道，事故報道において問題を引き起こすとも指摘されている（瀬川 2011）。このように，公的部門の情報の伝達は重要であるものの，それをそのまま流すだけでなく，各メディアの記者・編集者の判断によって公的情報を解釈し，また疑問を投げかけたりすることも大きく期待されていると言えよう。

第二に，どのような情報が必要かという点は災害の種類によって異なるが，廣井は災害時に必要な情報を，災害をもたらした原因，被害情報，避難のための情報，安否情報，そして救援物資・救援ボランティアなどの救援情報であると指摘した（廣井 2004：107）。しかし，災害の状況は時間の経過とともに変わりうるものであり，また災害状況の変化に応じて求められる情報も変わる。そこで廣井は地震の「発生期」「被害拡大期」「救出・救援期」「復旧期」それぞれの段階に応じて，必要な情報を提供する必要があると提案した。これに上述の中森（2004）の提言を加えると，それぞれの段階において必要な情報が，それぞれのメディアの特性を生かして伝達されるべきであるということになる。

次に，上記の②情報の伝え方について検討したい。情報の伝え方は受け手の情報受容の程度，被災後の心理的被害，社会のパニック，報道の過多，風評被害などと関わってくる。田中は，わかりやすい伝え方が災害報道では求められ

るとし，わかりやすい伝え方のあり方として「専門用語をなくすだけでは解決せず，情報を翻訳し，意味を理解するために前提となる最低限の基礎知識や考え方なども共有できるようにしなければならない」と論じている（田中 2008：56）。また，Quarantelli はパニックの持つ内面的特徴の一つは「強い恐怖の感情である」と指摘した（Quarantelli 1954）。

　最後に上記③情報を伝える側の機能・責任については，研究アプローチが多岐にわたっている。廣井はマス・メディアの災害報道における機能を大きく「報道機能」と「防災機能」に分けている（廣井 2004：103）。また，災害報道ではマス・メディアが公的機関と距離を置き，国や行政の政策，対応などをチェックする役割を果たさなければならないとの指摘がある（ファクラー 2012）。とりわけ政策の内容，そして政策に関する批判報道が民主主義社会においてはジャーナリズムの重要な役割とされている（大石 2013：77）。そして呼びかけ（動員）機能に関しては，廣井（1993）がメディアの防災報道における防災の呼びかけ機能を強調している一方，近藤（2009）は救援活動，寄付活動の呼びかけ機能が災害報道では見られていると指摘している。

2　公共衛生事件報道に関する議論

　公共衛生事件は自然災害など突発事件より発生頻度が比較的低いため，それに関する研究も災害報道，事故報道に関するものより少ない。公共衛生事件報道に関する議論は，主に①情報を迅速的かつ的確に伝達するかどうか，②感染症に関する専門知識を伝達すること，③メディアの役割は何か，という三つの側面から行われている。

　まず，上記①情報を迅速かつ的確に伝達するという点について，Ball-Rokeach et al.（1999）は，突発的な公共衛生事件の発生時，マス・メディアが公的部門の情報公開には最適な媒体であり，マス・メディアの情報収集，情報発信が迅速で幅広いと評価している。またマス・メディアも複数の種類があり，市民はそれぞれのメディアの性質に応じて求める情報の種類を変えていく。すなわちテレビは速報性が新聞より強いため，公共衛生事件の発生直後は市民の多くはテレビを通じて情報を得ることが想定できるが，公共衛生事件の感染の拡大にしたがって，市民がそれに脅威を感じるようになる。その際に，市民か

らは詳細かつ深く掘り下げて報道された情報へのニーズが高まり，新聞への依存度が高くなると Loges & Ball-Rokeach が指摘している（Loges & Ball-Rokeach 1993）。このように，それぞれのメディアの特性を生かして情報を迅速かつ適切に伝達すべきだと言えよう。その一方で，マス・メディアが公的機関による情報に依存すると報道内容が公的機関の姿勢に左右されやすくなる。

次に，上記②感染症に関する専門知識の伝達について，横田が感染症の知識を人々に伝達する意義として，市民の不安を解消すること，病気についての理解を人々の間に広めること，市民の協力を得ることを挙げた（横田 2005）。また，科学知識がすべての市民に共有されていないため，わかりやすく伝達することも求められていると言える。

最後に，③メディアの役割とは何かという点については，まず上記①に関する検討から明らかなように，現状ではメディアは公共衛生事件の情報伝達機能を果たしていること，とりわけ，関連当局から公表された情報を伝達するという機能が顕著であると指摘しうる。その他，権力の監視機能については，Lowrey et al.は，多元化された共同体に置かれるメディアは単一共同体に置かれるメディアより公権力の監視機能が強く，調査報道が多くなされることを指摘した（Lowrey et al. 2006）。つまり，メディアが置かれる政治，文化，社会環境——ここでは政治的要素の影響が最も強い——が，公権力への監視機能を果たしうるか否かを左右する。多元化された共同体が，公権力の監視機能を発揮するためには望ましい環境であると言えよう。

以上，中国以外の国々で行われた突発事件報道に関する論説を比較検討した。それらをまとめると，突発事件報道では，突発事件の各段階における迅速で的確かつわかりやすい情報伝達，突発事件におけるメディアの公権力に対する監視機能の発揮，良心的な報道（被害者に寄り添った報道）が基礎になると考えられよう。

次節では，特に本論と関わる先行研究について検討したい。

第3節　先行研究

中国メディアの研究はほぼ二つの方向性を有している。つまり中国メディア

の機能に着目し，メディアを「党の喉と舌論」とする研究と，産業面に着目しつつ，経済的には独立している中国メディアが言論の自由をもたらすか否かを論じる研究である。

　前者における議論は，主に中国メディアは中国共産党の代弁者であり，党の宣伝以外の機能とは，単に共産党の政治を維持するために提供されたサービスに過ぎなかったというものである。党の意志によって何らかのサービスを中止したり，増加させたりすることは中国の様々な場面でしばしば見られるが，それはメディアにおいても同様だと言える。一方で産業面の先行研究では，メディアの独立が論じられるようになってきてはいるものの，一般的な報道とは大きく異なる突発事件の際の報道についての研究が少ないことに鑑みると，一般的な報道の場面では独立が進んでいるとしても，突発事件の際の独立性はいかなる程度であるかを考察する必要があると言えよう。概してメディアの自立が産業面では進んできているが，しかし報道内容の面では依然として政府の統制が根強いと言えるのではないか。しかしながら，近年ではネットという新しい情報伝達手段が整備されてきていることで，根本的な変化が起こり始めている可能性がある。以上の諸論点をいくつかのメディアの報道内容の分析から検証したい。

1　既存メディアを中心とする研究

　既存メディアは中国メディア研究の主流テーマをなしており，特にメディアを取り巻く政治，経済，社会の諸要素の分析，およびこれらの要素がメディア管理制度や報道内容に与える影響の研究 (Donald et.al 2002；Zhao 1998, 2008；朱 1995；呉 2011；方 2014；孫 2004) が多く行われている。以下では，本書と関連性高い中国メディアと政治（制度，イデオロギー）に関する研究を検討する。

　改革開放以前の中国のメディア管理体制は，党中央による一元的なイデオロギー管理体制であり，それは中国メディアの報道内容を完全に制限するものであった。すなわち，当時の中国に報道の自由は存在しなかったのである。そして改革開放のあとには党による一元管理体制が変化し，党・政府による二元管理体制が始まったことで，党はイデオロギー管理を行い，政府が行政的な管理を行うようになったが，依然としてメディアの報道内容は党・政府が統制して

いる。詳細は次章において論じるが，このように中国の政治制度はメディアの報道に大きく影響を与えていると言え，こうしたメディアと政治（制度，イデオロギー）の関係に関する研究はこれまで数多く行われている。政治状況の変化とメディアの変化について長期的視野から把握する研究としてまず挙げられるのは，朱（1995）である。

朱（1995）は中国メディア，とりわけ新聞の1940年から90年代までの歩みを歴史的観点から分析したものであるが，朱は改革開放後の中国のメディアの変容のプロセスについて論じる中で，共産党機関紙の復活，専門紙の爆発的発展，情報紙の登場，民主化を目指した政論紙の出現などについて触れ，中国メディアの変化の特徴として以下の四つの点を指摘した。

> 第一には，社会の変化と共産党のマス・メディア政策の転換に伴って，中国の新聞は党の代弁者という単一的なものから，脱政治，脱イデオロギー，商業化，現制度への批判，という多種多様な性格を持つものに変わったこと，第二には，社会の経済構造や政治構造の多元化の傾向，特に権力の分散化の傾向とともに，特定の読者を対象とする対象紙や，様々な専門紙など種々の傾向を持つ新聞グループが急成長していったこと，第三には，新聞全体が大きく発展する中で，「大新聞」に比べて特定の読者階級，趣味，地域に読者層を絞った「小新聞」の発展がより顕著であったこと，そして第四には社会，経済，政治，文化的要因，特に中国共産党によるイデオロギーの規制や，マス・メディアの所有権の大部分が共産党と政府に属していることなどにより，新聞の分業化と個性化はいまだ不十分であるということである。（朱 1995：305-6）

これら4点を踏まえ，朱（1995）は政治制度によるイデオロギー管理は，経済改革，社会の発展にもかかわらず，いまだにメディアに根本的な影響を与える要素であるとし，新聞業界における根本的な変化は依然として十分ではないと結論付けた。この研究は1990年代までの中国メディアの歴史の変遷に関する貴重な研究であり，特に中国建国から90年代までの政治的要素とメディアの発展との関係を明らかにしたのである。しかし中国社会の激変と社会問題の顕

在化に伴うメディアの多様化，特に近年のインターネットメディアが社会にもたらした変化の大きさを考慮するならば，1990年代以降の中国メディアを新しい目で見直す必要があると言えよう。

メディアと政治，経済，社会に関する研究

西（2008）は既存メディア産業すなわち新聞などに焦点を当て，改革開放から2007年までのメディアの変容と党の管理制度，経済改革，社会的な変動との関係を明確にし，以下の諸問題を論じた。すなわち，①経済属性を持つようになったメディアはどのように変容したのか，②党と政府はいかにメディアを統制したのか，③メディアの突発事件報道における情報伝達の実態，および中国当局の突発事件報道に対する規制の実態はいかなるものか，④党はいかにメディアのイデオロギー・コントロールを強化しているのか，という問いに回答を与えたのである。その中で，メディアの市場化はメディアと党・政府との間の政治的な関係を変えていないものの，その根底にある経済関係を変えたことや，中国メディアは社会の変動に伴う情報へのニーズに応じて，社会の公共利益に寄与する報道活動を行うようになっていることを指摘した（西 2008：289-93）。また中国メディアの機能については，特にSARS以降に党のメディア管理が強化されたことで，メディアの情報伝達機能が妨げられ，党イデオロギーの宣伝機能は依然として産業，報道という機能よりも優位にあると指摘した（西 2008：292）。

このように，西（2008）は主にメディア産業改革という大きな軸を巡って，改革開放後の社会の変動の中におけるメディア規制とメディア報道という二つの面から問題を解明した。しかし西（2008）は1990年代までを扱った上述の朱（1995）の研究と同様に，中国の既存メディアの代表である新聞を研究対象としており，しかもそれを中国メディア全体の縮図とみなして分析した。だが上述の通り，メディアのデジタル化が進む近年の中国社会においては，新聞の代表的メディアとしての役割は弱まっており，そういった既存メディアのみを対象としたメディア研究では不十分と考えられる。とりわけインターネットなどニューメディアの情報伝達機能や公権力監視機能の大きな影響力は見逃せない。

また，孫（2013）は近代から2010年までの中国における報道の自由に関する政治思想や報道管理政策の変遷を検討し，市場経済の導入やメディアの改革，新しい情報伝達技術の浸透に伴い，中国では報道の自由が必要となっており，その実現は必然であると指摘した。しかしその自由の浸透は漸進的であり適度なものであるべきと主張している。さらに，このような報道の自由を確立するには，法律や報道倫理・道徳の醸成が必要であるとしている。

孫（2013）は理論的なアプローチと実践的なアプローチを用い，中国の報道界における報道の自由の思想の変遷や報道の自由を追求するメディアの動向に注目している。特に改革開放以降に市場経済が導入された1980年代において，中国メディア業界では報道の自由思潮が天安門事件の終結によって挫折したという事実の検討から，市場経済は必ずしも報道の自由をもたらさないという結論を導いた。彼は中国における報道の自由の必要性や必然性は，①経済基盤の変革が古いメディア理論を徹底的に動揺させたこと，また政府と市民の間の情報の非対称性[8]は報道の自由によってこそ解消できること，②情報通信技術が公民の言論の自由と政治権利の拡大・実現に有利な点をもたらすこと[9]，③中国政府は情報伝達の新たな発展（ネットメディアの浸透）を過度に恐れず，その展開に冷静に対応すること，という3点であると論じている。これらから，孫（2013）が主張している中国の報道の自由の拡大は，ネットメディア（ネットコミュニケーション）に大きく影響を受けていることが示された。しかし，孫（2013）はネットメディアが報道の自由にもたらす影響については理論的な考察に留まり，ネットメディアが報道の自由を拡大するプロセス・手続きについて実践的な考察を行ってはいない。

また以上の二つの研究は，孫（2013）がネットメディアの社会的機能についても簡単に触れたものの，主に新聞を対象に行われたものである。しかし，繰り返すようにこの十数年ネットメディアが台頭している中国では，ネットメディアに関する研究は学術面においても報道の実践面においても重要であり，いく

8　孫（2013）で検討する情報の非対称性は，国家機関と公衆の有する情報の非対称性を指している。孫（2013）はこの非対称性によって，情報隠しと行動の隠蔽の問題を引き起こすと指摘した。

9　有利な点は，①ネットは過去のコミュニケーションに対する集中的なコントロールを弱めた，②ネットコミュニケーションは言論の幅と深度を切り開いた，③ネットコミュニケーションは公衆に政治参加の可能性を提供した，の3点である（孫　2013：347-8）。

つかの近年の中国メディアの歴史的研究は，既存メディアのみならず，ネットメディアを代表としているニューメディアにも目を向けている。その中でも呉(2011) と，方 (2014) が代表的である。呉 (2011) は 1978～2008 年の中国メディアの報道システム，報道理念，報道規制，新聞，テレビ，ニューメディアの発展史やメディア教育，メディア研究の変遷など，中国メディア全般の歴史的変遷を概観した。方 (2014) は古代から 2009 年までの，中国のメディア事業の発展状況を中国政府の管理制度と関連させつつ取り上げ，特に，2000 年から 2009年にかけてのネットメディアの発展やネット世論の影響力について検討したものである。これら二研究は中国のメディアの変遷状況やメディア管理制度を把握するには大いに参考になる重要なものである。

　以上に挙げた朱や西および孫の研究も，また呉および方の研究もマクロな視点で報道面でのいくつかの変化，そして規制とを考え合わせることで中国メディアの変容を捉えようとしたものである。だが，メディアの変容の本質はそれだけでは十分に把握しきれないのではないだろうか。マクロな視点で明らかにされた中国メディアの変容を，ミクロ分析，すなわち各メディアの報道内容の変化の分析を通して検証し，より厳密な根拠をメディアの変容に関する議論に提供する必要がある。また先行研究がマクロ的視点からメディアの変容を描き出したように，新たにミクロ分析を通してメディア変容の全体像ないし縮図を得ること，そして，それをすでに明らかになっている中国メディアの管理体制および制度と合わせて考察することによって，メディアの変容をより深く，多角的に明らかにすることができるだろう。さらには，これによって中国の将来のメディアの変容の可能性・方向性をより具体的に議論することも可能となり，特に党・政府の規制が強く様々な制度が構築されている突発事件報道のあり方や特にその民主化についても，より実態に近付いた検討が可能となるのである。このような点を考慮し，本書は具体的な突発事件の報道・発信内容の変化をミクロな視点で分析し，また中国メディアの管理体制や制度と合わせて考察することで，メディア全体（既存メディアとネットメディア）の突発事件報道の変容を包括的に解明するのみならず，中国メディア全体のゆくえや，突発事件報道における自由化の可能性についても検討することにしたい。

メディアと政治，経済に関する研究

　改革開放以降の中国でのメディアの多様化に伴い，欧米における中国メディアの研究も増加してきた。歴史的視点から中国の映画，広告，テレビなどのメディアの発展過程を扱った Donald et al. (2002) は，メディアマーケティングに着目し，中国のテレビ，映画，広告，ネットの発展モデルおよび経営戦略から中国メディアの発展を論じた。中国メディア産業研究の分野では，Zhao (1998) が中国の新聞改革を主軸に，新聞の商業性および党報の管理体制と管理の実態から，商業性を持つ一方でイデオロギー化されている中国メディアの独特な性格を考察し，メディアの商業的性格は中国メディアの機能に変化をもたらし，民主化に資する可能性があることに言及した。しかしながらこれも既存メディアを主要な研究対象とし，ネット社会における中国メディアの変容については言及していない。その他，Zhao (2008) は経済と政治の両面から考察を行い，中国メディアの改革によってメディアが市民の権利の増進に資する可能性を明らかにしている。

　上掲の先行研究は，主にメディアの産業としての側面や政府のメディア政策などから中国メディアの変容について論じたものであり，そういった中国メディア管理の制度・政策面の研究は本書にとって参考になるところが多い。特に，西 (2008) の第1章「メディアの市場化とメディア制度の変容」に見られる中国メディア管理の「二元体制」という視点は示唆的である。しかしながら，西 (2008) は主に中国政府のメディア管理制度およびメディア産業の発展を巡って考察を進めたが，メディアの実態面，すなわち報道内容の分析は不十分であり，特にネットメディアの考察にまでは議論が展開されなかった。

　以上に挙げた諸研究から，中国当局による中国メディアへの厳しいコントロール，および改革開放がもたらした中国メディアの産業としての発展が明らかにされ，産業的性格を持つ中国メディアは中国社会に多少の民主化をもたらす可能性があることが示された。しかし，すでに述べたようにネットメディアの考察，とりわけ内容に関するミクロ分析は依然として大きく遅れていることから，これら諸研究だけでは不十分であると言わざるをえない。

2 ネットメディアと政治コミュニケーションに関する研究

ネットメディアに関する研究は，インターネットの世界的な普及に伴いこの数年で急増している。中国ではインターネットをはじめとするニューメディアが受けている制限は，既存メディアが受けているそれよりも緩いため，インターネットは中国では比較的自由な言論空間と言える。だからこそ中国ではネットメディアの利用者が多く，既存メディアを通しては聞こえてこない政府批判や社会問題を指摘する声が次第に多く見られるようになった。中国社会の様々な面に変化をもたらしたインターネットの影響力は注目されており，学術界においてはニューメディアと社会，メディア産業，政治などの各方面との関係についての，まさに研究ブームが生じていると言える。ネットメディアに関連する研究は主にネット世論やネット情報規制の二つの側面から行われている。

中国では，2010 年から中国人民大学世論研究所が『中国社会輿情年度報告書』を年に 1 冊ずつ刊行しているが，同報告書には中国のネット社会で形成された世論状況，ネット世論に関するデータが充実している。例えば，『中国社会輿情年度報告書 (2012)』は前年度のネット世論事件[10]の 31 件を選び出し，それぞれのネット世論事件でネット上に頻出したキーワードを抽出した。また，その中から一部のネット世論事件の経緯を紹介し，政府の対応がネット世論に応じて改善していることを指摘した。

これは本書にとって重要な資料集であるが，ただその報告書は，中国の社会世論の新動向とは何か，そして世論の論点がいかに変わったのかについて，単に表面的にデータを組み合わせて報告の形で説明したのみで，それらの動向および変化の根本的原因に関わるネットメディアを通じて形成されたネット世論による政治コミュニケーションの変化のメカニズムについて深く検証はしていない。

また，日本で行われた中国ネットメディアの研究としては，高井 (2011) が挙げられる。高井はインターネット規制の観点から，「インターネット上では膨大な情報量が利用可能であるが，その情報源の信頼性を確認するすべがまだま

---

10 ネット世論事件とは，ネットで話題となって社会全体に広がった事件である。

だ弱い」(高井 2011：194)，「インターネットには，マス・メディア組織のように
取材網も編集陣もなく，また政府に対して情報の公開を求める力がない」(高井：
195) と指摘した一方，ネットメディアが中国における民意を表明する重要な場
であるとも指摘している。つまり，ネットメディアが民意を表明する重要な場
であるが，政府に対応の改善を求める力はないとの主張である。しかし，多数
のネット世論事件では，ネットメディアを通じて形成されるネット世論が政府
の対応の改善に影響を与えたのであり，高井 (2011) はネットメディアの力を過
小評価していると言えよう。

　21 世紀に入ってからのメディア産業の発展は画期的と言え，特にネットメ
ディアの発展ブームは市民と政府とのコミュニケーションを促進し，政府の意
思を強制的に市民側に伝える上意下達という従来のモデルを変え，市民側の要
請・要望がネットを通じて政府まで届けられるようになった。このような市民
側から政府へと意見が伝わるケースがネット世論の力を借りて増加している。
だからこそ，この種のネットメディアが政治コミュニケーションに変化をもた
らすメカニズムの解明は，現在の中国メディアの研究において重要な意義を持
つと言えるだろう。

　さらにまた，制限を受けない報道の研究より，政治的・社会的に敏感な報道
領域にある突発事件の報道にこそ，中国当局のメディア管理体制および政府の
態度の変化，メディア機能の変動を明瞭に見出すことができよう。それに加え，
突発事件の報道内容を見ることで，メディア管理制度以外の要素も視野に入っ
てくる。特に中国メディア関係者，中国市民による政府のメディア規制への「抵
抗・闘争」も見えてくるだろう。これについてはメディアの報道内容の変化，
メディア報道機能の変容を理解する際に，これまでに究明された要素と合わせ
て考察する必要がある。

3　突発事件に関する研究

　突発事件という切り口から，危機管理，ネット世論，政府の「応急体制」(危
機管理体制) という三つの側面を分析した研究がこの十数年で急増している。
その中でも，趙 (2006) は主に中国突発事件報道の定義，突発事件の法規制をま
とめ，洪水災害，1979 年の渤海二号船沈没事故[11]，2001 年の南丹炭鉱事故[12]，

2003 年の SARS 事件などの事例を取り上げることで，メディアの報道状況も
簡潔に説明した。この研究は突発事件の影響の程度が中国で高まっていること
を受け，突発事件の情報公開も進んでいることを論じようとしたものである。
しかしこれらの論点を支える有効な議論は展開されず，単に事例の紹介と説明
という方法で結論を示したにすぎない。

　中国における突発事件報道の変遷に関する研究については趙（2006）や謝ら
（2009）など多数が挙げられる。その中でも，1949 年から 2003 年までの突発事
件報道の歴史的な変遷について，謝ら（2009）は 1949 年から 79 年，1980 年から
2003 年，21 世紀以降の三つの時期に分けて報道実例を分析しながら論じた。
1949 年から 79 年については，「報喜不報憂」（望ましいことを報道し，望ましくな
いことを報道しない）と「内緊外松[13]」の突発事件報道指導方針とをまとめた。
1980 年から 2003 年における突発事件報道としては中国政府による行政制度の
整備と千島湖事件[14]を論じ，突発事件報道に対する政府の規制が緩和されてき
たこと，しかし政治的要素は依然として突発事件に影響を与えていた実態を指
摘した。また 21 世紀以降については，SARS 事件の情報隠蔽の流れと SARS
事件以降の情報公開条例の整備を扱い，SARS 事件を中国の突発事件史におけ
る転換点と位置付け，さらに 5・12 四川大震災のメディアの初動の速さおよび
メディアの積極的な報道を評価した。以上の三つの時期区分による歴史的分析
から，突発事件報道には問題点が依然として存在していることが明らかになる。
すなわち，①情報封鎖があり[15]迅速な報道ができない，②突発事件に関する情
報の一部のみしか報道されえない[16]，③災害報道では被害者への配慮が不十分

11　渤海二号船沈没事故とは，「渤海二号」という石油掘削装置が沈没した事故である。事故
　による死者は 72 名。
12　2001 年，中国広西省南丹県で発生した炭鉱事故である。事故による死者は 81 名。
13　「内緊外松」とは中国のメディア報道の政策である。すなわち，対内報道への管理を厳
　格に，対外報道への管理を緩めにする政策である。
14　中国浙江省杭州市にある千島湖の遊覧船が中国人武装強盗に襲われた事件である。24
　名の台湾人乗客と 6 名の遊覧船乗員の 30 名全員が殺害され，遊覧船は放火された。
15　これは情報隠蔽を意味する。具体的には，1994 年に発生した千島湖事件で中国当局がメ
　ディアの事実報道を規制したことを指している。
16　著者が指摘したいことは，突発事件に関する情報が政府の都合によって，都合のよい情
　報のみを報道し，都合の悪い情報を報道しないことである。その具体例として，謝ら（2009）
　は，2005 年に中国東北部を流れる松花江が吉林省の化学工場の爆発で汚染された事件で，
　中国政府が爆発後，市民に害が及ぶ可能性があることを迅速に公開しなかったことを挙げ
　ている（謝ら 2009：12）。

である，という3点である。

　この研究は建国から21世紀初頭までの中国突発事件報道の特徴を明らかにしたもので，本書においても参考になる。しかし繰り返すように，21世紀に入ってからはネットメディアの参入によって中国の突発事件報道には大きな変化が生じており，既存メディアとネットメディアが構築した重層的なメディア空間における突発事件報道の観察が見落とされていると言えよう。

　また趙（2006）は，中国共産党が成立した1921年からSARS事件直後までの突発事件報道の特徴を分析する中で，改革開放前と改革開放後という二つの段階に大きく分け，改革開放前については，「内外有別[17]」「報喜不報憂」という突発事件報道の方針の形成を考察した。また趙は改革開放後，建国の初期段階における突発事件報道に関する批判報道がなされたが，それは文化大革命や大躍進における中国共産党の誤った政策によって，突発事件報道は突発事件そのものに関わる事柄を伝えるものではなく，事件の被害者を救援した人を英雄のように宣伝する報道であったと指摘した。このような英雄報道は現在の突発事件報道にも影響を与えているとして，趙（2006）は改革開放以降「災害そのものはニュースではなく，救援活動がニュースである」という報道モデルが依然として災害報道のモデルであり続けていると指摘した。すなわち，指導者の被災地の視察，被災者の慰問活動，政府の災害対策会議，解放軍の救援活動，救援物資の運送などがそのような災害報道のモデルとして挙げられている（趙2006：230）。また死亡者数の不開示も災害報道の問題点として指摘した。

　また事故報道に関する報道姿勢については，渤海二号船沈没事故，南丹炭鉱事故，ハルビン断水事件[18]の報道の考察から，渤海二号船沈没事故のメディアの責任追及報道によって「高官問責制[19]」が始まったこと，南丹炭鉱事故ではメ

17　「内外有別」は「内緊外松」と類似なメディア報道の政策である。すなわち，対内報道と対外報道を区別して報道することである。
18　中国吉林省由林市で2005年11月13日に起きた石油化学工場の大規模爆発事故で，隣接する黒竜江省の省都ハルビン市が同月22日から，事故で流出した化学薬品による水源汚染の可能性などを理由に，市全域で水道水の供給を緊急停止し，市民がパニックに陥る騒ぎとなっている。ハルビン市政府官吏は吉林化学製品工場が爆発した後に江水が汚染を受けることを知っていながらパニックを恐れたため会議で真相を隠すことを決定して，外部には「パイプ補修のための断水」であると公言した。
19　「高官問責制」とは「問責制」（accountability system）の中の1種類である。すなわち，各幹部が担当する分野では，何か問題が発生する場合に，責任が問われる制度である。

ディアの公権力の監視機能が発揮されたこと，ハルビン断水事件で情報隠蔽問題があったことを指摘した。それを踏まえて，趙（2006）はSARS事件以降の事故報道は依然として情報を隠蔽しており，突発事件に関する情報がメディアを通じて迅速に報道される制度の構築が必要と指摘した。公共衛生事件報道については，趙（2006）はSARSに関する情報が公開されるようになった後も，宣伝式報道が見られたことを強調した。さらに公共安全事件について，影響力が大きい刑事事件の千島湖事件，河南平輿殺人事件[20]などの経過を検討しながら，情報隠蔽が依然として存在すると指摘し，「国家突発公共事件応急予案」への期待も表した。しかし，趙（2006）は「国家突発公共事件応急予案」が実施された後の突発事件については考察せず，突発事件全体の報道の問題も指摘していない。

　以上の各種の突発事件に関する先行研究は二つに分類することができる。すなわち，①政府の突発事件報道に対する規制や情報公開制度の調整の歴史的分析によって，メディアの突発事件報道の変遷を考察する研究，②政府の視点から，事例研究や情報公開法整備の分析を通じて突発事件への対応策を提案する，というものである。しかし，突発事件報道のあり方を示すような研究はまだ十分になされていない。そのためには長期的に多くの突発事件の報道内容を詳細に観察し，共通する問題点および報道の規律を明らかにして提示する必要がある。

4　ネット世論とソーシャルメディアに関する研究

　ソーシャルメディアの普及にしたがって，ネット世論に関する研究が増えている。その中でも，ネット世論事件に関する議題設定研究とソーシャルメディアの影響力の実証研究が圧倒的に多い。ここでは，この2種類の代表的なネット世論とソーシャルメディア研究を検討する。

20　河南省平輿県で発生した中高生連続殺害事件である。黄容疑者は中学卒業後から家業の農業に従事していた。趣味はアクション映画やホラー映画の鑑賞で，殺人にスリルを感じたという。2001年頃からインターネットカフェ，ゲームセンター，ビデオルームなどで知り合った若者を自宅に連れ込み，合わせて17人を殺害，1人にけがを負わせた。被害者のほとんどが中高生で，遺体は自宅の室内や庭に埋められていた。

ネット世論事件研究

中国のネット世論事件については，Xiao (2011)，Luo (2014) の研究が代表として挙げられる。Xiao は中国の厦門 PX 事件[21]および重慶の再開発に関する住民との対立事件の分析から，中国政府の情報操作にもかかわらず，ネット世論が人権，報道の自由，法整備，政府のアカウンタビリティを高めるのに重要な役割を果たしたことを明らかにした。また Luo は，官製的な強国掲示板と商業的な天涯掲示板の議題設定を考察し，商業的な掲示板は官制メディアにほとんど影響されず，他方で，掲示板の議題設定は政府の政策設定に限定的な影響を与えていることを明らかにした (Luo 2014：1294)。これらのネット世論事件研究は，各「小公共圏」で形成されたネット世論が中国社会に与えた影響に焦点を当てて，そのネット世論が政府の政策の改善に与えた影響を評価している。以上の二つの研究を踏まえ，代表的な「小公共圏」における発信の分析を通じて，ネット世論全体の特徴が捉えられると言えるだろう。

ソーシャルメディアに関する実証研究

ソーシャルメディアに関する実証研究では，消費者態度と政治選挙結果に影響を与える検証研究が多い。例えば，Yuvaraj & Sabari (2016)，Yao (2016) の，Twitter，Facebook の書き込みが消費者に及ぼす影響を検証した研究である。Yuvaraj & Sabari (2016) は商品に関する書き込みを分析した。また，その結果を Twitter ユーザーのその商品に対する態度と合わせて分析し，ソーシャルメディアの共感が購買行動に影響を与えたことを証明した。Yao (2016) は Facebook，Twitter，LinkedIn の 3 社のコンサルティング会社に関する書き込み内容を分析し，比較した。その結果からソーシャルメディアにおけるプラスイメージの書き込みはブランディング効果を果たしたことがわかった。

ソーシャルメディアと選挙研究について，Hong & Nadler (2012)，Cogburn & Espinoza-Vasquez (2011)，Beck et al. (2002) が挙げられる。その中でも，Hong & Nadler (2012) と Cogburn & Espinoza-Vasquez (2011) は 2008 年の大

---

21 中国福建省厦門（アモイ）市内で台湾系企業の PX（パラキシレン）工場を誘致しようとしたところ，2007 年 5 月，周辺住民による反対が強まり，大規模なデモも行われた。ネット上でも反対の議論がわき起こった。そのため 2007 年 6 月 7 日，厦門市当局は建設地を変更した。

統領選挙キャンペーンのオバマ陣営の事例を中心に取り上げ，オバマ陣営の
ソーシャルメディア上の発信内容を分析し，ソーシャルメディアが有権者の投
票意向に影響を与えたと明らかにした。

　以上の研究は，ソーシャルメディアを利用することで，ネットユーザの投票
意向と購買行為に影響を与えることを検証した。筆者はこれらの研究に啓発さ
れ，ソーシャルメディアにおける突発事件に関する書き込みの分析を通じて，
ネット世論が政府やその他の関係者の事件への対応に影響を与えることを検証
する。

第4節　本書の目的と意義

　以上の先行研究を踏まえ，本書は次の4点を明確にすることを目的とする。
すなわち，

　①メディアを取り巻く環境が激変してきているこの十数年間における，政府
のメディア管理制度の調整の方向，②突発事件報道における各メディアの違
い，③メディアの役割の転換，④既存メディアやネット世論が持つ政府に対す
る影響力の変化，の4点である。

　具体的には，変わりつつあるメディアに対して中国当局はいかにメディア管
理制度を調整しているのか，そしてその調整の目的は何か，また中国当局はメ
ディアへの報道内容の管理を緩めているのか否か，その一方で，突発事件報道
においては，既存メディアとネットメディアの報道・発信の違いはどこにある
のか，既存メディアやネットメディアの役割はどのように変わっているのか，
ネットメディアを介して形成された世論とはいかなるものか，その世論はどの
ような影響力を有したのか，特に中国当局にどのような影響を与えたのか，な
どといった点を明らかにする。また今後の中国メディアが突発事件報道におけ
る可能性を探り，突発事件報道のあり方を国際的な視点で考察する。

　また，そのような本書が有する学術的意義と社会的意義は次のように整理す
ることができる。本章の第3節で述べたように，先行研究には以下の大きな問
題点がある。すなわち，まず既存メディアかネットメディアかにかかわらず，
メディアと政治との関係に関する研究は中国メディア研究の主流であるが，既

存メディアと政治との関係についての認識は，経済，社会など諸要素の影響にもかかわらず，既存メディアが政治側の管理制度に厳格に管理され，報道内容が依然として規制されている，という状態にとどまっている。また，ネットメディアと政治との関係については，ネットメディアは中国政府の規制を受けているため政治への影響力を持たないという見解と，ネットメディアを通じて形成されたネット世論は政治政策を改善させる可能性があるという見解との相反する主張をめぐる研究が多い。

　しかしながら，中国メディア研究においては，ネットメディア，既存メディア，政治という三者の相互関係の実証研究は行われていない。現実に目を向けても，ネット世論が既存メディアを通じて政治に圧力をかけることや，既存メディアに所属する記者がネットメディアを通じてオピニオン・リーダーとなり，世論をリードしていることは明らかであり，多数のネットメディアや既存メディアが政治に影響を与える可能性は確かにあるだろう。そして，政府が既存メディアの世論やネット世論の影響を受けることで，管理規制や各種の対応の調整をすることも考えられよう。したがって実証的分析から突発事件におけるネットメディア，既存メディア，政治という三者間関係の変容の解明を目指す本書は，メディア研究，特に中国メディア研究に新たな知見を提示することができるだろう。この三者間関係について本書は，①メディアが政府の規制に反発するようになっている，②ネットメディアを通じて形成されたネット世論は，政府の対応や既存メディアの世論に大きな影響を与えるようになっている，③ネット世論や既存メディア世論の圧力を受けて，突発事件への政府の対応は改善した，というここまでに述べてきたこれまでの研究から想定される三つの点を検証することにしたい。それに加えて，ネットメディアや既存メディアは従来のように単に政府に管理されるだけではなく，同時に政府を監視する役割も果たすようになっているということ，さらにまた，ネットメディアは既存メディアから独立して政府の監視機能を果たすわけではなく，むしろ互いの報道・発信を参照することによってメディア全体としての監視機能を向上させている，ということも本書で明らかにしたい。これらが明らかになれば，先行研究で指摘されている主張，すなわち，メディアと党や政府，政治の関係は変わっていない（西 2008：287-94），ネット世論が「政府に対して情報の公開を求める

力がない」(高井 2011：195) という見解に対する重大な反証が提起されることになり，それと同時に，中国の報道の自由がネットメディア (ネットコミュニケーション) に大きく影響されている (孫 2013：346-7) という孫の主張を補完するものとなろう。

さらには，本書で検討するメディアの政治に与える影響のメカニズムは，中国のみならず日本やその他の国々における，ネット世論と既存メディアや政府との関係の考察にも寄与する可能性を持つことであろう。またこのメカニズムを用いることで，現在の突発事件報道の変容の傾向から将来起こりうる状況の予測も可能であろうし，突発事件報道のあり方の様式を摸索するにも有意義な議論を提供しうるであろう。そして何より，政府に市民の要請を陳情するルートが少ない中国にとって，特に中国社会の草の根の階層にとって，ネット世論の持つ政府の決定への影響を明らかにすることは大きな現実的な意義を持つ。現実社会に起きる問題がネット世論を通して政府の耳に届き，それが積極的に解決されるとすれば，それは市民の利益に大いにつながるものである。

第5節　仮設と研究手法

以上の研究目的を達成するため，本書では三つの仮説を立てて分析を行う。

第一の仮説は，「21世紀に入って，急速な社会経済の変化やネットメディアの普及を背景にした市民の意識変化や情報へのニーズ拡大が，中国政府へ何らかの圧力をかけている。突発事件のような敏感な事件に関する情報の公開が質・量的に一層進んでいる」というものである。これを突発事件報道から検証するため，突発事件における政府の情報公開の速さと，情報内容の量的・質的変化を確認する。つまり，政府は情報を迅速に報道したか，公開される情報の量は増えたか，公開される情報の質・内容が市民のニーズに応えているかどうかを検証する。そして突発事件の情報公開に対する市民の意見が世論としてまとまり，政府の情報公開の拡大に影響を与えたか否かを，ネットメディアと既存メディアの報道や政府の対応から検討する。

第二の仮説は，「ネットメディアの普及にしたがって，既存メディアやネットメディアが，それぞれの特長を活かし，また互いの発信する情報を利用し合い，

メディア全体で情報の量と質が向上している」というものである。これはメディアの報道機関としての機能の拡大を確認することで検証できる。具体的には，特にマイナス報道の増加から把握できるであろう。また取材権はあるが当局の厳しい規制下にある既存メディアと，取材権はないが比較的規制が緩く，多くの市民が様々な形で情報収集・発信できるネットメディアが補完し合っていると考えられるが，これについては各メディアごとの報道内容の分析，つまり既存メディアとネットメディアの突発事件報道・発信の異同および関連性から明らかにしうる。例えば，既存メディアがネットメディア上の市民の意見を報道することで，従来は公的に表明されなかった市民の意見が広く公開されることになり，それは当然政府にも届くことになると考えられる。そしてそうしたプロセスが，政治的影響力を持つ新たな形態の世論を形成してきているのではないかと考えられる。この点に留意しながら，ネットメディアの発信内容が与える既存メディアの報道内容や政府の対応への影響について検討していく。

　そして第三の仮説は，「中国政府は情報公開を拡大する一方で，メディアへの新たな規制の導入・強化も始めているが，それらは市民による政府の情報公開への圧力や報道の自立を目指す各種メディアの動きをより一層活発化させ，やがてメディアの報道機関としての機能の向上がもたらされる」というものである。すでに述べた情報公開の進展は，単純に裏を返せばメディアへの報道規制の緩和がなされたことを意味するようにも思える。だが強力な力を有する中国共産党および政府が，市民のために情報公開を進めるのみで終わるとは考えにくい。すなわち，情報公開という規制緩和の一方で，何らかの形で規制の強化が行われていると考えるべきであろう。しかし，いかなる規制でも最終的には報道の自立を求めるメディアの抵抗や，情報の公開や種々の権利の拡大を求める市民の圧力を増大させるものであるし，特にネットメディアの参入によって報道界に新たな世論形成ルートができつつあるとしたら，それを通してさらなる規制緩和への圧力が中国政府へかかっていくであろう。本書では新たな規制の実態と，それに対するメディアおよび市民の対応を明らかにし，それらの動きが今後のメディアにもたらす影響を検討したい。

　次に，これらの仮説を検証する方法を具体的に示す。

　まず報道内容の変化を検証するために内容分析を行う。分析対象期間は

2003 年から 2017 年までの 14 年間とする。2003 年からとした理由は，2000 年前後からネットメディアが中国で普及し始め，2003 年の SARS 事件では一部の情報がネットから発信されたことが先行研究で明示されているためであり，また SARS 事件の後に中国では突発事件公開法の整備が進み始めたことで，SARS 事件が中国の突発事件報道では分水嶺と呼ばれているためである。

　また分析対象としては，この 14 年間で発生した代表的な事件を取り上げる。すなわち，2003 年の SARS 事件，2008 年の 5・12 四川大震災，2011 年の 7・23 温州高速列車脱線事故（以下「7・23 鉄道事故」と略す），2015 年の 8・12 天津爆発事故，2017 年の雷洋事件である。この五つの事件を取り上げた理由は，突発事件では，自然災害，公共衛生事件，生産安全事故，および社会公共安全事件の 4 種類があり，SARS 事件は公共衛生事件の代表として，5・12 四川大震災は自然災害の代表として，7・23 温州高速列車脱線事故と 8・12 天津爆発事故は生産安全事故の代表として，雷洋事件は社会公共安全事件とみなしうるからである。

　また，既存メディアやネットメディアの報道・発信実態を明らかにするため，報道・発信内容（主題，イメージ，フレーム[22]，情報源など）の分析を通じて，五つの突発事件における既存メディアやネットメディアの報道・発信内容を分析する。また，それぞれの内容分析の結果を比較し，五つの突発事件におけるメディアの発信の異同を明らかにした上で，その異同を引き起こす原因を，政治，経済，社会環境の諸要素と関連させながら考察する。具体的には，メディアの管理制度や，突発事件報道の内容分析に関して，次のような問いを提示し，分析を行いたい。①中国政府の報道管理制度がどのように調整されているのか，②突発事件における中国メディアの報道・発信内容はどう変わったのか，③突発事件における中国メディアの報道機能の何が変化したのか，④それぞれのメディアは突発事件報道においてどのような特徴を持っているのか，⑤突発事件において，メディアと政府との関係はどうなっているのか，という諸点を，中国メディアの報道内容の分析を通して得られたデータに基づく実証的考察から検討する。これは本書の大きな独自性と言えよう。

22　フレーム概念については多様な定義がなされているが，本書では，物事を枠付ける行為の結果として現れるフレーム概念について論じる。

最後に本書の第7章では突発事件報道の今後のあり方を提言する。本章第2節で検討された突発事件報道に関する議論の論点，すなわち突発事件の各段階における迅速かつ適切に情報を伝達する，突発事件におけるメディアの公権力の監視機能の発揮，被害者に寄り添った報道をめぐって，突発事件報道のあるべき姿の提言を展開していきたい。

第6節　分析対象および使用する資料

　本研究は，SARS事件，5・12四川大震災，7・23鉄道事故，8・12天津爆発事故，雷洋事件それぞれについて，新聞あるいはネットメディアにおける関連報道ならびに書き込み・コメントの内容分析——各メディアの報道記事を「報道ジャンル」「報道イメージ（マイナス，中立，プラス）」「報道主題」「情報源」などの項目に分類，集計する——を中心に考察を進める。その際には党の機関紙と都市報[23]における各項目ごとの集計結果を比較し，それらとメディアの管理体制，社会・政治背景とを総合的に検討したい。そのため中国共産党のメディア宣伝工作の指導に関する公文書，中国政府のメディア管理制度の規制などに関する資料も分析，考察する。

　分析対象とする新聞はすべて上海図書館に収蔵されている。しかしメディア管理体制や中国当局によるメディアのコントロールに関する公文書，突発事件に関わる規制についての資料は中国政府の措置により一部しか公開されていないので，いくつかの資料は入手できなかった。本書で取り上げる公文書は主に中国各級の宣伝部，宣伝局，国家広電総局，国家新聞総署などメディア管理部門の管理規制，公文書，通達などである。

　また中央宣伝部の突発事件に関するメディアの報道を規制する通達は内部資料なのでアクセスすることは難しいが，一部が記者あるいはメディアの内部関係者の手によってネット上に流出した。それは特に記者の微博[24]，ブログで流されるケースが多い。ネットでそれらの内部通達を入手するということも，本

23　「都市報」とは，中国の新聞のうち，事件や芸能，娯楽，スポーツ情報や広告を多く掲載する大衆紙の総称。改革・開放政策が始まった1990年代から登場するようになった。
24　微博とはミニブログである。中国版Twitterとも言える。

書の分析にとって不可欠な方法である。

第7節　本書の構成

　ここまでに述べたように，本書の序章では，まず本研究に関する問題を整理
し，中国メディアに関する先行研究をまとめた。そしてそれらの先行研究を踏
まえ，多様化している中国メディアの突発事件の報道内容・報道姿勢がいかに
変化し，ネットメディアの報道界への参入が突発事件の報道にどのような変化
をもたらしたかを解明すること，突発事件報道のあり方の提言が本書の目的で
あることを示した。

　第1章では，中国のメディア管理体制および内容管理制度について論じる。
中国では共産党が行うメディアのイデオロギー統制と，国家新聞総署，広電総
局等の行政管理部門による統制という，二元的なメディア管理体制が敷かれて
いる。それらの管理体制をもとにして，メディアの報道内容に関する規制，突
発事件の報道内容に関わる規制といったメディア体制を支える具体的な管理規
定・規制・通達を考察する。

　次に第2章では，2003年のSARS事件を取り上げる。4月1日から4月30
日の『人民日報』『南方都市報』の1カ月間の報道内容を分析し，SARS危機に
おける中国政府の突発事件への対応・態度，メディアの報道内容・報道姿勢は
どのように変化したのか，その理由は何かという点を明らかにする。

　第3章では，2008年の5・12四川大震災の際の『人民日報』『新京報』『華西
都市報』という3紙における震災後1カ月間の震災報道の内容の分析を行い，
党の機関紙である『人民日報』と都市報2紙の突発事件報道の内容，報道姿勢
の違いを明らかにしつつ，さらには震災発生地の地方紙である『華西都市報』
と北京の都市報『新京報』の報道の間にも違いがあるかどうかを考察し，異同
点を明らかにする。また，ネットメディアの新浪ニュースサイトと天涯掲示板
の震災後の1カ月間の発信内容を分析し，ネットメディアの発信と既存メディ
アの報道のそれぞれの特徴，ネットメディアの発信の役割，ネットメディアと
既存メディアとの関係を明らかにする。

　続く第4章は，2011年の7・23鉄道事故の事例研究を中心とする。既存メ

ディアである新聞各紙（『人民日報』『新京報』『温州都市報』）の7・23鉄道事故翌日から2週間の事故報道を取り上げ，内容の分析・比較を行い，マクロな視点から新聞における7・23鉄道事故報道の全体像を，またミクロな分析から『人民日報』とほかの2紙の内容に関する異同点を明らかにする。また，この事故の際には，ネットメディアは既存メディアへ大きく影響したと言われているが，3紙の7・23鉄道事故報道でどれほどのネット上の情報が利用されたのかも明らかにする必要のあるポイントである。これまでの既存メディアの突発事件報道ではネット上にネットユーザーが発信した情報はほとんど採用されなかったが，7・23鉄道事故において既存メディアが本当にネットメディアへの依存度を高めたかどうかを検証したい。また，ニュースサイト，掲示板，微博という代表的な3種のネットメディアのそれぞれの7・23鉄道事故に関する報道，書き込みの内容を詳細に分析・考察し，どのようなネット世論が形成されたのか，ネットメディアがネット世論を形成する過程における既存メディアが果たした役割を考察する。またネットメディアの7・23鉄道事故報道およびネット世論と政府の対応，既存メディアの動きとの関係も見極めたい。

　第5章では，8・12天津爆発事故を取り上げ，新浪微博の公式的なニュース配信アカウント「頭条新聞」の8・12事故に関する書き込みを分析し，事故直後どのような世論がどのように形成されたのかを明らかにする。

　第6章では，雷洋事件を取り上げ，天涯掲示板，微博の事件に関する書き込みと書き込みに付随するコメントを分析し，事件に関するネット世論の特徴を明らかにした。

　最後に第7章では，上記5事件の報道の分析結果を比較し，2003年から2017年までの時間の推移，社会の発展，社会の複雑化，メディアの革新に伴う，突発事件に関するメディアの報道の変化とネット世論の形成を論じる。それらの変化は，党・政府によるメディア管理制度の調整，突発事件への認識の変化，市民のニーズ，中国メディア関係者の抵抗など，数多くの要素を複雑に内包していることに鑑みながら，それらの関係を考察する。また時が経つとともに中国の突発事件報道が変化したことについて，特にメディア機能の転換に着目しつつ，突発事件報道の変容とネット世論の形成のメカニズムおよびそれが中国社会にもたらした変化を明らかにする。そしてそれらの変化を踏まえ，中国の

みならず，他の国にも共通する突発事件報道の問題点を検討し，それらを克服するため今後の突発事件報道のあり方や中国突発事件報道の可能性を探る。

第1章
改革開放以降の中国のメディアの
内容管理制度

第1節　一元管理体制から二元管理体制へ変革

　メディアの管理体制とは，すべてのメディアを管理，監督，規制するシステムである。特に報道メディアに対する管理体制は，報道メディアの組織の運営，報道メディアの管理，報道メディアの報道内容，政府による情報伝達の機能の発揮，政治や社会の安定に大きな影響を与える（厳　2009：134）。そのため，報道メディアの管理体制および具体的な制度は，中国の報道メディア研究において重要な領域であると言えよう。このようなメディアの管理体制は常に政治，経済，文化など社会環境の変化にしたがって変容しており，永久に不変ということはありえない。メディアの管理体制の変容には多くの要因があるが，特に経済および政治改革が最も影響力がある。この点から中国の場合を考えると，建国以降の中国のメディアの管理体制の大きな変容の始まりは1980年代にまでさかのぼることができる。すなわち80年代の改革開放以前は，中国の党の機関紙[1]は計画経済を基礎として運営されながら経済的な要素を排除し，党委員会が報道内容，各新聞社の人事任免，部署の配置，財政などすべて統一に管理するという，中国共産党の一元的な体制[2]の管理下で党・政府に関する宣伝活動を行っていた。この時期のメディアはいわゆる「事業単位[3]」の性質を持った組織であり，メディアは利益を追求するのではなく，「階級闘争の道具」や「党の宣伝道具」として政治権力に奉仕したため，メディアは同一の論調であり，報

1　当時，中国におけるメディアのほとんどは党の機関紙であった。
2　一元的なメディア管理体制について，西は「1978年の改革開放路線の導入前，中国メディアにおいては市場経済の要素が排除され，『党機関紙体制』ともいうべき一元システムである」（西　2008：33）と説明した。つまり，一元的な体制で，国がメディア財政の100％を負担し，メディア（党機関紙）は経済利益を求めず共産党に管理されながら運営された。

道の多様性は見られなかった。

　しかし 1970 年代末から中国メディアは改革の第一歩を踏み出し始めた。すなわち，市場経済要素を導入し，「事業単位，企業管理[4]」という方針での二元的な管理体制に移行した。二元的な管理体制とは，具体的に言うと，党中央によるイデオロギー管理と，国務院に所属する関連機関による行政管理である。この二元的な管理体制については多数の先行研究があるが（胡 2003；西 2008；梁 1992），例えば中国の代表的なメディア史研究者である胡正栄は，改革開放以降中国メディアの管理体制を「一元体制　二元実行（運行）」と指摘した。すなわち「一元体制の下で，メディアは国家に所有される。二元実行とは，国家に所有されるメディアが政治的なイデオロギー宣伝任務を行うと同時に，広告などの経営活動を通して利益を獲得し，運営を維持することを指している」としている。胡 (2003) は二元体制という語を使用してはいないが，メディアは政府の宣伝活動を行うシステムと，企業として経営活動を行うシステムという二つの手段を用いながら，メディアの国家所有という一元体制のあり方を実現していることを示している。すなわち胡は，メディアの政治的な性格と経済的な性格という二つの面からこの一元体制の二元実行を考察したが，このような視点は彼の研究に限らず中国のメディア研究の主流であると言える。しかし，党による一元管理体制は改革開放とともに変化し，党中央によるイデオロギー管理と国務院に属する関連機関による行政管理という二元管理体制に移行したことは，胡 (2003) では明確に提示されていない。

　また梁はメディアの管理体制の変化に注目し，1987 年の国家新聞出版総署の設立によって，党による政策指導のみのメディア管理体制から党委員会の指導や専門的な行政部門による科学的な管理体制に移行したことを指摘している。

3　事業単位登記管理暫行条例（「事業単位の登録や管理に関する暫定条例」）国務院第 252,
411 号令によると，事業単位とは公益のために国家機関あるいは他の組織が国有資産で設立する教育，科学技術，文化，公衆衛生活動に従事する社会服務系組織であり行政機関でも企業でもなく，また NGO（非政府組織），NPO（非営利団体・組織）と類似しているものの，全く同様でもない。事業単位は行政機関に属し，その管理下にあるが，事業単位はその活動に要する経費の負担方法により三方式に分けられる，すなわち①国家の行政経費が 100％ を負担する，②差額のみ負担する，③事業単位が独自に負担する，である。そのため NGO ないし NPO とは異なり，中国の事業単位は特に財政面から政府の行政機関と緊密につながっているものである。

4　「事業単位　企業管理」とは，事業単位の性質を持ちながら，企業の経営や管理方式を導入することである。

しかし，梁（1992）はこれを二元管理体であると明確的に示してはいない。

このような二元的な管理体制を支えるのは，メディアの創刊・創設，取材・報道活動，出版・掲載など，メディア従事者に関する具体的な制度であり，これらの制度は中国の報道メディアの性質，報道内容，人事管理，資本管理などメディア全般を規制している。メディアがどのような報道・発信規制の下で突発事件に関する発信活動を行っているのかを明らかにするため，以下ではメディアの発信内容管理制度，とりわけ突発事件報道の管理規制を検討する。

第2節　新聞，出版，ネットメディアの報道・掲載内容の管理制度

1949 年の中華人民共和国の建国直後，統治政権を強化するために，中国共産党は宣伝業務に力を入れ，新聞など出版物の報道，出版内容について厳しい検閲を行った。その後，メディア技術と社会の発展に伴ってメディアの形式も多様化しつつあるが，中国当局はこれらの新しい情勢に応じてインターネットに対する検閲制度も実施している。本節では 1990 年代からの中国の新聞，出版，ネットメディアの報道・掲載内容の審査制度を検証する。特に，政府による事前規制，事前審査，事後審査の 3 種類の内容管理制度に焦点を当てたい。

1　新聞・出版の報道内容に関する管理制度

政権の正当性を守るために当局がメディアの報道内容を厳しく管理しているため，中国メディアは党の方針，路線，政策を堅持しながら報道活動を行わねばならず，それゆえ自由な報道活動を行うことはできない。それを担保したのは新聞，出版の報道内容に関する内容管理であり，これはネットの台頭以前には「事前規制」「事前審査」「事後審査[5]」という三つの段階を通じて実施されていた。だが近年になって微博（ウェイボ，中国版の Twitter）などのソーシャルメディアが普及するにしたがい，「事後審査」で関連メディアや関係者に行政処分を下すだけでは大きな社会事件になる可能性があり，「事後審査」による行政処罰は難しくなっている[6]。

5　魏（2010：211）によると，事後審査（中国語では審読と言う）は出版管理部門が新聞や定期刊行物に対する日常監視管理の重要な手段である。

事前規制

　事前規制は，新聞社が，新聞の報道内容に対する規制にしたがって，取材・報道活動を行うことである。事前規制について，「出版管理条例[7]」（新聞でも適用される）の 25 条では，次の内容を含む報道ができないと規定している（2011年および 2013 年の修訂版では以下の内容について改訂等はなされなかった）。

　　①憲法に規定されている基本原則に反対する内容

　　②国家統一，主権や領土の保全を破壊する内容

　　③国家機密を漏洩し，国家安全に危害を加え，国家栄誉と利益を損害する
　　　内容

　　④民族間の恨み，民族差別を扇動し，民族団結を破壊する内容

　　⑤国家宗教政策に違反し，邪教と封建的な迷信を宣伝する内容

　　⑥社会秩序を混乱させ，社会安定を破壊する内容

　　⑦猥褻，賭博，暴力，殺人，恐怖あるいは犯罪を教唆する内容

　　⑧他人の合法的な権利を侮辱あるいは誹謗する内容

　　⑨公共道徳あるいは優秀な民族の文化を危害する内容

　　⑩法律および行政法規において禁止される内容

　また，新聞の報道内容に限られた管理規制について，2000 年 5 月には中央宣伝部，新聞出版総署が「紀律や規則に反する新聞や刊行物の警告制度の創設に関する意見[8]」において，新聞の規律違反問題を以下のように分類している。

6　「南方週末」事件はその一つの例として挙げられる。「南方週末」事件とは，中国当局が
　『南方週末』の 2013 年新春特別号の社説の差し替えを強要したことやその後の記者と中国
　当局との対立など一連の出来事である。この事件では，多数の有名人，ジャーナリスト，
　知識人，メディアが『南方週末』を応援する姿勢を見せた。中国政府によるメディア報道
　の内容管理に批判の声が殺到した。
7　「出版管理条例」は 2001 年 12 月に国務院が出され，2011 年 3 月に 1 回目修正され，
　2013 年 7 月に修正された（「出版管理条例」中華人民共和国国務院令第 343 号，2001 年）
　中華人民共和国人民政府網（http://www.gov.cn/gongbao/content/2002/content_61879.
　htm〔2013 年 9 月 23 日〕）。
8　中宣部・新聞出版総署「関於印発『関於建立違紀違規報刊警告制度的意見』『違紀違規報
　刊警告制度実施細則』的通知」（2000 年 5 月 29 日）中華人民共和国中央人民政府網（http:
　//www.gov.cn/gongbao/content/2001/content_61303.htm〔2012 年 8 月 12 日〕）。

①マルクス・レーニン主義，毛沢東思想，鄧小平理論の指導的な地位を否定し社会に悪い影響を与える

②党の路線，方針，政策を違反し，厳重な政治過失を犯す

③国家機密を漏洩し国家安全に危害を加え，国家栄誉と利益を損害する

④国家民族・宗教政策に違反し，民族団結や社会安定に影響をあたえる

⑤殺人，暴力，ポルノ，迷信，非科学的な内容を教唆する

⑥デマを拡散し，ニュースを捏造し，報道工作の大局を妨害する

⑦その他，党委宣伝部門や新聞出版行政管理部門が認定した他の厳重な過失など

　すなわち，国家安全，国家保全，民族団結に危害を加えること，違法なこと，迷信のほか，マルクス・レーニン主義，毛沢東思想，鄧小平理論の指導思想や党の路線，方針，政策に違反することも報道のタブーであることが明確にされている。これらの問題が感知され，新聞社に世論誘導の過ちがあるとされれば党委宣伝部や新聞出版行政管理部門が新聞社に警告する。そして年に3回警告されると停刊整頓処理[9]となり，編集長や社長が免職されることになる。

　このような措置がとられることは，中国当局がメディアのイデオロギー管理を非常に重視し，当局が提唱する政治思想，政治理念，方針，政策に反する報道を禁止し，提唱する政治思想，政治理念，方針，政策を賞賛する報道へと誘導しているということである。特に停刊整頓処理など処罰制度の存在は，メディア業界が報道活動を行う際に自身を守るため，当局にとって都合の悪い報道を報道せず，都合のよいことのみを報道するような自主規制を行うことの強い動機になっていると言えよう。

「事前審査制度」

　事前審査制度は，新聞社内部あるいは関連政府機関が，記者がすでに書き終わった原稿を審査し，掲載するかどうかを判断する制度である。これは主に「内部参考」「審読制度および出版物の審査制度」からなる。

9　停刊整頓処理とは，停刊処分のことである。

① 「内部参考」(内参) 制度

　「内部参考」(内参) 制度は，官製メディアが「内部参考」用の刊行物を発行し，政府にとって敏感な問題（マイナス報道，突発事件，政府の不正，官僚の汚職問題など）を公開せず，ただ各級の党・政府内に対してのみ，「内部参考」用の刊行物を通じて報告する制度である。この制度は，党・政府が市民の目を避けて極秘に行っているものではなく，党の規定によって定められた公的な制度である。例えば「中国共産党党内監督条例[10]」(2003 年) の第 3 章の第 33 条には，党内監督の世論監督について「党の指導下で，報道メディアは関連規定と手順にしたがって，内部反映あるいは公開報道を通して，党内監督対象[11]に対する世論監督作用を発揮する」と規定している。ここでいう「内部反映」は，「内部参考」(つまり，党内部に報告する党内の世論監督方式) を指している (尹 2012)。この条文は「内部参考」制度に法制面の根拠を提供している。

　各級の「内部参考」刊行物としては新華社，『人民日報』，中央テレビ (CCTV) など中央級官製メディアが党中央や国務院に定期的に「内部参考」情報を報告するものが存在するが，中でも新華社が編集した内部参考用の刊行物が多く (尹 2012)，とりわけ『内部参考』(1949 年創刊) という党内の総合性機密刊行物が最も影響力を持つ。この『内部参考』は，中央幹部に国内の状況をより詳しく知らせ，政策決定に用いられるような重要な情報提供を行うために国内各地方の新動向を中央に報告する内部刊行物である。メディアが『内部参考』を通じて地方政府の不正や官僚の汚職問題を報告することは，メディアが公権力監視機能を発揮するための主要手段である。ここで主に報告されている問題は伝染病の拡散，デマの広がり，大規模な市民デモ，突発事件などであり，そのほかに各地方の政治思想動向も毎日報告され，おおむね 1 日に 2 頁から 5 頁程度分の記事が掲載されている[12]。

　また『内部参考』内では党政府の不正行為に関する内容のみならず，中国各地の重大な災害，事件，事故の情報も扱われるため，その情報を市民に公開す

10　『中国共産党党内監督条例（試行）』中国方正出版社，2004 年，p. 14。

11　〔中国共産党党内監督条例（試行）〕(「中国共産党党内における監督条例（試行）」) 第 3 条では「党内の監督重点対象は党の各級の指導機関と高級幹部，特に指導幹層の責任者」と規定してある。

12　「歓迎訂閲 2005 年度新華通信社機密刊物——『内部参考』」新華網 (http://www.jl. xinhuanet.com/shangye/neican/neibucankao/neibucankao.htm〔2012 年 12 月 8 日〕)。

るかどうかは，こうしたルートで届いた情報をもとに党中央が検討し，①内部消化（対外公開せず），②事件・事故が落ち着いたら公開，③速やかに公開，という三つの公開方式のいずれかがとられることになる。これらの公開方式は，「伝聞」「旧聞」「新聞」とたとえることができよう[13]。しかしこの仕組みが常に国家や社会にとって最善の結果をもたらすわけでは決してない，例えば1976年唐山大震災の際，地震発生直後，新華社の記者が取材，撮影した唐山の被災状況を速やかに『内部参考』に載せ，中央指導部に通知したものの[14]，当時中央では毛沢東の重病や指導部の権力争いなどの複数の原因により混乱が生じており，地震の情報は市民には速やかに公開されず，唐山大地震の死亡者数と被害状況が悪化する主因となった。このように突発事件が発生した際には，まずは『内部参考』のような「内部参考」用の刊行物を通して党中央にだけ情報が伝達され，そしてここでの決して短くない検討ののちに公開のあり方が決定されるという手順がとられるため，突発事件に速やかに対応する機会を逃してしまう可能性があると言えよう。

　以上に検討したように，中国特有の情報報告制度「内部参考」制度は，地方の公権力の監視機能を果たしているとはいえ，同時に一般市民の知る権利を侵害し，市民の生活に直結するような情報が上層権力に操作されるという問題を生じさせてもいる。これは，既存メディアが公権力を十分に監視できないことの根本的な原因であると考えられる。また一部の地方政府や幹部は，自らの業績を増進するため，地方で発生した官僚の不正行為，政策の不当，住民の陳情などの情報を，あらゆる手段を用いて上級政府に隠蔽することがあり，「内部参考」の地方監視機能もが正常に働かなくなっている。近年になり多数の地方官僚の腐敗問題，汚染問題がインターネットを通じて暴露されており，中央政府はこのような新しい情勢に応じてネット世論状況に対する重視姿勢を鮮明に打ち出した。2008年，中国国内の唯一の政府部門や幹部にネット世論状況を反映する内部参考の刊行物として，人民日報が『網絡輿情』（内部参考）を発行した

13　「伝聞」「旧聞」「新聞」は中国では次のように説明される。すなわち「伝聞」（噂の意味）とは対外公開しない場合，事件・事故発生地から流された噂であり，「旧聞」とは事件・事故落ち着いたら公開する古いニュースである。また「新聞」は速やかに公開するニュースである。

14　「唐山大地震：毛沢東再三催促慰問華国鋒拖了8天」鳳凰網歴史（http://news.ifeng. com/history/phtv/dsy/detail_2011_11/14/10640730_2.shtml〔2013年2月12日〕）。

ことで，中央政府がよりよく地方の出来事を把握することができるようになってきている。

② 三審制

中国の報道界における三審制は，主要な事前内容審査制度のことである。三審制とは，三段階の審査システムを意味し，まず責任編集者（編審，副編審，編集者，助手編集者はすべて責任編集者を担当することが可能）が原稿を審査し，編集室主任（副主任）あるいは出版社幹部が編審員，副編審員として2回目の審査を行ったのち，編集長あるいは社内幹部が編審員，副編審員となって最終審査を行う。このように三審制度は各審査段階においても職位を持つ審査員を配置し，相互に補助することで，知識不足と油断によるミスを避け，原稿の内容を厳密にチェックしようとするものである。

また三訂正一読制度というものは伝統的な訂正制度である。すなわち，一般の書籍，刊行物は少なくとも3回の訂正（初訂，二訂，三訂）が必要で，少なくとも1回は通読されなければならない。この過程が終了して初めて印刷することができるものであり，最後の訂正手順は必ず出版単位で中級以上出版専門職業資格の専門職訂正者が担当する。この三訂正一読制度は出版物の誤字，脱字の訂正など，主に編集過程における校正に関する制度であるため，ここでは詳述しない。

三審制制度はそれぞれの段階で行われる審査内容が異なり，初審では政治傾向，思想，学術，芸術価値などの面が検討され，それ以降については，李が三審制について説明するように，「審査員は原稿を全体的に細読し，審査してコメントする。二審は初審のコメントを判断し，原稿の内容と形式を再度チェックし，不合格の場合，原稿は初審に返し再審査させる。最終審査は初審，二審で指摘された部分の内容をチェックする」（李 2010：178）というものである。そして三審の結果に基づいて，新聞社や出版社の角度から原稿や書籍の出版が可能かどうかを考慮し，決定意見を提出する。

三審制の対象は新聞，書籍，定期刊行物であり，書籍，定期刊行物の誤字を訂正するだけでなく，党の思想や路線に合致するかを厳密にチェックする。1952年10月に新聞出版署が「国営出版社編集機構および業務制度に関する規定」で三審制度における三度審査の手順を決定し（同上：178），次第に三審制度

は定着した。1980年，中央宣伝部が「出版社工作（業務）の暫定条例」によって書籍原稿の政治的内容に関する審査を追加し，1989年に「中央宣伝部，新聞出版署が現在の出版社改革，図書発行制度の改革についての若干意見」という通達で，出版社は原則的に三審制に従い，原稿の最終審査と発行の決定は編集長，副編集長あるいは社内幹部に委託された編審員，副編審員が担当することとされ，編集および発行に関する最終的な決定権は社内のトップ管理者が有すると規定した[15]。

　さらに，新聞出版署は2001年に「三審制と三訂正一読制の遵守と定期刊行物と書籍の出版の質を保証することに関する通知[16]」を伝達した中で，「最近，一部の定期刊行物の社内部管理が不当であり，従業員の能力（素養）が高くないため，刊行物の質に直接的な影響を与えている。特に，一部の定期刊行物が三審制と三訂正一読制度に厳格にしたがっていなかったため，刊行物の誤字，脱字などのミスがよく出ている。しかも重大な政治性上の誤りが見つかったこともあった。この良からざる傾向を訂正するために，厳格に三審制と三訂正一読制度を実施する」と規定した。このように，定期刊行物と書籍の出版に際し，より厳しく三審制と三訂正一読制に従うべきことが近年には強調されている。

　それでも実際の審査活動においては三審制の実行が依然として徹底されていない場面もあり，誤報，報道のミスなどの事故は起こりやすいままである。例えば2013年に，中国新聞網，『中華工商時報』，『信息日報』が三つの捏造報道を行った。このことに関連して新聞出版広電総局が全国のすべての報道メディアに通達を出し，「メディアの報道は，三審制に厳格に従わなければならない。とりわけ最終審査の責任追及を強化する」と，編集長の審査責任が強調され，報道内容に関するあらゆる問題が生じた場合には編集長がその責任を問われることが改めて明確化された。すなわち，この通達によってメディア報道の内容管理制度が強化され，編集長に責任が与えられると同時に強力な圧力も実質的

15　「三審制」広東新聞出版網（http://www.xwcbj.gd.gov.cn/news/html/xybz/jtl/article/2509279254300.html〔2014年11月30日〕）。
　　「中央宣伝部，新聞出版署関於印発出版社改革，図書発行体制改革的意見的通知」中宣発文（1998）7号・（88）新出辦字422号，1998年5月10日，中国図書出版網（http://www.bkpcn.com/Web/ArticleShow.aspx?artid=010018&cateid=A120201〔2014年11月3日〕）。

16　新聞出版総署政策法規司（http://www.gapp.gov.cn/cms/html/21/399/200601/447443.html〔2009年12月13日〕）。

にかけられた。また近年では商業性報道メディアでは「四審制度」も始まっている。この「四審制度」はもとの三審制度に加え，メディア管理部門の幹部が実施する第四の段階の審査を行うものであり[17]，すべての発行物が発行される前には，社内の編集者たちの審査のみならず，政府を代表する幹部の審査を受けるというものである。これは中国当局が商業性報道メディアの報道内容の審査制度を一層引き締めたことを意味している。

　以上のように，三審制度と三訂正一読制度下では，新聞や定期刊行物など書籍の出版には厳密な審査制度に従わなければならない。そしてこの審査制度の目的は書籍や定期刊行物の誤字・脱字を抑えるだけでなく，原稿の政治思想のチェックも重要な目的であり，とりわけ反体制，反共産党，反共産主義など反動的な思想を宣伝する内容を遮断することである。そのような書籍，定期刊行物のイデオロギー管理が強くなったことは，以上のように三審制に関する規制や通達の発表から明らかだと言えよう。

「事後審査制度」

　事後審査とは，新聞に掲載された内容を確認し，不当な内容が掲載された場合には関連メディアに警告と処罰を与える制度である。ここでは主に審読制度および出版物の審査制度を検討する。

　新聞，定期刊行物の審読制度とは，新聞出版行政部門および主管単位[18]の関連者が新聞，定期刊行物が出版されたのちに，法律にしたがって出版物の内容を審査決定するものであり，新聞や定期刊行物の事後審査において重要な制度である。審読の内容については，1988 年に新聞出版総署が出した「新聞，定期刊行物，図書の審読を強化する通知」において規定されたが，それは 2003 年に失効し，最新の新聞，定期刊行物を審読する内容については 2009 年の「新聞，定期刊行物の審読暫定方法」の第 9 条[19]（以下「暫定方法」と略す）が主に以下のように規定している。

17　「正在収緊的中国新聞審査制度」2013 年 1 月 23 日『ニューヨーク・タイムズ』中国語
　　ネットサイト（http://cn.nytimes.com/china/20130123/cc23media/〔2014 年 12 月 15 日〕）。
18　Stockmann（2013：52）は主管単位を新聞のライセンスを申請する機関とみなす。
19　新聞出版総署「報紙期刊審読暫行辦法」新出報刊「2009」126 号，新聞出版総署網（http:
　　//www.gapp.gov.cn/cms/html/21/508/200903/462933.html〔2013 年 2 月 12 日〕）。

①「出版管理条例」と他の法律，法規および国家規定で禁止される内容が掲載されているかどうか。

②ニュース報道は真実，全面，客観，公正の原則を堅持しているかどうか，事実ではない報道，やらせ報道を掲載したかどうか，国家の重大な政策，軍事，民族，宗教，外交，機密などの内容を発表あるいは転載するための関連規定に合致するかどうか。

③重大な革命と重大な歴史的題材に関する内容を掲載する際，規定によって重大なテーマを取り上げる報告や記録を残す手続きをしたかどうか。

④災害，疾病，交通事故，安全生産，刑事案件，社会安定など重大でセンシティブな突発事件を報道するには関連規定に合致しているかどうか。

⑤社会主義道徳に反する格調が低い文章を掲載しているかどうか，猥褻，暴力，迷信など有害な内容があるかどうか。

⑥社会からの自由投稿とインターネット情報を転載，編集して掲載するための関連規定に合致しているかどうか，関連規定によってそれらの内容を確認し，ダウンロードしたネットサイトのアドレス，日付，内部発行出版物を転載したかどうか，編集して転載したかどうか。

⑦掲載される広告は国家の関連法律，規定に合致するかどうか，嘘偽り，違法，内容低俗の広告を掲載しているかどうか，新聞の広告は目立つ位置に「広告」と書いているかどうか[20]。

　以上の規定によって，国家にとって重大な政策，軍事，民族，宗教，外交，機密などの内容や，重大な革命と重大な歴史的題材に関する内容，あるいは災害，疾病，交通事故，安全生産，刑事案件，社会安定などといった重大かつセンシティブな突発事件の報道は，関連規定に合致することが前提とされ，そうした規定に対応して書かれて初めて記事の発表や出版が可能ということになる。そのうちでも特に，重大な革命と重大な歴史的題材に関する内容に関しては報告および記録の手続きが必要となることから，当局が重大な歴史的題材の内容を特に重要視していることがわかる。これらの内容を報道するためには事

20　同上。

前に主管部門に報告しなければならず，また内容も主管部門の意志に沿ったものとなる。つまり大きな事件を報道する際には，中国当局の規定によって共産党の宣伝思想を堅持し報道しなければならず，それに違反すれば審読において警告や処罰を受けることになる。なお社会主義に反する文章があるかどうかも審査の重要な内容である。

「暫定方法」では，審査の結果では社会に悪影響をもたらす可能性を持つ掲載内容があれば，該当新聞，定期刊行物の主管単位が本行政地域の新聞出版行政管理部門に報告し，省級新聞出版行政管理部門と中央級新聞，定期刊行物の主管単位は速やかに国家新聞出版広電総局に報告すべきと規定されている。ここに審査単位としての主管単位の報告義務と責任が明示されている。このような審査によって，一部のメディアや個人が報道禁止内容を公開する場合，厳しく処罰されるケースが多い。特に歴史的問題に関わる歴史的題材，政治への批判についての審査は厳格であり，党の宣伝思想や歴史的題材に対し同様な論調で報道しなければ特に厳しい処分が下される。その例を以下にいくつか挙げたい。

例えば，政治に対する批判内容に関する審査のケースとして，中国の若手作家および新知識人として有名となった韓寒が編集していた雑誌『独唱団』は，第1号を出版したのち，無期限出版停止となった事例が挙げられる。その要因について韓は自身のブログで，「当局の裏操作で発行停止に追い込まれた可能性がある」と皮肉った[21]。彼の文章はしばしばブラックユーモアを用いて，鋭い視点で政治の不正，不当行為や中国の社会道徳が失われる現象を風刺していたため，彼の行動，発言は中央宣伝部の注目するところとなり，『独唱団』の停刊はそのような宣伝部の指示によって行われたと認識しうると言えよう。

その他にも，中央宣伝部が国家イメージあるいは経済利益を損なう報道に対する審査を特に厳しくし，許容範囲以外の報道を行った関連記者を処罰することがある。例えば2007年に，『中国経済時報』のある記者が中国の武広高速列車に関わる工事の手抜きについて報道した。その報道に関連し，中央宣伝部が

21　「韓寒『独唱団』終成絶唱　雑誌団体正式解散，拠称是出版社的原因導致停刊」『羊城晩報』2010年12月29日『羊城晩報』電子版（http://www.ycwb.com/ePaper/ycwb/html/2010-12/29/content_1006196.htm〔2015年1月30日〕）。

『中国経済時報』にその記者の免職を命じ，また関連責任者を処罰すると同時に，『中国経済時報』が鉄道部や工事を担当する建築会社に正式に謝罪することを命じた。そしてその理由として，この報道によって武広高速列車プロジェクトへの国内外のイメージが損なわれ，それにより国家に大きな経済損失をもたらしたから，という説明がなされた[22]。

　以上の事例から，中国では新聞，雑誌，書籍など出版物の内容に対して，細かく審査を行い，当局に不都合な内容を削除したり，問題雑誌を停刊させたり，書籍の発行を禁止したりすることが事前・事後審査制度によってしばしば発生していることが明らかとなる。これだけでも新聞，雑誌など出版物の出版の自由には大きな疑問符を付けざるをえないが，さらにこの他にも類似のシステムとして「新聞評閲制度[23]」「通気会[24]」など数多くを挙げることができる。いずれの場合にせよ，一部の記者・編集者が当局に不都合な報道内容をあえて掲載し対抗したケースもあったが，そのような場合，時には新聞が停刊処分になり，また関連記者・編集者に人事異動などの処罰が下されることもある。このような「事前規制」「事前・事後審査」の多重化された内容管理制度によって，報道記者・編集者が常に厳格な報道内容のコントロール下で報道活動を行うことになり，報道メディアにおける報道のあり方が自由であるとは言い難い。そのため報道業界内部では，多くの報道関係者が規制内容あるいは規制内容に抵触する可能性がある内容を報道しないように自主規制しているのが現状である。

2　ネットメディアに関する内容管理制度

　インターネットは，自由な発言，情報交換，議論の可能な公共の場とされる。かつての情報の送り手としての既存メディア，受け手としての市民の位置付け

22　Wu, Vivian「Newspaper ordered to sack reporter over rail scandal」香港『南華早報』Monday, 15 October, 2007（http://www.scmp.com/article/611673/newspaper-ordered-sack-reporter-over-rail-scandal〔2015年2月13日〕）。

23　西（2008：124）は「中央宣伝部から県レベルまでの党委員会宣伝部がニュース報道について閲読評価する制度である。評閲評価対象はマス・メディアによって報道されたすべての内容である。評閲評価活動は掲載や報道後に行われるので，一種の事後管理手段ともいえる」と説明する。

24　「通気会」とは，政府部門，国家企業が重大な出来事に際して記者会見を開催し，開催側にとって望ましい世論の誘導の方向性を説明することで，メディアの報道がそれらにとって望ましい情報を伝えることを意図する会議である。

を大きく揺るがし，双方向の自由なコミュニケーションを促進しているものである。そのためインターネットメディアは，世界のどの国においても，既存メディアより一層自由なメディアと認識され，利用されている。中国もその例外ではなく，2016年に発表された「第38次（回）中国互聯網絡（インターネット）発展状況統計報告[25]」によると，インターネットの普及率は2016年6月末まで51.7%（7.10億人）に達した。中国人口の半数近くを占める利用者はネットを情報収集，時事政治の議論，娯楽などのサービスを利用する目的で使用する。このような状況の中で，歴史的に見ても情報管理に対し一貫して厳しい姿勢をとる中国当局は，この膨大な利用者を持つインターネットメディアを放置することなく，それに対する内容管理を強化してきている。2016年2月19日，習近平が人民日報社，新華社，CCTVを視察したとき，党的新聞世論工作座談会で「世論誘導の新構造の構築を速めなければならない」「融合発展を進め，主動的に新メディアの伝播優勢の助けを借りなければならない」と語った[26]。これは，ネットメディアへの強い警戒を示唆している。

　以下では，2000年前後からの中国当局のネットメディアの発信内容に関する管理制度を概観し，中国当局のネットメディアの発信内容への管理姿勢の変化を把握したのち，中国当局が主導するネットメディアの内容管理制度について，「事前規制」と「事後検閲」やネットメディア事業体が主導する自主的な内容管理手段を検討する。

ネットメディアの内容管理の調整

　2000年以降，インターネットの普及によってネットニュースサイト，ネットラジオやネットテレビが中国社会に既存メディアとネットメディアの融合という革新がもたらされた。すなわち，インターネットメディアは豊富な情報量や，リアルタイムで閲覧可能などといった特性をもって，新聞，ラジオ，テレビと融合し，新しいメディア形態を形成している。中国当局は，このような日々革新されているメディア環境に応じて，既存メディアの管理と同様にメディアの

25　「第38次中国互聯網絡発展状況統計報告」中国互聯網中心（http://www.cnnic.net.cn/hlwfzyj/hlwxzbg/hlwtjbg/201608/P020160803367337470363.pdf〔2016年9月1日〕）。
26　「央媒聚焦習近平総書記"2·19"重要講話一周年総述」中央テレビ網（http://news.cctv.com/special/xjpdy1zn/index.shtml〔2017年3月24日〕）。

創設申請，審査，許可，掲載内容のチェックなどの項目からインターネット管理規制を講じている（表1-1）。

1999年に出された「中央宣伝部，中央対外宣伝辦公室による国際インターネットニュース宣伝業務に関する意見」（以下「意見」と略す）はインターネット報道に関する意見である。この「意見」の中心は対外宣伝・対外報道に関するものであった[27]。2000年から中国当局が中国国内のネットメディアの報道に対する法規制を整備し始め，ネットメディアに対する監督を強化する傾向が見てとれる。その一つの現れとしては「インターネット情報サービス管理方法」や「ネットサイトでのニュース掲載業務に関する管理暫定規定」が公布されたことが挙げられる。

また2005年および2011年にネットメディアの情報提供サービスの全般を規定する「インターネットニュース情報サービスの管理規定[28]」や「インターネットニュース情報サービスの管理規定（意見募集案）[29]」を打ち出し，ネットメディアによるニュース情報の提供への管理を強化している。

さらに2011年から，微博上に，アナウンサーや記者が政府批判を行ったり所属メディアで報道できなかった情報を公開する動向[30]が見られたため，同2011年から微博への管理が一層厳しくなっている。例えば，2011年に，北京市が「北京市微博の発展の管理に関する若干規定」を施行し，中国の微博利用に関し身分証の提出を義務付け，実質的な実名登録制であることを定めている[31]。

---

27 「2014年的中国網絡媒体与網絡伝播」人民網（http://media.people.com.cn/n/2014/1224/c192370-26268750.html〔2014年12月27日〕）。

28 「互聯網新聞信息服務管理規定」（中華人民共和国国務院新聞辦公室令　中華人民共和国信息産業部第37号）中華人民共和国中央人民政府網（http://www.gov.cn/flfg/2005-09/29/content_73270.htm〔2013年10月28日〕）。

29 「意見征集：『互聯網新聞信息服務管理規定（征求意見稿）』」中華人民共和国工業和信息化部政策法規司，2011年7月27日，中華人民共和国工業和信息化部網（http://www.miit.gov.cn/n11293472/n11293832/n11293907/n11368223/13965551.html〔2013年10月28日〕）。

30 2011年7月23日の鉄道事故に対して中央テレビのアナウンサー白岩松が微博で鉄道部を批判した。2013年，『南方週末』社説差し替え事件における関連編集者が宣伝部のトップである庹部長の謝罪と辞任を要求する声明を新浪微博に発表し，差し替えられた文章もネット上で公開した（「『南方週末事件暴光回顧』」2013年1月7日，BBC中国語ネットサイトより：http://www.bbc.co.uk/zhongwen/simp/chinese_news/2013/01/130107_southern_weekends_review.shtml〔2015年1月22日〕）。

31 蔡茂州（2012）「芻議微信微博等新媒体及其発展趨勢」『黒龍江生態工程職業学院学報』第25巻第4期，pp.137-8。

表1-1　ネットメディアに対する主要な管理法規制

年	月	発出元	法規制の名称（日本語訳）	主要な内容
1999	6	中共中央辦公庁	「中央宣伝部，中央対外宣伝辦公室による国際インターネットニュース宣伝業務に関する意見」	党中央のインターネット宣伝報道に関する最初の管理方針を示した見解
2000	9	国務院	「インターネット情報サービス管理方法」	インターネットによる情報提供サービスの許可，監督，責任を定めた法律
	11	信息産業部	「インターネットにおける掲示板サービスに関する管理規定」	掲示板（BBS）事業者の経営許可，サービスの提供範囲，提供される情報の内容などを規定
	11	国務院新聞辦公室，信息産業部	「ネットサイトでのニュース掲載業務に関する管理暫定規定」	マス・メディア以外の機関が独自にニュースを報道することを禁止
2002	6	新聞出版総署，信息産業部	「インターネットの出版管理に関する暫定規定」	インターネットによる出版には，報道・出版に関する行政機関と電信管理機構の許可が必要と規定
2005	9	国務院新聞辦公室，信息産業部	「インターネットニュース情報サービスの管理規定」	インターネットでニュース提供サービスを提供する事業者の設立，サービス提供規範，監督管理，責任に関する規定
2011	7	工信部（工業信息産業部の略称）	「インターネットニュース情報サービスの管理規定（意見募集案）」	インターネットで情報提供サービスへの管理を強化し，サービスを提供する事業者の権利を守るために起草された市民に意見を求める原稿
	12	北京市人民政府新聞辦公室，北京市公安局，北京市通信管理局，北京市互聯網信息辦公室	「北京市微博の発展の管理に関する若干規定」	中国の微博利用者に身分証の提出を義務付け，実質的な実名登録制を確定
2013	4	国家新聞出版広電総局	「報道記者や編集者のネット活動に関する管理を強化する通知」	記者，編集者の微博などによるソーシャルメディア上での発信への管理の強化
2014	8	互聯網信息辦公室	「インスタントメッセージ・サービスの発展や管理に関する暫定規定」	インスタントメッセージ・サービスを提供する事業者のサービス，利用者の利用に対する規範（「微信十条」）
2016	7	互聯網信息辦公室	「偽ニュースを排除するための管理制度通知」	ネット上の「偽ニュース」排除に対する規範

注：表1は発出元の政府機関のホームページの公開データより著者作成

四大微博の中では新浪微博と捜狐微博が北京市行政区域内にあるため，規定の対象微博である。この規定の影響として，虚偽のユーザーやデマ情報が一掃される可能性が高いため，微博上に流される情報の信頼性が高まること，一部のユーザーが気軽に時事・政治問題を議論できなくなることが考えられる。また，2013 年に国家新聞出版広電総局が「報道記者や編集者のネット活動に関する管理を強化する通知[32]」を出し，中国当局は記者，編集者などメディア従事者のソーシャルメディア上の発信への管理を強化している。「インスタントメッセージ・サービスを提供する事業者のサービス，利用者の利用に対する規範」（2014 年）の第 7 条（「微信十条」と言う）で，インスタント・メッセンジャー（主に微信を指す）のユーザーが公共アカウントを開設する場合，サービス業者の審査を受けると同時に，行政機関に報告，申請しなければならないことを規定している。さらに報道機関やニュースサイト，ニュースサービスは，認められた主流ポータルサイト（CCTV，騰訊，地方紙など）が開設した公共アカウントのみに時事ニュースを流すことを認められている[33]。「偽ニュースを排除するための管理制度通知」（2016 年）では，関連業者がソーシャルメディアに投稿される事件・事故などの情報の事実関係を確かめてからニュースとして掲載しなければならないとしているが，中国政府が認めない情報のすべてを偽ニュースとする恐れがある[34]。したがってそれは，中国政府がソーシャルメディアの情報伝達機能を抑え，ネット上の発信自由をコントロールする手段だと考えられる。

このように，2000 年以降の中国ではネットメディアの発信内容を厳格に管理する方針が強められてきている傾向が明らかだが，その管理方針の強化をより明らかするには，ネットメディア上の発信内容に関わる具体的な管理制度を検討する必要がある。

32　「関於加強新聞采編人員網絡活動管理的通知」中華人民共和国国家新聞出版広電総局中国記者網（http://press.gapp.gov.cn/reporter/contents/250/205900.html〔2014 年 12 月 30日〕）。

33　「即時通信工具公衆信息服務発展管理暫行規定」中華人民共和国国互聯網信息弁公室（http://www.cac.gov.cn/2014-08/07/c_1111983456.htm〔2017 年 3 月 25 日〕）。

34　「国家網信弁印発通知　加大力度整治網絡虚假新聞」人民網（http://media.people.com.cn/n1/2016/0704/c40606-28520032.html〔2017 年 3 月 28 日〕）。

ネットメディアの発信内容に関する事前規制

　ここまでは報道内容に関する規制について論じてきたが，そもそも各メディアが報道する情報の入手経路の管理も重要な規制の一つである。既存メディアの内容管理規制では，情報源について特に言及されていなかったが，ネットメディアの発信内容に関する規定では，ニュースを提供するネットメディアの情報源について厳格に管理されている。そこで，ネットメディア全体に対する発信内容の事前規制を検討する前提として，ニュースを提供するネットメディアの情報源に関する管理制度を概観したい。

①ニュースを提供するネットメディアの設立条件と

　情報源に関する管理制度

　ニュースを掲載するサービスを提供する業務に関する規定としては，国務院新聞辦公室，信息産業部が 2000 年に出した「ネットサイトでのニュース掲載業務に関する管理暫定規定[35]」（以下「暫定規定」と略す）が挙げられる。

　「暫定規定」では，ニュースを掲載するサービスとは，ネットによるニュースを公開し，転載するサービスと定義されている。また国務院新聞辦公室が全国のネットサイトのニュース掲載サービスを管理し，この件に関する最高行政管理レベルにあると定めている。さらに省，自治区，直轄市人民政府辦公室が本規定によって管轄行政地域内のネットサイトのニュース掲載サービスを管理するとし，地方の行政ランクにおける管理は各行政レベルの管理部門が行うとされている。このように，省，自治区，直轄市の地方人民政府辦公室が各地域内のネットサイトのニュース掲載サービスを管理し，国務院新聞辦公室がそのような全国のネットサイトのニュース掲載サービスを一括管理するというピラミッドのような管理システムが「暫定規定」によって構築されている。

　また「暫定規定」の第 5 条によると，ニュースサイト——すなわち人民網（人民日報に所属するニュースサイト），新華網（新華通信社に所属するニュースサイト）のような報道機関や政府に所属するニュースサイト——の創設は各級の報道機関や国家機関の各部門が独占していることがわかる。すなわち，中央報道機関，

35　「国務院新聞辦公室，信息産業部公布互聯網站従事登載新聞業務管理暫行規定」2000 年 11 月 6 日，中華人民共和国中央人民政府網（http://www.gov.cn/gongbao/content/2001/content_132314.htm〔2013 年 10 月 28 日〕）。

中央国家機関各部門の新聞単位および省，自治区，直轄市と省，自治区人民政府の所在地の市直轄新聞単位以外の企業，団体，個人は，ニュースサイトを創設することができないが，各種の情報を提供する総合性ネットサイトの創設は可能ということになる。

　しかし総合性ネットサイト，特に中国最大の四つの総合性ネットサイト（新浪，網易，捜狐，騰訊）のニュースページは，実際にはニュースサイトよりもネットユーザーのニュース閲覧に際してより多く利用されている。このような総合性ネットサイトを非報道機関が創設するための条件として，「暫定規定」では，①法規制に合致する趣旨および規定・制度を持つこと，②必要となるニュース編集機構，資本，設備および場所を持つこと，③ニュース報道経験と中級以上の新聞専門技術職務資格を有する専門職のニュース編集責任者を持つこと，規模に応じて中級以上の新聞専門技術職務資格を持つ専門職ニュース編集者を持つこと，④中央級報道機関，中央国家機関の各部門の報道機関および省，自治区，直轄市に直属する報道機関と情報提供契約を持つこと，が挙げられ，これら四つの条件が備わっていれば非報道機関であっても総合性ネットサイトの設立が許可され，中央新聞単位，中央国家機関各部門の新聞単位および省，自治区，直轄市直轄新聞単位が公布したニュース情報を掲載する業務が可能と定められている。

　なお上記④が情報源に関わる規定であるが，これは，総合性ネットサイトは必ず党・政府に関わる部門や報道機関の発表のみを情報源にする必要があり，総合性ネットサイト自身では，党・政府が認めない情報源を選択する権利はないことを意味している。このような情報源の限定は既存メディアの管理において定められなかったものであることから，総合性ネットサイトの発信内容が情報源から党・政府にコントロールされている。一方，総合性ニュースサイトと契約する情報源が多いため，総合性ネットサイトは多数の報道機関による発信の集まり場であり，多様化された二次情報の発信空間であると言える。これも総合性ネットサイトが多数のネットユーザーに利用される理由と考えられる。

　このように，ネットサイトに転載されているニュース情報のすべては中央報道機関あるいは各級政府に直属する報道機関から提供され，また多数のネットサイトが自社によるニュース発信を禁じられていることで，ネット上のニュー

ス発信も既存メディアと同様な報道規制下に置かれていることになる。しかし，一部のブログやネットサイトは掲載許可を得ずにオリジナルなニュース情報を発信していることも現実である。多数のネットユーザーに閲覧されれば，当局の検閲やフィルタリングに発見される可能性が高いが，これらのサイトやブログは検閲による運営禁止処分やアカウント削除の危険の中で報道活動を行っていると言える。

②ネットメディアの発信内容に関する事前規制

　以下では規制される発信内容を明確に規定する管理法規制を検討する。

　1997年，中国共産党中央（以下「中共中央」と略す）は，通達で国務院新聞辦公室が網絡新聞（ネット・ニュース）宣伝の管理機構であると規定した。そして2000年には国務院新聞辦公室に網絡新聞管理局が設置され，ネットニュース報道業務を管理することとなった（陳2005：214）。またネット検閲に関する法制面の根拠を提供するため，2000年9月に公布された「インターネット情報サービス管理方法（辦法）」の第15条には，以下の9項目の内容を含む情報の制作，コピー，公開，ばら撒きは禁止されることが規定された。

　　①憲法に規定されている基本原則に反対する内容
　　②国家安全に危害を加え，国家機密を漏洩し，国家政権を転覆させ，国家統一を破壊する内容
　　③国家栄誉と利益を損害する内容
　　④民族間の対立，民族差別を扇動し，民族団結を破壊する内容
　　⑤国家宗教政策に違反し，邪教と封建的な迷信を宣伝する内容
　　⑥デマを散布し，社会秩序を混乱させ，社会安定を破壊する内容
　　⑦猥褻，賭博，暴力，殺人，恐怖あるいは犯罪を教唆する内容
　　⑧他人の合法的な権利を侮辱あるいは誹謗する内容
　　⑨法律および行政法規において禁止される内容[36]

36　中華人民共和国国務院「互聯網信息服務管理方法」（中華人民共和国国務院令第292号）2000年9月25日，中華人民共和国中央人民政府網（http://www.gov.cn/fwxx/bw/gjgbdydszj/content_2263004.htm〔2013年2月14日〕）。

そのほか,「インターネットにおける掲示板サービスに関する管理規定[37]」
(2000年)「ネットサイトでのニュース掲載業務に関する管理暫定規定」(2000年)
もこの9項目を規制内容と規定している。さらに「インターネットニュース情
報サービスの管理規定」(2005年)はこの9項目に加え,

　　⑩違法集会,結社,デモなど社会秩序を妨害する内容
　　⑪違法民間組織の名義で活動する内容

という二つの項目を設定した。

　上述のような規制内容を発信することは,内容によっては有罪になる可能性
があり,犯罪ではないと認定されても関連法律や行政法規制により,その関連
情報を発信した事業体を休業させる処分が加えられる。そのためこうした事態
を避けるために,ネットメディアは以上のような規制内容を発信しないように
警戒している。例えば一部のネットメディアでは,発信内容を管理する者を
雇って発信内容を随時チェックしており,管理者が規制内容に抵触する可能性
がある内容に対して,その発信を止めるか削除するかを行う。このようなネッ
トメディアによる自主的な審査は自主規制の一つの手段である。

　さらにネットメディア事業者は,以上の規制に基づいて各社独自のネット掲
載や掲示板書き込みの規則などを設定している。例えば中国の人気微博の新浪
微博事業者は,2012年5月28日から「微博コミュニティー（社区）公約」「微博
コミュニティー（社区）管理規定」「微博コミュニティー（社区）委員会制度」「微
博商業行為に対する規範」「微博信用規則」を実施している。それらの微博事業
者による発信規則では,「インターネット情報サービス管理方法」(2000年)で
規制された発信内容を含む情報が,微博での発信を禁止すると規定している。
そのほかにも微博事業者による発信規則には,微博管理者が政府にとって敏感
な情報を書き込んだユーザーに警告し,政府に都合の悪い情報を書き込んだ5
件以上のユーザーには発言を48時間禁止するとともに関連内容を削除するこ

37　「互聯網電子公告服務管理規定」(中華人民共和国信息産業部令第3号) 2000年11月6
　日中華人民共和国中央人民政府網（http://www.gov.cn/gongbao/content/2001/content_
　61064.htm〔2013年10月21日〕）。

とを規定している。さらに，悪意があり政府に都合の悪い情報を書き込んだアカウントには 48 時間以上発言を禁止し，アカウントを抹消することも規定している。また新浪微博以外でも，例えば中国で最大の掲示板の天涯掲示板は「コミュニティー（社区）公約」「コミュニティー（社区）管理員規則」を設定し，「インターネット情報サービス管理方法（辦法）」と同じような規制内容を設定している。これらネットメディア事業者が決めた規則に法的拘束力はないが，その事業者の顧客であるネットユーザーは各社の規則にしたがって発信する必要がある。すなわち，それらの規則に従わないとネットユーザーは掲示板，微博などでは発信ができなくなり，ブラックリストに載せられる可能性がある。

ネットメディアの発信内容に関する事後検閲と自主審査

　政府が主導するネットメディアの発信内容に対する審査は，大きく 2 種類，すなわちフィルタリングなどソフトウェアを用いて行う審査と，ネットメディアの発信管理主管部門が定期的行う審査に分けられる。いずれの審査手段でも重点的に審査する内容は同じであり，MacKinnon（2008）によると，主に邪教と呼ばれる法輪功，文化大革命，天安門事件，中国の人権問題への批判，反共産党民主宣伝のサイト，猥褻，ポルノ，反道徳的なウェブサイト，ダライ・ラマ 14 世関連もしくはそのチベット独立運動関連のウェブサイトが検閲され，ブロックされている。なお検閲対象となるネットサイトとキーワードは指導層，社会環境によって変わる。

　ニュースサイトについては，前述のように報道内容の管理規制が新聞など既存メディアと同様に行われているため，掲載する前の事前審査がその場合の主な審査手段である。既存メディアと同様にニュースサイトでも，報道刊行物『南方週末』『財経』のようなリベラルなニュースサイトもある。そのうち 2014 年 7 月 22 日に設立された『澎湃新聞』というニュースサイトは上海報業集団の傘下に所属する中国時事政治ニュースを代表するニュースサイトであり，官僚の腐敗問題を次々暴露したことで社会の注目を集めたが，それは中央幹部からそれが過激であるとの厳しい批判を浴びた[38]。この中央幹部の厳しい批判を受けてから数日後である 8 月 25 日に，『澎湃新聞』が「エコノミスト」という見出し記事を翻訳するときに，中国政府が不快感を示すような内容を「自主規制」

することにより削除したため，微博上には多数のネットユーザーからの批判が多数表明された。このような，都合のよい部分は翻訳し，都合の悪い部分は翻訳しないという「選択式の翻訳」は『澎湃新聞』が前日に中央幹部の批判や指示を受けた結果行われたと推測されるが，このように，ネットメディアが行政的規制以外にも，関連管理部門から随時に報道内容の報道指針を受けている。

掲示板や微博などの SNS 事業者は，フィルタリング[39]や「管理者」審査という手段を用いて自主的に事後審査を行う。このうち，「管理者」審査とは事業者が自主的に行うもので，管理者らがネット上に公開されている情報をチェックし，規制違反の内容を発見し次第，削除する審査手段である。以上のようなフィルタリングと管理人によるダブル審査によって，国家関連規制に違反する情報を効率的に発見できる。ただし，審査の基準は管理人によって異なるため，同程度に政府に都合の悪い発信内容であっても，それが削除されるかどうかは，ソーシャルメディアによって異なる。一般的にメディア事業者による審査基準は政府に比べると緩いと言えよう。またネットメディアは既存メディアより情報の拡散速度が上がり，削除した時点ですでに世界中に拡散し，閲覧・保存されている可能性が高いため，ネットメディア上の発信に対する削除は既存メディアの報道の削除ほど効果的ではない。さらに，中国のネットユーザーは発言を削除されないようにするために，発信の際は政府批判などに関しては比喩的意味を含む新語を多く使用するため，検閲システムがフィルタリングできないケースが多い。これらから，ネットメディアに対する内容審査は既存メディアより効果的ではないと言える。

以上に検討した中国におけるネットメディアに対する管理の対象となる内容を整理すると，以下の 3 種類に分けられる。第一は国家の安全や社会の安定に

38　中国社会科学院国家文化安全・意識形態建設中心（センター）の微博アカウントが 2014年 8 月 25 日に，「澎湃新聞が設立以降の一連の不当なやり方に対して，中央の指導者や関係部門が厳しく批判した。ニューメディアを含めるすべてのニュースメディアには『一つの標準，明確なボトムラインを守るよう』と明確に要求し，どのメディアにも特別扱いはしない」と発表した。発信した数日後，中国社会科学院国家文化安全・意識形態建設中心（センター）の微博アカウントがこの発信を削除した（多維新聞網「爆澎湃新聞網疑因発力過猛遭"糾偏"」2014 年 8 月 25 日〔http://china.dwnews.com/news/2014-08-25/59605277.html（2014 年 12 月 12 日）〕）。

39　China Digital Times "The words you never see in Chinese cyberspace" by Xiao Qiang（http://chinadigitaltimes.net/2004/08/the_words_you_n.php〔2009 年 1 月 9 日〕）。

危害を与える内容，第二は，反政府，反共産党的な言論，第三は猥褻，賭博，暴力，殺人，恐怖あるいは犯罪と関わる内容である。これらの内容を発信したら，報道メディアであれば行政警告や処罰が下されるが，一般のネットユーザーがこれらの発信をする場合，発信の削除やアカウントの利用禁止および逮捕されることにもなりかねない。例えば，中国の人気作家およびブロガーの韓寒が，微博で政党執政能力や公共道徳の低下を風刺したため微博アカウントでの発言が禁止されたことがある。

　このようなメディア規制環境下における中国のメディアや一般ユーザーにとっては，自由に報道，発言することは困難ではあるが，ネット専用用語あるいはフィルタリングを避けるソフトウェアを用いて自由に発信しているネットユーザーも多数いる。ニュースサイトなど政府に登録されるネットメディアより，一般市民が知恵を絞って政府の内容管理に「対抗」していると言えよう。

第3節　突発事件報道規制について

　上述の既存メディアとインターネットメディアの報道内容管理から見れば，中国においては，このいずれのタイプのメディアであるかにかかわらず，報道・発信内容などのすべては中国当局に管理されており，中でも報道・発信内容の管理については前述のように事前規制，事前・事後審査などの諸手段が設定され，とりわけ党・政府の指導者の関連報道，歴史問題，民族や宗教問題，突発事件，重大な案件，国際問題などの重大テーマ関連に対しては重点的に内容規制を行っていると言える。そこで以下では特に突発事件に焦点を当て，その関連規制を検討したい。

　そもそも既存メディアに対する報道内容の事前規制では，明確に突発事件報道を審査対象としているのに対し，ネットメディアの発信内容の管理規制では，それは明確に規定されていない。しかし，ニュース掲載サービスを提供するネットサイトは既存メディアと同様の内容管理を受けるため，突発事件報道に関しても事前規制を通じた当局によるネットサイトへの管理は厳しいものと考えられる。また，各ネットサイトの自主管理規定では，例えば微博の場合では「政府に都合の悪い情報」に関する発信が規制されているものの，「突発事件関

連の情報」への明確な規定はなされていない。しかし，たとえ突発事件関係の情報への管理が明確に規定されていなくとも，「敏感な情報」は常に「国家指導者」「歴史的問題」「突発事件」「民族・宗教問題」などの情報と緊密につながるものであるから，決して突発事件に関する発信内容を当局が管理しないということにはならないであろう。そこで，まずは突発事件の報道に関する政府規制の傾向を把握するため，突発事件報道の歴史を振り返り，1990年代から主要な報道規制および規定を検討する。

1　1949年から2003年における突発事件報道

　1949年から2003年という約半世紀の間，中国は建国，三年自然災害[40]，文化大革命，改革開放といった，政治，経済，社会の各面に大きな影響を与えた政治的大事件を経験した。そして突発事件報道もこれらを画期とするそれぞれの時期の政治闘争，経済発展に伴って変化してきている。特に改革開放以降，中国当局は突発事件報道に注目し，突発事件情報公開に関する各種の行政規定を整備する動きがあった。これらの流れを趙（2006），謝ら（2009），沈（2010），西（2008）を踏まえて，建国後から2003年までの突発事件報道を二つの段階に分けて整理すると以下のようになる。

1949年から1979年──政治闘争の宣伝

　1949年の建国間もない頃の中華人民共和国の新政権はまだ強力でなく，不安定な国内社会の安定化やその他政治的要素に配慮し，突発事件報道へ慎重な態度をとった（謝ら2009：6）。すなわち，当時は政府以外の情報ルートはほとんど存在しなかったことから，政府は突発事件の情報を隠蔽し，解決した後に国民にその情報を伝えた（同上）。またそうした突発事件報道は，関係者，共産党員，幹部の業績を英雄譚のように宣伝するという特徴があった（趙2006：190-1）。この種の報道は「典型人物報道[41]」と呼ばれ，中国の報道界において常用される

40　三年自然災害とは，1958年の大躍進政策の失敗による1959年から1961年までの3年間における大量の餓死者が出た事態である。

41　「典型人物報道」は選ばれた代表的な人物に関する英雄式など人物の宣伝報道である。中国では，労働者，軍人，共産党員，地方公務員など平凡な人の事績の宣伝報道はよく見られる。

宣伝モデルであり，突発事件報道のあり方に大きな影響を与えた。したがって，「事故では英雄が生まれる」「事故では模範的な人物が生まれる」という観念が生じ，その結果，突発事件そのものに関する情報がメディアによって隠蔽される慣例を生じさせた（同上：191）。

しかし1950年4月19日に中共中央は「すべての公共の場所，人民群衆の中，特に新聞，刊行物では批評と自己批評を行う」と決定し[42]，同1950年から1956年にかけて，『人民日報』では突発事件に関する批判報道が現れた。だが，このような批判報道の試みは長く続かなかった。党内には「左傾」思想が台頭し，「新聞，旧聞，無聞[43]」との報道観念が提示され，それは突発事件報道に大きな影響を与えていった（同上　2006：200-1）。

その後，1959年から1961年の3年間における自然災害に関する『人民日報』での20件にわたる自然災害に対する報道記事は，すべてプラスイメージ報道であった（謝ら 2009：7）。その報道では，災害に関する情報が少なく，救援活動の宣伝式報道が多いものであり，このような「災害はニュースではなく，救援活動はニュースである」という災害報道のモデルは現在にも影響を与えている。

1966年からの10年間の文化大革命は中国の社会発展に打撃を与えるものであったが，突発事件報道にとってはほとんど空白の時代とも言いうる。1976年7月28日に起きた唐山大震災はその10年間の中で最も大きな災害であったが，これに関する報道としては，7月29日に『人民日報』が震災に関する原稿を2通のファックスで伝えられたものの，そこでは震災の被害者数，被害地域の状況について一切言及されていなかった。そして震災発生から3年後の1979年11月に，ようやく『人民日報』は唐山大震災の被害者が24万人だったことを初めて報道した[44]。

以上のように，この約30年間の突発事件報道は社会的，経済的な要素によっ

42　「中共中央関於在報紙上展開批評和自我批評的決定」『中国共産党新聞工作文献匯編』(中) 新華社出版社 1980年，pp. 5-8。

43　趙（2006）は「新聞，旧聞，無聞」について，次のように説明している。報道は政治情勢に従い，報道内容を選択して報道する必要がある。選択の基準はニュース価値ではなく，政治要素である。一部の情報は迅速に報道すべきである。それが新聞である。一部の情報はしばらく経ってから報道する。それが旧聞である。一部の情報は報道できない。それが無聞である。

44　沈正賦（2013）「唐山大地震死亡人数為何三年後才允許報道？」『炎黄世界』第6期，pp. 68-9。

てではなく，政治の一方的な要求によって突発事件報道の方針，路線が恣意的に変えられてきたと言える。報道というより，突発事件報道はまさに党・政権の政治的宣伝であった。

1980年から2003年——プラス報道を主とする宣伝

　中国では1980年代から本格的に改革開放が導入され，経済の発展が進むと同時に，経済情報に関するニーズが増え，海外メディアの訪問者および短期滞在者も増えてきた。そうしてこの時期には，中国政府は国内で海外メディアの監視を受けるようになってくる。突発事件が発生したとき，海外メディアより早く情報を伝えることは国内メディアの任務とされ，突発事件報道に関する各種の行政規定が整備された。例えば，1987年に中共中央宣伝部，中央対外宣伝小組，新華通信社が「ニュース報道の改善に関する若干の意見」を報道メディアに通達し，報道機関の突発事件報道の改革を求め，海外メディアが公開する可能性がある突発事件の情報を海外メディアより先に報道すべきであるとした[45]。また1989年，国務院辦公室，中央宣伝部は「突発事件の報道活動の改善に関する通知」を出し，航空災害，海難，鉄道道路交通事故に関する情報公開は海外メディアより早く行うべきであると要求した[46]。

　さらにこの時期の突発事件に関する報道では，被害に関するマイナスイメージの情報が少ないことが特徴である。例えば1994年，浙江省で千島湖海瑞号遊覧船の強盗放火殺人事件——3人の地元民が海瑞号遊覧船の台湾人乗客の所持金を狙い，船に放火して金品を奪った事件——が発生した際，事件発生地の地元政府は事件に関する情報を隠蔽し，また事件報道もその真相には焦点を当てなかった[47]。

　この時期では，海外メディアが中国内に駐在することからくる圧力によって，政府が突発事件報道に関する認識を変え，突発事件の情報公開に関する行政法

45　中共中央宣伝部・中央対外宣伝小組・新華通信社「新聞報道の改善に関する若干意見」（関於改進新聞報道若干問題的意見）1987年7月。
　　金炳華主編（2002）『新聞工作者必読』文匯出版社　pp. 143-5。
46　国務院辦公室・中央宣伝部「関於改進突発事件報道工作的通知」1989年1月。
　　中央宣伝部辦公庁編（1994）『党的宣伝工作文献選編④（1988-1992）』中央党校出版社, pp. 1845-7。
47　趙士林（2006）『突発事件与媒体報道』復旦大学出版社, pp. 265-6。

規の整備が推進された。しかし，既存の「事件そのものの情報はニュースではなく，対応（救援活動など）がニュースである」という報道観念は依然として報道の実践に影響し，また，地方政府のコントロールによって，地方メディアは自主的に報道できないという中国メディアにおける管理体制の問題も現れた。

2　2003 年以降──情報公開の姿勢へ

2003 年に発生した SARS 事件においては，情報操作で中国政府と中国メディアが海外メディアの厳しい非難を浴びた。その苦い経験から中国当局は情報公開の重要さを認識し，2003 年 5 月 9 日から国務院が「突発公共衛生事件に対する緊急対応条例」（以下「条例」と略す）を公布した。この条例には大きく二つの特徴がある。一つは正式に突発公共衛生事件の報告制度を制定し，突発的な公共衛生事件に関する情報が上級人民政府あるいは国務院に報告される制度が作られた。その詳細な内容を「条例」の第 19 条は以下のように規定している。

> すでに流行した伝染病あるいは流行の可能性がある伝染病，原因不明の集団感染性疾病の発生，伝染病菌・ウイルス等の紛失，すでに発生したあるいは発生する可能性のある重大な食中毒ないし中毒事件と考えられる事態が生じた場合，省，自治区，直轄市人民政府は報告を受けてから 1 時間以内に国務院衛生行政主管部門に報告すべきであり，国務院の衛生行政主管部門は重大な社会影響を引き起こす突発公共衛生事件を直ちに国務院に報告しなければならない[48]。

この報告制度によって，重大な突発公共衛生事件は必ず国務院に報告することが定められた。しかしそれでも，一部の地方政府や幹部は自身に不都合な突発事件情報を隠蔽する可能性もあることから，それを回避するため，「条例」の第 24 条では突発事件の報告，告発ホットラインを公開し，すべての個人，団体・組織が突発公共衛生事件を報告したり告発する権利があることを定めている。

48　中華人民共和国国務院「突発公共衛生事件応急条例」中華人民共和国国務院令第 376 号（2003 年 5 月 9 日）中華人民共和国人民政府網（http://www.gov.cn/zwgk/2005-05/20/content_145.htm〔2013 年 1 月 8 日〕）。

この制度は，すべての市民が関連政府の監督権利を持っていることを明確にしている[49]。しかし，実際の運用中，一部の地方の報告・告発ホットラインに接続できないという問題が――多くの中国の地方政府の行政管理ではよく見られるように――しばしば生じている。そのため一般市民の監視権は地方政府の行政の実態に大きく左右されざるをえない。また，市民が直接的に中央関連部門に報告・告発するルートはなかったことも重要である。地方政府の行政制度の執行能力や報告・告発制度の告発ルートを変えなければ，この制度の意義は十全に活かされえないであろう。

「条例」のもう一つの特徴は，国務院衛生主管部門が突発公共衛生事件の情報を公開することを義務付けたことである。また必要な場合にかぎり，省，自治区，直轄市地方人民政府の衛生行政主管部門が該当行政地域内の突発公共衛生事件の情報を公開し，なおかつ情報の公布を迅速，正確，全面的に行うものと定めている。これは，初めて関連衛生部門が突発公共衛生事件の情報公開の法規制を定めたものであり，地方政府の情報隠蔽が難しくなり，市民の知る権利の確保が一層前進したと言える。本「条例」は中国の突発的な衛生事件の情報公開における大きな転換点であると言えよう。

また中国当局は，市民の自然災害の防災減災意識の向上や国際的な災害救援の交流の促進および市民の知る権利の尊重のため，2005年8月22日，中国国家民政部によって国家機密として扱われてきた自然災害の死亡者数および関連資料が公開されることになった[50]。同時に，「民政業務における国家秘密および国家秘密の具体的な範囲に関する規定」（2000年）では，自然災害の死傷者数の情報に関連する条例が廃止になった。また，地方政府は死亡者数などの自然災害の関連情報が災害発生の2時間以内に上級政府に報告されるべきという時間的な制限をも明確に規定している（曹2005）。

さらに，2007年「中華人民共和国突発事件対応（応対）法」（以下「対応法」と略す）の実施は，突発事件の法整備プロセスにおける一里塚であると評価できる。これは突発事件の監察，応急と予備，応急処置と救援，事後復旧と再建，

49　同上。
50　「中国宣布：自然災害死亡人数不再作為国家秘密」2005年9月22日，新華網（http://news.xinhuanet.com/politics/2005-09/22/content_3528377.htm〔2015年1月6日〕）。

法的責任など多方面において突発事件への対処を定めたもので，ここでの検討に関連するものとしては，全国レベルの突発事件の情報システムの設置への言及が重要である。これは国務院が主管部門となり，県級以上の各級の人民政府および関連部門が本地域の統一的な突発事件情報システムを構築するものである。

2007年以降，2008年の四川大震災，2009年の豚インフルエンザ，2010年の玉樹地震，2011年の7・23鉄道事故など多数の突発事件が発生し，中国政府は迅速に関連情報，特に被害状況，死傷者数，感染者数などを伝えた。これは前述のような過去数十年の情報隠蔽と比べると大きな進歩であるが，それはこうした突発事件に関する情報公開への態度の変化や法整備の進展と密接に関連したものと言える。しかし看過できないことは，突発事件報道におけるメディアの情報公開の責任について言及されていない点である。このことから，メディアが突発事件における情報公開の主体から外されているとも言いうるであろう。

突発事件は依然として中国の報道界にとって敏感な領域である。報道された突発事件に関わる報道内容が関連規定にしたがっているかどうかは，事前規制や新聞や定期刊行物の審読制度の審査，インターネットの検閲など事前・事後審査制度によって検査される。問題報道と判定されれば，情報発信メディアや個人が警告を受けたり処罰されることになるため，メディアが自由に突発事件報道をすることはできない。中国のみならず，日本，アメリカにおいて突発事件報道が政府に影響されることは確かにあるが，多くの場合はメディア自社の「自主規制」やメディア自身の利害によって，一部の内容を報道しないようにしている程度である。しかし中国では，主に中央宣伝部の指示にしたがってそれが行われている。

以上述べてきたように，現代の変わりつつある報道環境において，中国メディアやネットユーザーは知恵を尽くしながら党政府と「擦辺球」（政府の管理にぎりぎり抵触しない行為）をしている。このようなメディアや市民と政府との間の「対抗関係」は，突発事件の情報公開や中国報道界の報道の実践面において大きな重要性を持っている。

第4節　中国のメディア管理制度の特徴

　本章では中国メディアの管理体制およびその下で構築された具体的な管理制度を考察し，メディアの二元管理体制の確立，メディアの報道・発信内容の管理制度，とりわけ突発事件報道に関する管理制度を分析した。それらの分析を通じて明らかとなった中国のメディア管理体制，管理制度に関する知見を以下に整理したい。

　第一に，党中央によるメディアに対するイデオロギー管理は緩和されておらず，メディア管理体制の二元化によってむしろ強化されていることである。特にメディアの報道・発信に関する内容管理によって，党中央の路線，思想を堅持するイデオロギー管理が強められている。その管理は，事前規制，事前・事後審査などの行政規制，主管部門による随時の指示，報道メディア内部の自主規制などといった複合的な手段によって行われている。

　第二に，既存メディア，ネットメディアともに，内容審査は主に国家指導者，国家政治に関わる内容，国家の安全や社会の安定に関わる内容，猥褻，賭博，暴力，殺人，あるいは犯罪に関する内容に対して行われ，とりわけ国家政治体制，国家安定に関わる指導者，歴史問題，突発事件は重要な対象テーマであるということである。これらが内容審査の重点的対象となった根本的な原因は，政権の正当性を守るため，中国共産党がその権力を脅かす可能性がある報道を抑え，逆に政権にとってプラスのイメージを与えるような宣伝報道を行うよう誘導しているからである。

　第三に，突発事件報道に関する情報公開法の整備は進んでいるものの，中国当局の情報管理制度や管理姿勢は根本的には変わっていないということである。中国当局は自らに不都合な情報を隠蔽するなど，突発事件に関する情報の主導権を保持している。とりわけ民族問題を含む突発事件が中国政府の内容審査の重点に位置付けられ，それに関する情報公開は他の種類の突発事件より厳格に管理されていると考えられる。中国当局は，前述のような現代の情報環境の変化に応じたメディア管理制度の調整・変化を行う一方で，政権の支配力維持を目的とした管理姿勢は依然として強いものである。

以上にまとめたように，中国のメディア管理体制の下ではメディアの報道の自由が確保されにくいという現状があるものの，市民の知る権利の保護やメディアの公権力の監視機能の十分な発揮を実現するためには，既存メディアとネットユーザーが中国当局に「対抗」することが重要である。このような重層化されたメディア管理体制の下では，規制対象となっている内容に関するメディアないし市民の発信は非常に困難だと考えられるが，特にソーシャルメディアの特性を利用することでそれは可能となろう。

　続く第2章から第6章では，このように構築された現代中国のメディア管理体制・制度下における突発事件報道の実態，ネットメディアの影響，ソーシャルメディアの突発事件に関する発信の様子を，SARS事件以降について詳細に検討する。

第2章
SARS 報道
──情報隠蔽から情報公開へ

はじめに

　2003 年春，中国における SARS の大流行に際して，発生源と見られた中国の情報公開の遅れが国際的批判の的となった。中国国内の報道では，2002 年 11 月広東佛山で初の症例を発見してから 2003 年の 4 月 20 日（中国衛生部長と北京市長を免職した日）まで，中国主流メディアは SARS についてほとんど自主的に報道していなかった。その結果，SARS が中国を中心に全世界へ急速に拡大し，WHO が最後の SARS 伝播確認地域である台湾の指定を解除した 2003 年 7 月までに，感染者数 8,098 名，死者 774 名の被害をもたらした[1]。実際には，SARS の感染拡大のコントロールはそれほど難しかったわけではない。短期間に感染拡大した原因は中国政府の初動の遅れにある（加藤 2008：41）。特に，中国メディアは情報規制で正確な情報を迅速に報道しなかった。中国政府機関による情報操作や情報隠蔽に対しては，国外のみならず国内でも批判が高まり，前年に発足したばかりの胡錦濤政権は厳しい対応を迫られることになった。国内外の圧力を受けて，中国当局は 4 月 20 日に修正した正確なデータを公表した。このことが，各メディアが SARS 報道に積極的な取り組みを始めるきっかけとなった。

　また，中国政府は SARS 事件の経験から学んで，突発的な衛生事件に関する情報を迅速かつ正確に市民に伝えることが疾病の予防や流行のコントロールには重要であることを意識し，情報公開法整備を推進した。現在，突発的な公共

1　WHO「重症急性呼吸器症（SARS）の国別報告数のまとめ（2002 年 11 月 1 日〜2003 年 7 月 31 日」（2003 年 9 月 26 日 WHO 改訂版）国立感染症研究所感染症情報センター（http://idsc.nih.go.jp/disease/sars/update98-cumm.html〔2007 年 4 月 27 日〕）。

衛生事件に関する感染状況の情報公開はすでに対応措置の一環になっている（林ら 2012：1）。このため，SARS 事件は中国の突発的な衛生事件報道を研究するための得がたい事例であると考える。そこで本章は，SARS 報道の問題点，情報隠蔽から情報公開までのメディアの報道内容の全体像を明らかにするため，『人民日報』『南方都市報』の 4 月の 1 カ月間の SARS 報道の内容分析を行った。ただし，ネットメディアの利用者数はまだ少ないため，ネットメディアの SARS に関する発信状況を考察しない。

第1節　中国における突発事件の報道慣例

　中国では，改革開放以前，突発事件の報道はタブーであった。格差問題，汚職問題など深刻な社会問題が多発するようになった改革開放後も同様である。突発事件による死傷者数や経済損失などの重要なデータは，関連の指導部門に報告しチェックを受ける。特に重大で敏感な事件は，新華社が出した情報を通稿[2]として，口裏を合わせて発表する。公に報道したくない事件（例えば，社会的な騒乱，集団の陳情，違法集会やデモ，労働者や学生が主導するストライキなど政治的な事件，軍隊に関わる事件，国家安全を脅かし，国家イメージを損なう突発事件など）は，「内部参考」として指導部門に報告する。災害，事故，案件などを報道するとき，報道が殺到することを防ぐためである。「悪影響」が拡大しないように，事件は現地に限って報道してもよい。社会安定にとって悪影響のある情報（災害，事故などの死傷者の悲惨な状況など）を報道するのは許されないなどいろいろな制限がある。突発事件が発生したとき，メディアの報道は，必ず党が人民を率い，様々な困難を勇敢に克服し，自然災害に打ち勝つ，あるいは社会安全を脅かす重大な事件を解決するなど讃える形にしなければならない。復旦大学の王中教授は中華人民共和国建国初期から改革開放までの中国災害報道の仕方について「災害自体はニュースではなく，救援活動がニュースである」（沈 2002：45）とまとめた。

　このような姿勢は災害報道に限らず，中国の報道界では「報喜不報憂」が慣

2　通稿とは政府部門が許可して掲載するニュース原稿のこと。

例として定着している。これらの習慣とルールは長期にわたって中国の突発事件の報道に影響を与え続けた。

第2節　SARS事件の経緯

　SARS事件は2002年11月16日に広東省で初の病例が発見されたのをはじめとして，2003年7月上旬のWHOの宣告で終わった。SARSの発生源である中国の政府が初期の段階で情報操作をしていたことが海外メディアの批判の的になった。国際世論の圧力を受け，中国当局はそれまでの姿勢を変えて，積極的に報道を認め始めた。本節において，情報隠蔽の段階，情報公開へと向う段階，情報を積極的に公開する段階という三つの段階に分けてSARS事件が発生してから終結までの経緯を振り返る。その流れの中で，中国当局の動きやメディアの動きを分析する。

1　2002年11月16日〜2003年4月前半（情報隠蔽）

　SARS感染者が発見されてから，中国当局によって感染情報は隠蔽された。その具体的な流れは以下のように整理できる。

　まず，SARSが広東省で発見され，それが拡大した経緯について整理する。SARSの感染者が最初に発見されたのは，2002年11月広東省佛山市である[3]。その後，2002年12月15日，広東省河源市で2人目となる患者も確認されたが，2人とも普通の肺炎と異なり，特殊な症状で抗生物質も効かない「非典型肺炎」と名付けられた。当時，患者を取り扱う際にマスクや防護服などを全く使用しなかったため，半月後，病院内で5人の医療関係者が感染した[4]。

　次に，SARSの拡大によって，SARSに関する噂が飛び交い，薬の買い占めによる混乱が引き起こされた。そのため，関連部門がメディアに「安心」「安全」報道をさせた。具体的には，2003年1月，中山，広州，順徳および東莞で非典型肺炎患者が現れ，エリスロマイシンやお酢を争って買うという混乱が生じた[5]。2003年1月3日未明，河源市疾病予防管理センター（防疫控制中心）は

3　「非典型肺炎事件簿」『亜州週刊』2003年第12期。
4　同上。

SARS に関する噂や買い占め混乱を抑えるため，緊急に『河源報』にファクシミリで以下のような安心，安全なイメージを伝える声明を送った（西 2008:151）。

　　市民に河源市には何の流行ウィルスも発生していないため，恐れる必要がない，むやみに薬を飲まない，デマを信用しないよう。また，咳，熱などの一部の人の症状は厳しい寒さによるものだと分析した。（同上）

　広東省では SARS が続いて拡大し，広東省のメディアの注意を惹いた。一部の報道メディアが独自の報道を行ったが，中国当局が「通稿」や行政処罰などの手段を通じて，メディアの報道を操作した。具体的な流れは以下のように整理できる。

　2003 年 1 月 17 日，広州の『新快報』は中山市の原因不明の新型肺炎の患者を報道した。しかし，関連衛生部門は直ちにその情報を否定した[6]。

　2 月 10 日，広東省委員会宣伝部はメディアに政府の審査済みの「通稿」を発表することを許可したが，『南方都市報』は独自の報道を行い，宣伝部が警告を出した。それと同時に，中国宣伝部より，『南方都市報』『南方週末』『21 世紀世界環球報道』の 3 紙は「問題新聞紙」であるという批判があった[7]。

　問題となった『南方週末』の報道は，国家疾病予防コントロールセンターのある専門家を取材し，「重大突発公共衛生事件にいかに対応すべきか」という記事である。その記事では，政府は速やかにインターネットを通じて情報を公開すべきであると指摘した[8]。そのほか，『南方週末』が「恐慌止于公開」（情報公開すると恐慌がなくなる）という社説を載せた。この社説は主にメディアが情報伝達しようとしても，当局の管理規制によって情報が伝達できなくなることを批判した[9]。

　SARS 報道に積極的な『南方週末』は民衆の評価を得たが，管理当局の警告を受けている。この間北京市メディアおよび中央メディアは沈黙を守り続けた

5　同上。
6　「十件大事　改変社会進展」『新快報』2011 年 1 月 1 日（http://news.sina.com.cn/c/2011-01-01/020621744018.shtml〔2013 年 12 月 15 日〕）。
7　「南方都市報被迫戴上口罩」『亜州週刊』2003 年第 15 期。
8　「重大公共衛生事件如何処理」『南方週末』2003 年 2 月 13 日。
9　「恐慌止于公開」『南方週末』2003 年 2 月 13 日。

（夏・葉 2003：57）。中国のメディアの沈黙に対して，2月11日，新型インフルエンザを警戒するWHOの再三にわたる質問に対し中国側は「患者305人で，うち死者5人」と発表した。

3月に北京で，SARSの発症が見つかり，拡大し始めた。北京当局は広東省と同様に情報を隠蔽した。すなわち，3月1日，北京で初の新型肺炎患者が発見された。その後，北京で大規模な流行が引き起こされた。3月初頭，SARS患者を受け入れた北京301病院（病院名），302病院（病院名）で多数の感染者が現れたという情報を，中国当局が隠蔽したことが301病院の蒋彦永医師の話から明らかになった。3月18日，中国外交部のスポークスマンが「衛生部や広東省の関係機関によると，広東省の一部地域で昨年11月から発生していた非典型肺炎はほぼ抑えられ，患者も回復しつつある[10]」と述べたが，のちに判明した事実とはまるで乖離した情報であった。

このように，中国当局が情報を隠蔽した理由として，「報喜不報憂」という報道慣例の影響のほか，発足したばかりの胡錦濤政権が社会安定を維持すること，SARS拡大期前後に北京で行われた第10回全国人民代表大会と第10回中国人民政治協商会議（以下「両会」と言う）の開催期間であったために，よい世論環境を作る目的があったことも考えられる。

3月中，SARSが世界中に拡大しつつ，3月15日にWHOはこの新興感染症を重症急性呼吸器症候群（SARS）と名付け，世界に警鐘を鳴らした。

この段階では，一部のメディアが報道禁令に挑戦しようとしたが，多数のメディアは当局に厳しく取り締まられ，報道は抑えられた。このような厳しい制限の影響を受けて，3月中旬から4月上旬まで，メディアはほとんど沈黙した。メディアはこの期間中，一斉に「両会報道」（「全国人民代表大会」と「中国人民政治協商会議」の報道）や「中国が2008年のオリンピックの開催招致に成功した」などの報道に力を入れた。

10　「2003年3月18日外交部発言人在記者招待会上答記者問」国務院新聞辦公室（http://www.scio.gov.cn/xwfbh/gbwxwfbh/xwfbh/wjb/Document/312289/312289.htm〔2011年3月1日〕）。

2　4月半ば〜4月20日（情報公開へと向かう）

　4月になってから，国際世論の圧力で中国政府は情報公開制限に関して多少譲歩した。その結果，4月に入り，SARSに関する報道は次第に新聞，テレビ，インターネットで見られるようになった。しかし，政府の都合のよい情報を多く報道していることは依然として同じである。この段階における政府やメディアの動向については以下のように整理できる。

　中国の張文康衛生相は4月3日の記者会見で北京の感染症例は12例しかないと語ったのに対して，アメリカの『タイム』誌は4月9日，北京の人民解放軍総医院（301病院）はすでに60名の新型肺炎患者を受け入れたと報道したが，実際の感染者数はさらに多数であると推測されていた。そのような厳しい状況下，中国当局は安全かつ安定な世論環境を作るため，事実とは異なる報道を続け，北京への旅行や娯楽活動も奨励し，疾病の拡大を助長した。

　例えば，主流メディアの『人民日報』は中国国内のSARSに関して，4月5日の「中国各地の旅行の安全や健康は完全に保障できる」，4月6日の「北京は春の気分に溢れている」などといった記事のように，ほとんどが「安全」「安心」なイメージを伝えている。また，4月16日の記事は主に香港のSARSの状況を詳細に書いているが，中国内陸の感染情報には全く触れなかった。

　国際社会における，中国政府の情報隠蔽を批判する圧力を受け，4月17日には中国の最高指導部である常務委員会が会議を開き，新型肺炎予防と治療をいかに行うかを検討し，「報道機関や幹部は新型肺炎の発生状況を隠してはいけない。隠すと責任者の責任を追及する」と指示した[11]。

　そのため，4月18日になって，『人民日報』などメディアの記事には中国内陸でSARSが広がっていることが明確に記載されるようになり，疾病の予防や疾病の広がりに伴う社会混乱の予防措置も詳細に説明している。しかし，SARSの感染者数は明確に言及せず，政府がSARSをきっかけとして生じている買い占めなどの混乱を批判する内容がメインであった。

　この種の報道では，中国市民や国際世論は満足せず，中国国内では種々の

11　譚克揚「防治“非典”市（州）長負総責」『湖南日報』2003年4月18日。

SARS に関する噂が飛び交い，一方で SARS の世界中の拡大も止まらなかった。その結果，中国国内や国際社会において中国政府に対する不信感が高まり，的確な感染情報に対する需要が高まっていた。

感染状況の拡大や世界中からの情報公開を求める圧力を受け，中国衛生部は4月20日に緊急記者会見を開き，北京市内の感染者数が従来発表の9倍に当たる339人に達したと発表した。死者数は従来の4人を18人に修正した。その後，新華社の報道によって張文康衛生部長と孟学農北京市長が更迭されたことが明らかになった。

3　4月21日〜（情報を積極的に公開する）

20日以降，中国当局は SARS の情報公開に関する積極的な姿勢を作り，各メディアに取材，報道活動の許可を与えた。中国各メディアは積極的に SARS について多角的に報道し始め，当局も積極的な対策に乗り出し始めた。報道姿勢はこれまでにないほどに活発になった。そのため，4月20日が SARS 報道の転換点であると考えられている（夏・葉 2003：57）。

4月20日から，SARS 感染者が多かった北京市内では，休校など多数の対応措置を実施し，北京市政府が WHO と積極的に協力する姿勢に転換した。例えば，22日，北京は市内の小，中，高校，大学に対し2週間の休校を指示した。翌日には感染者が出た建物や地域の封鎖・隔離を行うと発表した。26日には，北京市の劉棋市長が WHO の中国代表と会談し，全面協力を表明した。

しかし，積極的な対策にも関らず，SARS の拡大を抑えることは難しく，5月末まで感染者は広がっていた。『南方週末』の SARS 特別報道には「SARS の情報公開が遅れているからだろう」と分析している。

6月24日，中国のすべての地域への渡航勧告が解除され，7月上旬，SARS が終息した。この時点までに，SARS の感染者数は約8,000人，死亡者数は約700人に上った。

以上の SARS 事件の経緯からわかるように，SARS が発生した当初，国内メディアが沈黙したのはメディアの自主的な選択ではなく，中国当局がメディアを規制した結果である。『南方都市報』『南方週末』などの媒体は異例であり，

最初は自主的にSARS事件を客観的な姿勢で報道したが，管理当局に警告された。報道が解禁されたのち，メディアのSARS報道は活発になったが，実際の報道内容が管理当局に操作されている可能性もあると考えられる。

第3節　SARS報道の内容分析

4月に入ると，SARS報道は徐々に解禁され，中旬から全面的に報道されるようになった。本節では，①SARS報道の報道量はどう変わっているのか，②SARS報道内容はいかに変わっているのか，③中国当局の報道方針とメディアのSARS報道内容はどのような関係があるのか，④報道の問題点，を明らかにすることを目的とする。そのために，党の機関紙の『人民日報』，最初の感染例が発生した広東省にある都市報『南方都市報』2紙の4月1日～30日のSARS報道量かつ報道内容を分析する[12]。

1　分析方法

分析対象の選定

分析対象として，「党報」の代表紙である『人民日報』と全国に影響力を持つ広東省最大のローカル都市報の『南方都市報[13]』の2紙を選定した。『人民日報』は，全国で発行する最大の党報であり，報道内容は大きく政府の宣伝姿勢にコントロールされている。SARSの伝染が広東省にて発見され，その後広東省から世界中に拡散した。広東省のローカル都市報『南方都市報』の報道内容から，その当時市民向けのSARS報道の報道姿勢がうかがえる。また，『南方都市報』は単純にローカル都市報ではなく，中国の全国でも大きな影響力を持つ都市報の一つである。

中国の党報や突発事件が発生した地元の都市報および全国にも影響力を持つ都市報の報道内容と報道姿勢を把握するために，この2紙を選定した。

12　上述の「SARS事件の経緯」（第2節）において，2月から3月まで中国の報道メディアが政府のコントロールによって，SARSについてほとんど報道しなかった実態を明らかにしたので，ここでは4月1日～30日1カ月の期間に絞って調査した。

13　『南方都市報』は，自由な報道姿勢で公権力の監視機能を行うという特徴がある。

内容分析の手順

　前節で説明した三つの段階をカバーする4月1日〜30日までの1カ月間を対象期間とし，情報隠蔽段階から情報を積極的に公開する段階への報道量および報道内容の調査を行った。

　調査によると，『人民日報』の該当記事は353件であったのに対して，『南方都市報』は396件であった[14]。また，紙面における記事の重要性は，記事の掲載紙面および記事がすべての紙面[15]を占める面積の割合を通して把握することができる。そこで，今回の調査の記事量について，記事の報道件数以外，各記事の面積を測り，記事にどれほどの面積が割かれて報道されたのかを調査した。

　記事の内容については，「報道ジャンル」「報道主題」「報道イメージ」（プラス，中立，マイナス）「発信クレジット」（発信名義）「ニュースソース」という五つの観点からそれぞれの内容を分析した。分析の結果に基づき，2紙の報道の特徴と，その特徴から見られるSARS報道の問題点を考察し，SARS報道の実態を見極める。

2　報道件数の変化（1）──4月20日から報道件数が急増

　図2-1では，『人民日報』のSARS報道は4月3日から始まり，4月3日〜10日まで徐々に上がっていく傾向が見られるが，激しくは変化していない。4月20日から毎日の報道件数は10件以上を維持し，25日は最大値の37件に達した。『南方都市報』はほぼ同じ傾向で増えているが，20日から『人民日報』よりさらに激しく増えている。4月30日に90件の報道件数になった。

　2紙ともSARS報道の件数は4月上旬から多くなったことがはっきりわかった。また，4月20日から報道量の増加傾向が強くなり，SARSが大幅に報道されたこともわかった。4月20日から報道量が増加した理由として4月20日に職責失当の北京市長と衛生部長の幹部の免職処分にあると思われる。

14　著者が上海図書館に所蔵されている『人民日報』（華東版），『南方都市報』の2紙における2003年4月1日〜30日期間の報道を全部読んだ上，SARSに関する報道を選出した。
15　広告を含むすべての新聞紙面である。

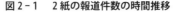

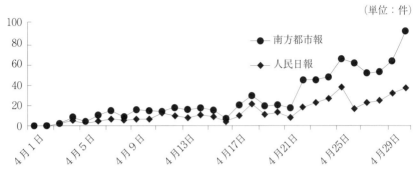

3 報道内容の変化（2）——情報主題が多様化へ

　SARS 報道の三つの段階の政府の情報公開姿勢に従い，どのようなジャンルや主題が数多く報道されたのか，マイナスイメージ報道はされたのか，SARS 報道の情報源の多くは政府機関なのか，三つの段階における報道ジャンル，報道主題，報道イメージ，情報源はどのような変化傾向を表しているのかなどの問題を解明する。そのために，報道内容を報道ジャンル，報道主題，報道イメージ，情報源について三つの段階に分けて分析する。

報道ジャンル

　SARS 報道においては，どの報道ジャンル（すなわち政府側の会議，対応，市民に身近な SARS の最新感染治療情報，SARS に関する政府の対応や社会各面の反応といった事件の各側面に対する評論）が多いか，あるいは少ないかということから，2 紙の SARS 報道姿勢が読み取れる。ここで，報道ジャンルは，政治（政治会議，政策制度，行政，財政，外交，政治家の講話，政治家の動向，国際政治など[16]），社会（訴訟，事故，インフラ，家庭，結婚，健康，医療，衛生，福祉など），評論（ある出来事について，疑問を提出し，コメントする），その他（スポーツ，天気など）という四つの項目に分けて分析する。

16　衛生部が発表された感染状況および治療状況に関する報道は政治ジャンルではなく，社会ジャンルに採録されている。

第2章　SARS報道　071

表 2-1　『人民日報』の報道ジャンルの割合

(単位：上段 件，下段 %)

時間＼報道ジャンル	社会	政治	評論	その他	合計
4月1日〜9日	16	14	0	0	30
	53.3	46.7	0.0	0.0	100.0
4月10日〜19日	43	49	5	1	98
	43.9	50.0	5.1	1.0	100.0
4月20日〜30日	68	129	28	0	225
	30.2	57.4	12.4	0.0	100.0

（人民日報）

$\chi 2$ (df=6, N=353)=20.86 (p<.01)　　ϕ=.24 (p<.01)

表 2-2　『南方都市報』の報道ジャンルの割合

(単位：上段 件，下段 %)

時間＼報道ジャンル	社会	政治	評論	その他	合計
4月1日〜9日	21	11	1	0	33
	63.6	33.3	3.0	0.0	100.0
4月10日〜19日	36	26	1	0	63
	57.1	41.3	1.6	0.0	100.0
4月20日〜30日	215	38	46	1	300
	71.7	12.7	15.3	0.3	100.0

（南方都市報）

$\chi 2$ (df=6, N=396)=39.05 (p<.001)　　ϕ=.31 (p<.001)

　　では SARS 報道の場合は三つの段階において，報道状況がどのように異なる
のか，どのジャンルが多かったのだろうか。そこで表2-1，2-2に，2紙の
SARS 報道ジャンルを第1段階（4月1日〜9日），第2段階（4月10日〜19日），
第3段階（4月20日〜30日）に分けて調査した[17]。
　　表2-1，2-2から，『人民日報』の「社会」ジャンルは減少，「政治」と「評

17　報道ジャンルの信頼性検定の結果は，人民日報 α = .9337，南方都市報 α = .8863，95%
　　信頼区間の下限は，人民日報 α = .8675，南方都市報 α = .8105。

論」ジャンルは増加している傾向が見られる。それに対して『南方都市報』の第1段階や第2段階では，「社会」ジャンルは減少，「政治」ジャンルは増加している傾向が見られるが，第2段階から第3段階へは逆の傾向が見られる。『南方都市報』の「評論」ジャンルでは，第1段階や第2段階で大きく変化する傾向は見られないが，第2段階から第3段階へは15.3％まで増加した。カイ二乗検定の結果，以上の傾向は有意なものである。

　以上の2紙のSARS報道ジャンルの特徴を整理すると，『人民日報』は三つの段階における「政治」ジャンルの報道重視度は高くなっている。これに対して，『南方都市報』の「政治」ジャンルの報道重視度は第2段階までは高くなったが，情報公開された第3段階では低くなった。「評論」ジャンルは2紙とも第3段階になってから多くなった。つまり，第3段階では，『南方都市報』は社会ジャンル報道，『人民日報』は政治ジャンル報道を重視していることや2紙とも「評論」記事が多くなったという特徴が明白に表れたと言える。

報道主題

　具体的にどのような主題が大幅に報道されたのかについて，記事の主題を以下の11項目に分けて調査した。①「感染・治療状況」，②「感染者，感染者家族」，③「SARS影響」，④「中央政府の動向」，⑤「衛生部門の対応」（衛生部門はSARS感染の主要対応部門であるため，ここで中央政府の動向，地方政府の動向と分けて考察する），⑥「地方政府の動向」，⑦「SARS予防と治療」，⑧「人物」（治療活動における医療関係者），⑨「社会の動向」，⑩「海外の動向」，⑪「その他」との項目に分けて，報道内容の分析を行った。各報道主題を報道した件数を集計し，まとめた結果を表2-3，2-4で整理した[18]。

　表2-3によると，『人民日報』の第1段階の主要な報道主題は①「感染・治療状況」，④「中央政府の動向」，⑤「衛生部門の対応」，⑩「海外の動向」であり，第2段階の主要な報道主題は④「中央政府の動向」，⑤「衛生部門の対応」，⑥「地方政府の動向」，⑦「SARS予防と治療」であり，第3段階の主要な報道主題は④「中央政府の動向」，⑦「SARS予防と治療」，⑨「社会の動向」である。

18　報道主題の信頼性検定の結果は，人民日報 α = .8983，南方都市報 α = .9154，95％信頼区間の下限は，人民日報 α = .8592，南方都市報 α = .8808。

第 2 章　SARS 報道 | 0 7 3

表 2 - 3　『人民日報』の報道主題別の件数および割合の内訳

（単位：上段 件，下段 %）

時間＼主題	①	②	③	④	⑤	⑥	⑦	⑧	⑨	⑩	⑪	合計
人民日報 4月1日〜9日	5	0	0	4	10	3	2	0	0	5	1	30
	16.7	0.0	0.0	13.3	33.3	10.0	6.7	0.0	0.0	16.7	3.3	100.0
4月10日〜19日	7	1	1	21	11	18	20	4	4	8	3	98
	7.1	1.0	1.0	21.4	11.2	18.4	20.4	4.1	4.1	8.2	3.1	100.0
4月20日〜30日	12	2	2	75	13	16	29	18	23	19	16	225
	5.3	0.9	0.9	33.3	5.8	7.1	12.9	8.0	10.3	8.4	7.1	100.0

$\chi 2$ (df = 20, N = 353) = 59.14 （p<.001）　　ϕ = .41 （p<.001）

表 2 - 4　『南方都市報』の報道主題別の件数および割合の内訳

（単位：上段 件，下段 %）

時間＼主題	①	②	③	④	⑤	⑥	⑦	⑧	⑨	⑩	⑪	合計
南方都市報 4月1日〜9日	12	0	4	4	5	1	4	1	1	0	1	33
	36.4	0.0	12.1	12.1	15.2	3.0	12.1	3.0	3.0	0.0	3.0	100.0
4月10日〜19日	7	2	6	18	2	13	7	0	7	1	0	63
	11.1	3.2	9.5	28.6	3.2	20.6	11.1	0.0	11.1	1.6	0.0	100.0
4月20日〜30日	22	5	14	42	14	52	32	23	74	3	19	300
	7.3	1.7	4.7	14.0	4.7	17.3	10.7	7.7	24.0	1.0	6.3	100.0

$\chi 2$ (df = 20, N = 396) = 69.90 （p<.001）　　ϕ = .42 （p<.001）

注：表 2 - 3，2 - 4 の主題行では 1 〜11 の数字が，①「感染・治療状況」，②「感染者，感染者家族」，③「SARS 影響」，④「中央政府の動向」，⑤「衛生部門の対応」，⑥「地方政府の動向」，⑦「SARS 予防と治療」，⑧「人物」（治療活動における医療関係者），⑨「社会の動向」，⑩「海外の動向」，⑪「その他」と，それぞれの主題を表している。

　つまり，どの段階においても，「中央政府の動向」は重要な報道主題として扱われている。また，三つの段階の各主要報道主題の報道割合の変化傾向として，①「感染・治療状況」，⑤「衛生部門の対応」，⑩「海外の動向」主題は減っていること，④「中央政府の動向」，⑨「社会の動向」主題は増えていることが見られる。
　表 2 - 4 によると，『南方都市報』の第 1 段階の主要な報道主題は①「感染・

治療状況」，③「SARS影響」④「中央政府の動向」，⑤「衛生部門の対応」，⑦「SARS予防と治療」であり，第2段階の主要な報道主題は①「感染・治療状況」，④「中央政府の動向」，⑥「地方政府の動向」，⑦「SARS予防と治療」，⑨「社会の動向」であり，第3段階の主要な報道主題は④「中央政府の動向」，⑥「地方政府の動向」，⑦「SARS予防と治療」，⑨「社会の動向」である。『南方都市報』は『人民日報』と同様に，三つの段階においても，④「中央政府の動向」は重要な報道主題として扱われている。また，三つの段階の各主要報道主題の報道割合の変化傾向は，①「感染・治療状況」，③「SARS影響」主題は減少したこと，④「中央政府の動向」，⑨「社会の動向」主題は増えていることが見られる。

　2紙の主要報道主題を比較すると，報道主題の報道傾向の共通点と相違点が見られる。まず共通点として，①「感染・治療状況」主題の報道割合の減少，⑨「社会の動向」主題の報道割合の増加が挙げられる。相違点は大きく二つある。第一に，第1段階では『人民日報』の最も主要な報道主題は⑤「衛生部門の対応」であったに対して，『南方都市報』は①「感染・治療状況」であったことである。第二に，第3段階では『人民日報』の最も主要な報道主題は④「中央政府の動向」であったに対して，『南方都市報』は⑨「社会の動向」であったことである。①「感染・治療状況」主題の報道割合の減少について，2紙が「感染・治療状況」主題を重視していないのではなく，1日の最新の感染状況や治療状況は1件や2件の記事で報じられたため，報道件数は多くならない。

　以上の報道主題の分析によると，党報『人民日報』と都市報『南方都市報』は三つの段階においても中央政府の動向を重視した報道姿勢が見られている。また，第2，第3段階においては，『人民日報』と『南方都市報』とも市民，企業，組織など民間に焦点を当てる報道である「社会の動向」報道主題を重視するようになった特徴も見られる。しかし，『南方都市報』は『人民日報』より「社会の動向」報道主題への重視度がやや高いことがわかった。カイ二乗検定の結果，以上の傾向は有意なものである。

報道イメージ

SARS情報はどのようなイメージで報道されたのか。マイナスイメージの報

第2章 SARS報道 | 075

表2-5 『人民日報』の各報道イメージの割合

(単位：上段 件，下段 %)

時間 ＼ イメージ	マイナス	中立	プラス	合計
4月1日～9日	0	29	1	30
	0.0	96.7	3.3	100.0
4月10日～19日	1	86	11	98
	1.0	87.8	11.2	100.0
4月20日～30日	2	196	27	225
	0.9	87.1	12.0	100.0

（左端縦書き：人民日報）

$\chi 2$ (df=4, N=353) =2.54　n.s.

表2-6 『南方都市報』の各報道イメージの割合

(単位：上段 件，下段 %)

時間 ＼ イメージ	マイナス	中立	プラス	合計
4月1日～9日	0	27	6	33
	0.0	81.8	18.2	100.0
4月10日～19日	0	62	1	63
	0.0	98.4	1.6	100.0
4月20日～30日	10	253	37	300
	3.3	84.3	12.3	100.0

（左端縦書き：南方都市報）

$\chi 2$ (df=4, N=396) =11.78 (p<.05)　　ϕ =.42 (p<.05)

道は多かったのかそれとも今までと同じようにプラス報道が多かったのか。報道イメージについて，「マイナス」「中立」「プラス」の3項目に分ける。マイナスは批判的なコメント，問題の指摘および疑問であり，中立はSARSに対する客観的な事実報道であり，プラスはSARSの治療に現れた優れた医師への賞賛や中国当局の対応に対する賞賛などの内容である。

　2紙のSARS報道の集計結果によると，マイナス，中立，プラスの3種の報道イメージの件数，割合を表2-5，2-6にまとめた[19]。

　『人民日報』や『南方都市報』のSARS報道の報道イメージの割合は似てい

ることがわかった。三つの段階においても，中立報道は圧倒的に多く，2紙とも9割近くであった。また，マイナスイメージ報道は第2，第3段階では，増えてきたが，プラス報道より少なかった。SARS報道では2紙が中立報道の姿勢を持ちながら，やや楽観的にSARSを報道した特徴が見られている。カイ二乗検定の結果，『人民日報』の傾向は有意なものではない，『南方都市報』の傾向は有意なものである。

プラス，マイナスイメージの内訳

2紙ではどのような報道主題の内容について，マイナスイメージの報道をしたのだろうか，そしてどのような報道主題の内容について賞賛の報道を行ったのだろうか。これを検討するために，2紙の「マイナス」報道と「プラス」報道の件数および割合を，報道主題ごとに整理し，表2-7，2-8にまとめた。

マイナス報道の内容を詳細に見ると，『人民日報』の4月18日の「SARS事件を利用し，良心に背いてお金を儲けるな[20]」では，一部の商売人は商品を買い占め，その商品を高価で売ってお金を儲けたことを批判した。4月24日「農村のSARS予防と治療には怠けてはいけない[21]」「農村を無視してはいけない[22]」の2件の評論では，SARS予防と治療における，農村部のSARSに関する知識の普及不足，SARSの蔓延に乗じて詐欺など犯罪事件が起こった問題を指摘し，農村部のSARS予防と治療を全国で重視するようにと提言している。

『南方都市報』のマイナスイメージ報道の一部の詳細を見るために，3日間に報じられた記事の詳細を見る。まず，4月23日「農民が法師のふりをして，SARSを治せると騙した[23]」，4月25日「農村は必ずSARSをしっかり予防しなければならない[24]」である。この二つの報道は，中国農村部のSARS予防と治療における問題を指摘し，一部の人間がSARSを知らない農民を騙した犯罪問題を批判した。

19　報道イメージの信頼性検定の結果は，人民日報 α = .8633，南方都市報 α = .9096，95% 信頼区間の下限は，人民日報 α = .7364，南方都市報 α = .7316。

20　「豈容借疫情発黒心財」『人民日報』2003年4月18日。

21　「農村防治非典不能怠慢」『人民日報』2003年4月24日。

22　「切莫忽略農村」『人民日報』2003年4月24日。

23　「村漢自称法師能治非典」『南方都市報』2003年4月23日。

24　「農村抗非典須厳防死守」『南方都市報』2003年4月25日。

表 2-7　2 紙のマイナスイメージ報道の内訳

(単位：件（%）)

新聞名	報道主題				
	SARS 予防と治療	地方政府の動向	社会の動向	その他	合計
人民日報	2（66.7）	0（0.0）	1（33.3）	0（0.0）	3（100.0）
南方都市報	2（20.0）	4（40.0）	3（30.0）	1（10.0）	10（100.0）

　また，4 月 28 日には「現場で責任者を免職させる手順に対する疑問[25]」「なぜ必ず 3 回なのか[26]」「婚姻登録を中止することは適切かどうか[27]」を報道した。「現場で責任者を免職させる手順に対する疑問」では，河北省が SARS 感染状況を隠す市長をその場で免職させるという決議について，中国の憲法から検討し，その決議は不適切ではないかという疑問を投げかけている。また，その決議の中の内容について，「なぜ必ず 3 回なのか」という評論では，次の疑問を提起した。すなわち，「河北省の決議で河北省の市，県が，SARS の状況を省に 3 回報告しなかった，タイムリーに報告しなかった，正確に報告しなかったなどいずれかの状況があれば，関連地域の市長をすぐに免職させると規定したが，なぜ免職の条件を 3 回にしたのか，もし 3 回に限定すれば，関連市，県の行政部門が衛生事件を 2 回隠すチャンスを与えることを意味するのではないのか」と指摘した。「婚姻登録を中止することは適切かどうか」では，SARS の蔓延を抑える措置の一つとして，婚姻登録を一時的に中止する措置について，「法律規定の根拠はない」「市民の権利を侵害している」と批判した。

　2 紙とも農村部の SARS 予防と治療が十分でないことを指摘した。また，『南方都市報』は SARS の伝染をコントロールするための措置について，いくつかを否定し，法律面，市民の生活面から問題があることを指摘した。これまで中国では SARS のような大規模な公共衛生事件に対応した経験はほとんどなかったため，政府の各部門が慌てて対応措置を制定する際，市民の権利をど

25　「対就地免職程序的疑問」『南方都市報』2003 年 4 月 28 日。
26　「為何非要三次」『南方都市報』2003 年 4 月 28 日。
27　「暫停結婚登記値得商榷」『南方都市報』2003 年 4 月 28 日。

表 2 - 8　2 紙のプラスイメージ報道の内訳

(単位：上段 件，下段 %)

新聞名	報道主題						
	人物	中央政府の動向	地方政府の動向	SARS 予防と治療	衛生部門の対応	社会の動向	合計
人民日報	23(5)	13	0	1	2	0	39
	59.0	33.3	0.0	2.6	5.1	0.0	100.0
南方都市報	30(0)	4	4	0	1	5	44
	68.2	9.1	9.1	0.0	2.2	11.4	100.0

注：「人物」主題報道件数欄の（　）内の数字は党員身分の人物の報道件数である。

う守るか，また市民の生活にどのように支障に与えるかなど実践面の問題で十分に考慮されなかった。『人民日報』の SARS 報道では，ほとんど公権力の批判記事が見られなかった。それに対して『南方都市報』では 4 件の批判記事が見られた。しかし，2 紙のマイナス報道では，中国政府が情報を隠蔽した事実に対する反省報道がなかった。公権力の監視機能の限界が見られている。

　また，表 2 - 8 で調査したプラスイメージ報道の内訳を見ると，『人民日報』と『南方都市報』の人物主題の報道量はそれぞれ 23 件 (59.0%)，30 件 (68.2%)である。『人民日報』の「人物」主題では，5 件が党員の賞賛記事であったのに対して，『南方都市報』では党員の賞賛記事はなかった。このように，2 紙とも「人物」主題を宣伝記事の中心にしているが，『人民日報』の党員を宣伝する性格が見てとれる。

　また，「中央政府の動向」主題の報道件数について，『人民日報』の 13 件 (33.3%) は『南方都市報』の 4 件 (9.1%) より圧倒的に多かった。中央政府の対応策を賞賛したのは『人民日報』の SARS 報道の特徴として見られている。一方，『南方都市報』は「地方政府（広東省政府）の動向」主題や「社会の動向」主題の報道では，1 割のプラスイメージ報道もあった。都市報としての『南方都市報』は市民の興味を引くプラス報道の特徴が見られた。

　プラス報道で頻繁に出るワードについて，以下のようにまとめた。①非典型肺炎に抵抗する（抗撃非典），②非典型肺炎に打ち勝つ（戦勝非典），③生命の危

表 2 - 9　マイナスイメージ報道における指摘・批判対象の内訳

(単位：件(%))

	①	②	③	④	⑤	⑥	合計
人民日報	0 (0.0)	0 (0.0)	0 (0.0)	3 (100.0)	0 (0.0)	0 (0.0)	3 (100.0)
南方都市報	0 (0.0)	0 (0.0)	4 (40.0)	6 (60.0)	0 (0.0)	0 (0.0)	10 (100.0)

険を顧みない（舎生忘死），④金城鉄壁を構築する（築起銅墻鉄壁），⑤勇気を出して SARS 感染地域に突進する（勇闖非典病区）。自信を伝えるこれらの言葉は，無意識に「SARS」という疾病を戦争扱いしている。この段階の報道は最初の段階の「SARS 軽視化」と鮮明な対照をなしている。また，「白衣天使」（医療関係者は天使のように）というワードも医療関係者を賞賛する記事で頻繁に出てきた。医療関係者の努力で SARS は治るというイメージを伝えている。

指摘・批判対象

　2 紙はどのような対象について，指摘や批判的な発信を行ったのだろうか。指摘と批判の対象を①中国共産党・中国政府・中国指導者，②中国体制（政治・経済体制），③地方政府・地方幹部・省庁幹部，④民間（個人・組織・企業），⑤衛生部門（SARS の主要な対応部門であるため，ここで一つの項目を作った），⑥その他，に分けて集計した（表 2 - 9）。

　『人民日報』は 3 件の指摘・批判報道があった。その 3 件はすべて④「民間」への指摘・批判であった。『南方都市報』では，6 割が④「民間」に対する指摘・批判であり，4 割が③「地方政府・地方幹部・省庁幹部」に対する指摘・批判であった。「民間」に対する指摘・批判の内容は主に，商人の買い占め行為，農村部の SARS 予防不足への指摘・批判であった。また，「地方政府・地方幹部・省庁幹部」に対する指摘・批判は，主に地方政府が SARS に関する対応や措置の不全に関してであった。

　以上を整理すると，『人民日報』における指摘・批判の中心は民間の不当な行為であったのに対して，『南方都市報』における指摘・批判の中心は民間や地方政府にあった。このように，『南方都市報』が公権力のへの監視機能を果たしたことがわかった。しかし，中央政府が最初の段階で情報を隠蔽したことに対す

表2-10　プラスイメージ報道における賞賛対象の内訳

(単位：件(%))

	①	②	③	④	⑤	⑥	合計
人民日報	13 (33.3)	0 (0.0)	0 (0.0)	23 (59.0)	2 (5.1)	1 (2.6)	39 (100.0)
南方都市報	4 (9.0)	0 (0.0)	5 (11.4)	34 (77.3)	1 (2.3)	0 (0.0)	44 (100.0)

る指摘・批判が見られなかった。

賞賛対象

　2紙はどのような対象を賞賛したのだろうか。賞賛の対象を①中国共産党・中国政府・中国指導者，②中国体制（政治・経済体制），③地方政府・地方幹部・省庁幹部，④民間（個人・組織・企業），⑤衛生部門，⑥その他，に分けて集計した（表2-10）。

　結果は2紙とも④民間（個人・組織・企業）が6割程度から8割程度であった。主にSARSの治療活動で活躍した医療関係者，企業や組織による寄付など感動的な行為への賞賛であった。2紙の①中国共産党・中国政府・中国指導者への賞賛はそれぞれ33.3%，9.0%であり，『人民日報』は『南方都市報』の3.7倍であった。人民日報の賞賛記事は，政府がSARSの情報を迅速に通報している，政府の対応によってSARSの感染は効果的コントロールされている，という内容であった。

　以上の分析からは，『南方都市報』の賞賛対象の中心は民間であり，『人民日報』は民間や政府であったことがわかる。

発信クレジット

　発信クレジットとは，記事の発信者の名義を表す。『人民日報』と『南方都市報』のSARS報道では，新聞社自社名義，新華社[28]名義，他のメディア名義など

28　新華社の公式ホームページの紹介文に基づき，著者が以下のように新華社について説明する。新華社は新華通訊社の略称。新華社は中国国務院直属の通信社であり，政府の幹部人事などは新華社を通じて発表する。なお，新華社は国務院に直属する機関であるため，党・政府の代弁者の性格が強い。したがって，他のメディアが「新華社電」「綜合新華社電」といった伝え方をする際，政府および共産党の公式見解を報道していると考えられる（新華社〔http://203.192.6.89/xhs/index.htm（2011年5月20日）〕）。

第 2 章　SARS 報道　081

表 2 -11　『人民日報』の SARS 報道の発信クレジットの割合

(単位：上段 件，下段 %)

	発信クレジット 時間	自社	新華社	他の既存 メディア	ネット メディア	政府部門 のホームページ	その他	合計
人民日報	4 月 1 日〜 9 日	16	14	0	0	0	0	30
		53. 3	46. 7	0. 0	0. 0	0. 0	0. 0	100. 0
	4 月 10 日〜19 日	57	41	0	0	0	0	98
		58. 2	41. 8	0. 0	0. 0	0. 0	0. 0	100. 0
	4 月 20 日〜30 日	166	58	1	0	0	0	225
		73. 8	25. 8	0. 4	0. 0	0. 0	0. 0	100. 0

$\chi 2$ (df = 4，N = 353) = 11. 72 (p < . 05)　　　ϕ = . 18 (p < . 05)

表 2 -12　『南方都市報』の SARS 報道の発信クレジットの割合

(単位：上段 件，下段 %)

	発信クレジット 時間	自社	新華社	他の既存 メディア	ネット メディア	政府部門 のホームページ	その他	合計
南方都市報	4 月 1 日〜 9 日	15	18	0	0	0	0	33
		45. 5	54. 5	0. 0	0. 0	0. 0	0. 0	100. 0
	4 月 10 日〜19 日	27	36	0	0	0	0	63
		42. 9	57. 1	0. 0	0. 0	0. 0	0. 0	100. 0
	4 月 20 日〜30 日	226	69	5	0	0	0	300
		75. 3	23. 0	1. 7	0. 0	0. 0	0. 0	100. 0

$\chi 2$ (df = 4，N = 396) = 38. 27 (p < . 01)　　　ϕ = . 31 (p < . 01)

多数のクレジットで発信しているが，クレジットの発信回数によって，それぞれクレジットメディアの利用率がわかる。ここで，報道の発信クレジットについて，「自社」「新華社」(新華社と他の新聞社の綜合報道も含む)「他の既存メディア」「ネットメディア」「政府部門のホームページ」「その他」に分類する。その結果は表 2 -11，2 -12 で示した通りである。

　表 2 -11，2 -12 集計結果を全体的に見れば，2 紙とも自社と新華社による発信が圧倒的に多かった一方，他の既存メディアやネットメディアによる発信がほとんどなかった。

また，三つの段階において，2紙の発信クレジットには同じような傾向が見られている。すなわち，第2段階（4月10日〜19日）から第3段階（4月20日〜30日）まで，自社による発信が増加，新華社による発信が減少している傾向である。詳細を見ると，『人民日報』において，このような傾向は第1段階から第3段階まで見られる。その一方，『南方都市報』において，第1段階から第2段階まで，自社による発信がやや減少し，新華社による発信がやや増加していたことがわかる。

以上の分析からは，SARS報道では，国営通信社の新華社は重要な発信クレジットとしていることがわかる。2紙とも新華社への依存度が高かったと言い換えられるだろう。ネットメディアの発信クレジットがなかったことによって，SARS報道では，ネットメディアは情報源として重視されていないことが読み取れる。一方，三つの段階におけるクレジットの利用変化傾向からは，第2段階において，『南方都市報』の新華社配信への依存度が第1段階の隠蔽期より高かった傾向が見てとれる。カイ二乗検定の結果，以上の傾向は有意なものである。

ニュースソース

2紙は，どのような対象から情報を得たのだろうか。政府への取材が多かったのかそれとも市民への取材が多かったのか，あるいはただ政府が発表した情報をそのまま報道したのか。市民ニュースソースが多ければ，新聞社が市民の声を紙面によく反映させているとみなせる。政府ニュースソースが多ければ，新聞社が政府部門の公的な情報の公表に力を入れているとみなせる。

ニュースソースについては，「政府」「民間」「不明」に分類する。「政府」とは，政府関係者，政府機関，公的資金で設立される団体を指す。「民間」とは，一般企業，民営企業，個人，非営利組織などがこれに属する。この3種のニュースソースを集計した結果は表2-13，2-14でまとめた。

表2-13，2-14より，2紙とも政府（政府部門の関係者の話を含む）側のニュースソースが圧倒的に多かった。三つの段階においても，7〜9割程度を占めたが，『人民日報』と『南方都市報』の「政府」ニュースソースの割合の変化傾向には大きな違いが見られる。『人民日報』のSARS報道では，情報公開に伴っ

第2章 SARS報道 083

表2-13 『人民日報』の各ニュースソース1の内訳

(単位：上段 件，下段 %)

	ニュースソース1　時間	政府	民間	不明	合計
人民日報	4月1日〜9日	27	3	0	30
		90.0	10.0	0.0	100.0
	4月10日〜19日	78	13	7	98
		79.6	13.2	7.2	100.0
	4月20日〜30日	156	65	4	225
		69.3	28.9	1.8	100.0

$\chi 2$ (df=4, N=353) =19.1 (p<.01)　　ϕ=.23 (p<.01)

表2-14 『南方都市報』の各ニュースソース1の内訳

(単位：上段 件，下段 %)

	ニュースソース1　時間	政府	民間	不明	合計
南方都市報	4月1日〜9日	23	9	1	33
		69.7	27.3	3.0	100.0
	4月10日〜19日	55	8	0	63
		87.3	12.7	0.0	100.0
	4月20日〜30日	240	59	1	300
		80.0	19.7	0.3	100.0

$\chi 2$ (df=4, N=396) =8.05　　n.s.

て，政府をニュースソースとしている報道が少なくなっている傾向が見られる。その一方，『南方都市報』では，情報公開に伴って，政府をニュースソースとしている報道が増えたり減ったりする傾向が見られている。最後の段階では，『人民日報』『南方都市報』のそれぞれの政府ニュースソース報道が7〜8割ほどであった。

　その一方，『人民日報』の「民間」ニュースソースは1割から3割ほどに増加したものの，『南方都市報』の「民間」ニュースソースが3割ほどから2割ほど

表 2-15　『人民日報』の各ニュースソース 2 の内訳

（単位：上段 件，下段 %）

	ニュースソース 2 時間	記者	市民・企業 ・団体	ネット	合計
人民日報	4 月 1 日〜 9 日	3	0	0	3
		100. 0	0. 0	0. 0	100. 0
	4 月 10 日〜19 日	2	11	0	13
		15. 4	84. 6	0. 0	100. 0
	4 月 20 日〜30 日	26	39	0	65
		40. 0	60. 0	0. 0	100. 0

$\chi 2$ (df = 2, N = 81) = 7. 80 (p<. 05)　　ϕ = . 31 (p<. 05)

表 2-16　『南方都市報』の各ニュースソース 2 の内訳

（単位：上段 件，下段 %）

	ニュースソース 2 時間	記者	市民・企業 ・団体	ネット	合計
南方都市報	4 月 1 日〜 9 日	7	2	0	9
		77. 8	22. 2	0. 0	100. 0
	4 月 10 日〜19 日	3	5	0	8
		37. 5	62. 5	0. 0	100. 0
	4 月 20 日〜30 日	32	27	0	59
		54. 2	45. 8	0. 0	100. 0

$\chi 2$ (df = 2, N = 76) = 2. 89　　n.s.

に減少した。

　以上の分析からは，政府部門が SARS 報道における主要な情報源であることがわかった。民意を表す「民間」ニュースソースは少なかった。また，政府の情報公開姿勢の転換にしたがって，『人民日報』においては，民間への取材が増え，『南方都市報』においては，民間への取材が減少している傾向が見られた。

　また，以上の「民間」ニュースソースの詳細について，①「記者」，②「市民・企業・団体」，③「ネット」の 3 項目に分けて分析した。すなわち，①「記者」

は記者の経験したことや感想である。②「市民・企業・団体」は市民，企業，非政府組織など団体に対する取材情報である。③「ネット」はインターネット上の SARS に関する発信である。なお，一つの報道につき，その中で最も多く論じられているニュースソースを一つだけ取り上げて一つの項目に数え，マルチカウントはしなかった。それらを表2–15，2–16 にまとめた。

表2–15，2–16 より，『人民日報』『南方都市報』では，「ネット」をニュースソースとしている記事がなかった。また，2紙の「記者」「市民・企業・団体」をニュースソースとしている記事の割合の変化には同様の傾向が見られる。すなわち，『人民日報』『南方都市報』の「記者」をニュースソースとしている記事とも第1段階から第2段階までは減少し，第2段階から第3段階まで増加した。さらに，2紙の「市民・企業・団体」をニュースソースとしている記事は，「記者」の傾向とは逆に第1段階から第2段階で増加し，第2段階から第3段階で減少した。また，第1段階と第3段階のそれぞれの割合を比較すると，2紙とも「市民・企業・団体」をニュースソースとしている記事が多く増えたことがわかった。

第4節　情報コントロールしたままの SARS 報道

以上，SARS に関する新聞とネットメディアの量的・質的な分析を行った。この分析により，以下の4点の知見が得られた。

第一に，2003 年4月20日以降のメディアの SARS 報道が政府の情報公開方針の転換によって活性化し，『人民日報』と『南方都市報』は情報伝達機能を果たした一方，公権力の監視機能は十分に果たせなかった。

第二に，『人民日報』と『南方都市報』の SARS 報道は政府の動向に注目するという特徴が見てとれる。これは先行研究の Luther & Zhou（2005）と一致している。その一方，『南方都市報』の「社会の動向」への重視度は『人民日報』より強かった。都市報は社会に関する情報への注目度が高く，党報は党・政府に関する情報への注目度が高いというそれぞれの性格が見てとれる。

第三に，『人民日報』と『南方都市報』の指摘・批判対象，賞賛対象に関する分析からは，2紙とも中央政府の SARS 対応を賞賛し，政府が SARS 情報を隠

蔽した事実を指摘したり，批判することはなかったことがわかった。『人民日報』が政府による情報隠蔽の事実を批判しなかった要因として，公権力の監視機能を発揮することよりも，党・政府の宣伝機能を強く有していたことが考えられる。また，公権力の監視報道がその特徴である『南方都市報』の報道では，情報を隠蔽した中国政府（中央政府）への批判がなく，その代わりに中国政府の対応への賞賛が見られた。これは，当時メディアのSARS報道が当局に規制されていたからと考えられる。情報を隠蔽した事実への指摘・批判がタブーであったと言えるであろう。

　第四に，『人民日報』と『南方都市報』のニュースソースの分析からは，情報公開に伴って，『南方都市報』の「政府」ニュースソースへの依存度が高くなっている一方，『人民日報』の「政府」ニュースソースへの依存度は低くなったことがわかった。その原因は，情報公開の姿勢を示した中国当局は，『人民日報』など中央級国営メディアへのコントロールを緩め，『南方都市報』など有力な都市報への報道内容の管理を強くしたからであると考えられる。海外メディアの批判を浴びたあと，中国当局はSARSの感染情報を公開し，国内のメディアに関連報道をさせたが，公権力の監視報道が特徴であった『南方都市報』など有力紙の自主的な報道は依然警戒されていた。当局が世論を誘導するため，一部のメディアのSARS報道を情報源からコントロールしたと推測できる。

　本章での実証研究によって明らかにしたように，本来市民の声を反映し，市民の利益を代弁するべき既存メディアは，中国当局がSARS情報を開示する姿勢に転換したのちにも，当局の規制を受けつつ報道活動を行った。そのため，既存メディアは自由にSARSを報道できず，依然として当局に不都合な情報は既存メディアから市民に伝えられることはなかった。

　第1章で述べたように，SARS事件以降の情報公開制度の取り組みは，情報公開の迅速化，透明化をもたらした。しかし，その情報公開の変容が，実際に突発事件報道に有意義な変化をもたらしうるかという点については，著者は大きな疑問を持っている。そこで，SARS事件以降の突発事件報道の変容を，第3章から第6章での事例分析の結果に基づいて明らかにしたい。

第3章

5・12 四川大震災における
中国メディアの報道実態
──新聞とネットメディアを中心に

はじめに

　災害報道の際にメディアの置かれる政治的環境が中国と欧米では大きく異なる（Fu et al. 2010）上，中国と特にアメリカのメディアの間ではそれぞれの報道機能の位置付けも異なり（鄧・趙 2009：101），中国メディアの災害報道は中国式の特徴と言うべきものが見出される。孫（2001：34）は「80年代まで，中国の災害報道は災害そのものより，人間が災害と闘う精神の賞賛内容を報道すること，「新聞[1]」ではなく「旧聞[2]」を報道するなど特徴があった」と指摘した。つまり，1980年代まで，災害報道の速報性は無視され，災害の被害状況の伝達よりはポジティブな精神を宣伝することが重視されていた。1980年代以降は，災害報道の速報性は改善され，メディアの災害報道の取材活動の自由度も高くなった[3]（孫 2001：37）。また，第1章で考察したように SARS 危機を経験したあと，中国政府が一連の突発事件情報公開法整備を推進する動きも見られた。さらに，インターネットが普及し，2008年6月までに中国のネットユーザー数は2.53億になった[4]。したがって，インターネットは多くのネットユーザーの意見表明の空間や社会世論の形成場と見られるようになった。

　このようなメディア環境において，突発的な災害報道がどのように行われているのか，その報道姿勢の特徴，ネットメディアの発信実態を明らかにするた

1　「新聞」とはニュースを指す。
2　「旧聞」とは古いニュースを指す。
3　新華社による通稿以外，各ニュースメディアの自主的な取材活動を認めること。
4　CNNIC（2008）「第22次中国互聯網絡発展状況統計報告」（http://www.cnnic.net. cn/hlwfzyj/hlwxzbg/index_3.htm〔2011年1月6日〕）。

めに，本章は 2008 年 5・12 四川大震災（以下「四川大震災」と略す）における『人民日報』，被災地都市報の『華西都市報』『新京報』3 紙の 5 月 13 日から 6 月 13 日までの 1 カ月間の震災報道および 5 月 12 日から 6 月 12 日まで 1 カ月間の新浪ニュースサイトの四川大震災特集報道，天涯掲示板の震災に関する発信の内容分析を行い，検討を加える。

第 1 節　研究方法

　まず対象である中央レベルの党報『人民日報』，震災発生地で最も影響力がある『華西都市報』，全国に影響力がある『新京報』の 3 紙の，それぞれ 2008 年 5 月 13 日から 6 月 13 日までの 1 カ月間の震災関連報道[5]を収集した。該当記事はそれぞれ，『人民日報』が 1,412 件，『新京報』が 1,784 件，『華西都市報』が 2,007 件であった[6]。件数以外に，各記事のジャンル，主題，報道イメージ（プラス，中立，マイナス），情報源という項目を採録した[7]。

　また，四川大震災報道を検証するにあたり，『人民日報』『新京報』『華西都市報』の 3 紙を以下の理由から選択した。

　『人民日報』は中国共産党中央委員会の党報であり，党と政府の政策や思想を宣伝する役割を持っている。政府や党の公式見解や方針を知る上では，重要な情報源である。『新京報』は北京で最も発行部数が多く，全国で影響力が大きい都市報の一つである。『華西都市報』は被災地である四川における最大の都市報である。

第 2 節　政府の対応やメディアの発信活動

　各種メディアによる震災報道の全体的な動向や政府の震災への初動および対応を把握するために，先行研究や震災特集報道に基づき，政府の対応やメディ

5　四川大震災に関するすべての記事（写真付きも含む）と評論である。詩は含まない。
6　著者が上海図書館に所蔵されている『人民日報』『新京報』『華西都市報』3 紙の 2008 年 5 月 13 日〜6 月 13 日期間の報道をすべて読んだ上，四川大震災に関する報道を選出した。
7　本調査では，マルチカウントをしない。また 3 紙の 5・12 震災報道を報道ジャンル，報道主題，発信クレジット（情報源），報道イメージという四つの側面からそれぞれの内容を分析した。内容分析に当たっては，信頼性の検定を著者を含む 3 人が行った。

アの報道活動をまず概観する。

　四川大震災は，2008 年 5 月 12 日 14 時 28 分，四川省汶川県で発生し，震度は7.8 であった。四川大震災に関わる第 1 報はツイッターの中国人ユーザーが2008 年 5 月 12 日午後 2 時 35 分に発信した。その第 1 報は北京で地震を感じたことを伝えるものであった[8]。地震が発生した数十分後，優酷動画ネットサイト（中国版の YouTube）では，全国各地のネットユーザーが各地の震災被害動画を十数本アップした[9]。人民網は 14 時 40 分に中国国家地震局からの四川大震災の報告をそのまま伝えた。その後，CCTV ニュースサイト，新華網，新浪網など多数のニュースサイトが震災を報道した。中国中央級テレビ局のCCTV は 15 時 2 分に「四川省汶川県では震度 7.6 の地震が発生した」と報道したあと，国家地震局からの最新情報によって，震度 7.8 に訂正した。ニュースサイト，テレビは震災後迅速に報道活動を行った。新聞紙は震災の翌日から震災報道を始めた。

　温家宝首相は地震発生から 2 時間後の 20 時に被災地の都江堰で救援活動陣頭指揮にあたった。救援軍隊も，地震発生の 2 時間後被災地に到着し救援活動を始めた。当日の深夜には 6,000 人の軍人と武装警察がすでに救援活動を展開しており，そのほかに 2 万人以上の軍人と武警が被災地に空輸され，1 万人が鉄道で被災地に向かった。

　5 月 13 日，地震の翌日に『人民日報』の第 1 面の 3 分の 1 ほどは，四川大震災の情報および指導者が救援配置会議を開き，被災地に行って現場で救援指導するといった内容を報道した。

　5 月 13 日から 31 日の期間，四川省政府は毎日記者会見を行い，震災に関連する情報を公開した（楊・劉 2010：106）。

　5 月 16 日から，『人民日報』は創刊以来，初めて震災報道のための特集を行った。第 5 面から第 8 面にわたる「抗震救災特刊」（地震救援活動特集）で全面的

8　BBCNEWS（2008 年 5 月 12 日）"Twitter and the China Earthquake"（http://www.bbc.co.uk/blogs/legacy/technology/2008/05/twitter_and_the_china_earthqua.html〔2014 年11 月 19 日〕）。
　中国新聞出版社網（http://www.chinaxwcb.com/zhuantibaodao/2008-05/19/content_120741.htm〔2014 年 11 月 19 日〕）。
9　中国新聞出版社網　http://www.chinaxwcb.com/zhuantibaodao/2008-05/19/content_120741.htm〔2014 年 11 月 19 日〕。

に四川大震災について報道した。その中で、「抗震救災英雄譜」（英雄人物事跡）「災区党旗赤」（被災地党員事跡）「現場日記」など特別コラムを設立し、主に現場救援の感動的な事跡、英雄的な事跡および社会各面の援助活動について伝えた。

5月14日から21日までの8日間において、『新京報』が四川大震災報道の号外を作り、第16面から第32面のページ数で発行していた。特に、全国哀悼日[10]に『新京報』が全24面の号外を発行したほか、5月21日に「逝者」（逝去した方）という特集も発行した。また、『新京報』は5月28日に「活着」（生存している方）という特集を作って報道した。5月19日から21日の間、『華西都市報』は全国追悼日特集を作った。そして、6月1日に、『華西都市報』が子供の日特別紙面を作って報道した。

5月16日に、胡錦濤国家主席も震災地を視察した。5月18日までに、武装警察部隊や人民解放軍など15万人近くが現地に動員された（大谷 2009：27）。

5月19日の22時までに、人民網、新華網、CCTV網と中華網が合計で12,300件の震災関連報道（写真、音声、動画を含む）を発信した。また、新浪網、網易網、捜狐網、騰訊網が133,000件の関連報道を発信した。以上の八つのニュースサイトの発信に対するコメントは1,063万件にもなった（劉 2008：11）。

5月21日の10時に、成都商報掲示板では「救援用テントを横領した者を捜索しよう」というテーマの書き込みが発信され、掲示板で話題になった。その後、天涯掲示板に転載され、すぐに5万以上の閲覧数になった。多数のネットユーザーが救援用テントを横領した者を探すことを呼びかけた。この書き込みでは、救援用テントは被災地ではなく、成都市の高級団地、会社、共産党の機関で発見されたことが指摘された。書き込みでは、それらのテントの写真もアップされた。22日に、成都のすべての捜索サイトが警察と協力して特別捜索チームを立ち上げた。当日の12時までに、特別捜索チームが一部のテントを発見し、中国赤十字会に送った[11]。

このテント横領事件は、国家民政局と四川民政庁の関心を引いた。5月22

10　中国国務院弁公室が発表したことにより、2008年5月19日～21日は全国哀悼日である。一切の娯楽番組、娯楽営業が停止することになった。
11　「誰動了災区的帳篷」『新快報』2008年5月22日『新快報』電子版（http://www.ycwb.com/ePaper/xkb/html/2008-05/22/content_213331.htm〔2014年11月19日〕）。

日から関連部門がこの事件を調査し始めた。5月29日に，成都市の関連部門が関連調査結果を公布した。これ以外に，5月22日に，My space掲示板では，徳陽市官僚が救援物資を横領したことを摘発した書き込みもあった。

5月29日に，『新快報』など他のメディアは，四川省審計部が被災地で校舎が倒れた問題を調査するとの決定を伝えた[12]。

このように，四川大震災では，既存メディアとネットメディアが多くの震災情報を迅速に発信し，掲示板では被災地の救援物資の使用を監視する書き込みも現れた。政府が翌日から情報公開制度にしたがって地震情報を公開する記者会見を行った。このような四川大震災におけるメディアや政府の素早い対応は，1976年の唐山大震災とは大きく異なっていた。また四川大震災では，政府がネット上の世論を重視し，ネット上で批判された関連部門に対する調査活動を行った。

第3節　四川大震災の報道実態──報道量や報道内容の分析を通じて

1　報道件数──集中した2週間

3紙の報道件数は震災後の時間推移によってどのように変化しただろうか。

『人民日報』全体の報道件数は比較的少なかった。特に5月23日まで，他の2紙の震災報道件数は『人民日報』より圧倒的に多かった。震災の2週間後の5月27日頃から，3紙とも報道件数は徐々に減少する傾向が見られたが，6月8日に再度増加し，その後報道は少なくなった。『新京報』『華西都市報』の報道件数とも多かった。変動の特徴としては，地震発生から34日間は，報道件数が一直線に増加したが，その後減少した。二次災害の発生，哀悼日（5月19日～21日），子供の日（6月1日），地震1カ月後（6月12日）など特別な日の前後には，報道件数が増加した。2紙の違いとして，『新京報』の変動が最も激しかったと見られる（図3-1）。

12　「四川省已経安排審計部門介入校舎倒塌調査」『新快報』2008年5月29日（http://news.china.com/zh_cn/focus/2008dizhen/11067427/20080529/14874668.html〔2014年11月19日〕）。

図3-1　3紙の報道件数の時間推移

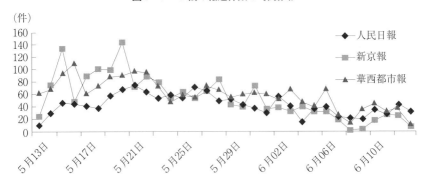

　以上の分析から，3紙とも多くの記事で震災を報道したが，中でも都市報の四川大震災への注目度が最も高いことがわかった。

2　報道ジャンル──社会ジャンルがメイン

　3紙の四川大震災報道ジャンルを「政治」(震災に関する政治家の発言，政党活動，政府の対応，政党会議，地方政府の対応，会議)「社会」(震災の被害状況，復旧状況，社会各面からの救援活動，援助活動，被災者の医療状況，被災地の衛生状況に関するもの，民政局，民航局，衛生部，鉄道部などインフラ，衛生に関わる部門による救援・救助活動[13])「評論」(震災の対応に対する指摘やコメントである)「その他」(天気，スポーツなど)に分類し，分析した。なお，一つの報道および書き込みにつき，その中で最も多く論じされている主題を一つだけ取り上げ，一つの項目として扱い，マルチカウントはしなかった[14]。『人民日報』『新京報』『華西都市報』の対象報道件数はそれぞれ1,412件，1,784件，2,007件である。調査の結果は以下の表3-1でまとめた[15]。

　表3-1で示したように，「政治」ジャンルとしたものは，『人民日報』の29.7%

13　民政局，民航局，衛生部，鉄道部などインフラ，衛生に関わる部門による救援・救助活動は政府による措置であるが，これらの情報は市民生活と密接に関係し，新聞紙では社会面に掲載される記事が多い。そのため，ここで社会ジャンルに分類している。
14　本章で用いたデータはまず著者が1人でコーディングを行った。コーディングの信頼性を確かめるために次の方法で信頼性検定を行った。コーダーは著者を含めた3人，いずれも中国語を母語とする大学院生である。あらかじめ説明を受けたあと，それぞれのコーダーが分類基準に基づいて分類を行った。信頼性検定はHayes, A. F., & Krippendorff, K. (2007)に基づき，クリッペンドルフのα係数を用いた。

表 3-1　各報道ジャンルの件数および割合の内訳

(単位：件（％）)

新聞	報道ジャンル				
	政治	社会	評論	その他	計
人民日報	420 （29.7）	829 （58.7）	121 （8.6）	42 （3.0）	1,412 （100.0）
新京報	214 （12.0）	1,352 （75.8）	138 （7.7）	80 （4.5）	1,784 （100.0）
華西都市報	229 （11.4）	1,675 （83.5）	49 （2.4）	54 （2.7）	2,007 （100.0）

$\chi 2$ （df＝6，N＝5,203）＝349.65 （p<.001）　　ϕ＝.26 （p<.01）

割合に対して，都市報の2紙はそれぞれ12.0％，11.4％であった。『人民日報』は都市報道よりの政治ジャンル報道を重視していることがわかった。

「社会」ジャンルの割合は，3紙とも5割を超え，震災の被害状況，被災地状況など災害そのものについて多数の情報を伝えたことがわかった。また，都市報と党報を比較すると，2紙の都市報は党報より割合が高く，被災地都市報の『華西都市報』83.5％が最も高かった。

「評論」ジャンルでは，3紙それぞれ8.6％，7.7％，2.4％であり，『人民日報』の評論が最も多かったが，1割を超えていなかった。

「その他」内容について，3紙それぞれ3.0％，4.5％，2.7％であり，『新京報』は社会，政治，評論ジャンル以外，震災と関連する経済，スポーツ，天気などの情報も多く提供した。

以上から3紙の報道内容の特徴を整理すると，3紙とも災害そのものに関する情報を主要な内容として報じ，『人民日報』の政治内容への関心度は高かったという特徴が現れている。その他の「評論」「その他」ジャンルには，3紙で大きな相違が見られなかった。カイ二乗検定の結果，以上の傾向は有意なものである。

15　報道ジャンルの信頼性検定の結果は，『人民日報』α＝.9096，『新京報』α＝.9366，『華西都市報』α＝.9341，95％信頼区間の下限は『人民日報』α＝.7316，『新京報』α＝.8520，『華西都市報』α＝.8641 である。

3 報道主題──党報の救援活動の宣伝と都市報の震災情報報道が特徴

　次に，3紙の報道主題について分析した。本章では，主題を以下の10項に分けて調査した。①「震災」そのものに関する内容を主題とするもの，例えば被害状況や被災地状況，二次災害に関する状況，死傷者数，震災の影響など，②「被害者の状況」に関する内容，例えば被災者の治療・生活状況，死傷者家族の動き，③「救援活動」は市民，医療部門，解放軍・警察の被害者救援・救助活動，④「指導者の動向」は中央指導者，省長など省庁レベル以上の幹部の動向，講話等，⑤「政府の動向」は中央，地方政府部門の対応，⑥「社会の動向」は民間の寄付等援助活動，民間が震災への反応など，⑦「海外の動向」は国際からの慰問，援助など，⑧「再建・復旧・避難状況」は被災地の再建・復旧状況，被災者の避難状況，⑨「人物」は救援活動における英雄な救援者および被害者，⑩「その他」，である。なお，一つの報道および書き込みにつき，その中で最も多く論じられている主題を一つだけ取り上げ，一つの項目として扱い，マルチカウントはしなかった。表3−2は各項目別件数の割合を示した結果である[16]。

　表3−2で示したように，「震災」を主題としたものの割合は，『人民日報』の8.2％に対して，2紙の都市報はそれぞれ22.3％，16.7％であった。都市報が党報より震災の被害状況，影響など震災情報について多数の情報を伝えたことがわかった。とりわけ『新京報』は，「震災」主題の報道が22.3％と一番多く，震災の被害状況，社会各面への影響に焦点を当てたと言える。また，「被害者の状況」を主題としたものは，『新京報』の9.8に対して，『華西都市報』や『人民日報』ではそれぞれ6.6％，2.9％であった。

　「救援活動」の主題では，『人民日報』は16.8％で，他の2紙の2.5〜3倍程度であった。『人民日報』の「救援活動」主題記事への重視度は他の2紙より高いことがわかった。「指導者の動向」「政府の動向」の主題の合計は，3紙とも15〜20％ほどであったが，割合は高くない。指導者や政府の動向について報道件数は多くないことがわかった。

16　報道主題の信頼性検定の結果は，人民日報 α = .9546，新京報 α = .9460，華西都市報 α = .9479，95％信頼区間の下限は人民日報 α = .9273，新京報 α = .9144，華西都市報 α = .9176である。

表 3-2　各報道主題の件数および割合の内訳

(単位：上段　件，下段　％)

	震災	被害者の状況	救援活動	指導者の動向	政府の動向	社会の動向	海外の動向	再建・復旧・避難状況	人物	その他	合計
人民日報	116	41	237	146	120	187	170	192	169	34	1,412
	8.2	2.9	16.8	10.4	8.5	13.2	12.0	13.6	12.0	2.4	100.0
新京報	398	174	91	41	249	401	41	224	86	79	1,784
	22.3	9.8	5.1	2.3	14.0	22.5	2.3	12.5	4.8	4.4	100.0
華西都市報	335	133	132	92	187	446	51	334	246	51	2,007
	16.7	6.6	6.6	4.6	9.3	22.2	2.6	16.6	12.3	2.5	100.0

$\chi 2$（df＝20，N＝5,203）＝755.37（p<.001）　　　ϕ＝.38（p<.01）

「社会の動向」については，人民日報の 13.2％に対して，2 紙の都市報はそれぞれ 22.5％，22.2％であった。都市報は明らかに『人民日報』より多く「社会の動向」を報道した。その代わり，「海外の動向」については，都市報は，それぞれ 2.3％，2.6％と低かったものの，『人民日報』は 12.0％と高かった。『人民日報』は国際的・外交的な動向を都市報より重視していることがわかった。

また，「再建・復旧・避難状況」の主題では，3 紙とも 15％前後の報道量があった。「人物」は，『新京報』が 4.8％と低かったのに対して，『人民日報』や『華西都市報』はそれぞれ 12.0％，12.3％と高かった。『人民日報』や『華西都市報』は『新京報』に比べて，救援英雄や被害者など人物に焦点を当てた報道が多かった。

以上から 3 紙の特徴を整理すると，『人民日報』は主に「救援活動」に関する状況を比較的多く報じたのに対し，『新京報』『華西都市報』では，「震災」および「社会の動向」主題を多く報道した。それ以外に，『華西都市報』では「人物」主題の報道も多かった。『人民日報』は「救援活動」主題を重視し，都市報は震災や社会の動向を注目している特徴が見られる。カイ二乗検定の結果，以上の傾向は有意なものである。

表 3 – 3 　 3 紙の救援活動報道主題の内訳

(単位：件（%）)

	政府・政府関係者	民間	不明	合計
人民日報	137（57.8）	64（27.0）	36（15.2）	237（100.0）
新京報	35（38.5）	27（29.7）	29（31.8）	91（100.0）
華西都市報	89（67.4）	27（20.5）	16（12.1）	132（100.0）

$\chi 2$（df＝4，N＝460）＝.23（p<.001）　　　ϕ＝.22（p<.001）

「救援活動」主題の内訳

　3紙の「救援活動」主題では，政府が主導した救援活動が多く報じられたのか，それとも民間の自発的な救援活動の報道が多かったのか。本章では「政府・政府関係者」（軍隊，警察，武装警察，党員幹部，団員救援，指導者の救援指導会議，視察，慰問，国際援助，地方政府の対応）「民間」（被災者，市民，非政府組織救援，企業からの救援・援助活動）「不明」の3項目に分けて集計した。

　以上の3紙の「救援活動」主題の内訳を見ると，「政府・政府関係者」項目について，『人民日報』『新京報』『華西都市報』はそれぞれ57.8%，38.5%，67.4%であった。3紙の「救援活動」主題報道の中心は「政府・政府関係者」による救援活動であると言えるが，『人民日報』や『華西都市報』の割合は『新京報』より圧倒的高い一方，『新京報』の「民間」による救援活動の29.7%は，『人民日報』や『華西都市報』より高かった。『新京報』と『人民日報』や『華西都市報』における大きな違いは救援活動の主体に見られた。『新京報』が政府の救援活動に関する情報の多くを伝達したほか，民間の救援活動に関する情報も3割近く報道した。カイ二乗検定の結果，以上の傾向は有意なものである。

「人物」主題の内訳

　「人物」主題について，各新聞はどのような内容に焦点を当てたのか。これを明らかにするには，「公務員・党員」「一般市民」2項目に分けて，表3–4で2項目の報道件数および比率をまとめた。

　表3–4で表示した通り，『人民日報』の「公務員・党員」は61.1%を占めた。それに対して，『新京報』，『華西都市報』はそれぞれ，21.7%，39.8%であった。

表 3-4　　3 紙の人物主題の内訳

(単位：件（%）)

	公務員・党員	一般市民	合計
人民日報	101 （61.1）	68 （38.9）	169 （100.0）
新京報	19 （21.7）	67 （78.3）	86 （100.0）
華西都市報	99 （39.8）	147 （60.2）	246 （100.0）

$\chi 2$ (df = 2, N = 501) = 35.24 (p < .001)　　　$\phi = .27$ (p < .001)

表 3-5　　3 紙の政府の動向主題の内訳

(単位：件（%）)

政府の動向	中央政府	地方政府	不明	合計
人民日報	82 （68.9）	38 （31.1）	0 （0.0）	120 （100.0）
新京報	190 （76.1）	59 （23.9）	0 （0.0）	249 （100.0）
華西都市報	64 （33.7）	122 （66.3）	1 （0.0）	187 （100.0）

$\chi 2$ (df = 4, N = 556) = 83.08 (p < .001)　　　$\phi = .39$ (p < .001)

「一般市民」では，『新京報』の 78.3% が最も高かった。

　以上の分析によると，3 紙が重視して報道した「人物」は大きく異なる。都市報が被災者など一般市民を重視し，『人民日報』は公務員・党員など政府に関連する人物を重視して報道した特徴が見られた。カイ二乗検定の結果，以上の傾向は有意なものである。

「政府の動向」主題の内訳

　「政府の動向」は「中央政府」「地方政府」「不明」に分ける。

　表 3-5 によると，3 紙の「政府の動向」主題の報道割合に大きな差が見られた。『人民日報』や『新京報』とも「中央政府」の割合は 7 割ほどを占めている。それに対して，『華西都市報』の 7 割ほどは「地方政府」を報道した。全国に影響力がある『人民日報』や『新京報』は主に中央政府の動向を報道し，震災発生地の地方都市報は地方政府の動向に集中して報道したことがわかった。カイ二乗検定の結果，以上の傾向は有意なものである。

表3-6 3紙の各報道イメージの件数および割合の内訳

(単位：件（％）)

	マイナス	中立	プラス	合計
人民日報	5 （0.4）	987 （69.9）	420 （29.7）	1,412 （100.0）
新京報	44 （2.5）	1,585 （88.8）	155 （8.7）	1,784 （100.0）
華西都市報	0 （0.0）	1,600 （79.7）	407 （20.3）	2,007 （100.0）

$\chi 2$（df=4, N=5,023）=287.19（p<.001）　　ϕ=.26（p<.01）

4　報道イメージ分析——中立報道がメイン

　報道の内容が伝えたイメージを分析する。賞賛する内容はプラスイメージとし，震災に関する中立の事実報道は中立イメージとし，批判報道や問題の指摘および被災地状況被災者状況を悲惨な言葉で描写することはマイナスイメージとした。具体的には，プラスのイメージとは，例えば「四川大震災の救援活動では，中国人の救援精神が見受けられる。困難があるとき，中国人のお互いに助け合う精神は賞賛すべき」のように肯定的な内容を指す。逆に，マイナスのイメージとは，被災地の悲惨な被災状況を表現した内容である。表3-6はこれらを集計した結果である[17]。

　表3-6によると，3紙の中立報道は7割から9割ほどで圧倒的に高い割合で報じられた。プラス報道について，『人民日報』が一番多かったことは一目瞭然である。『華西都市報』の20.3％も比較的に多かった。それに対して，『新京報』は8.7％のみであった。その一方，マイナス報道については，3紙とも少なかった。『新京報』の2.5％は一番多く，『華西都市報』ではマイナス報道がなかった。このように，『人民日報』と『華西都市報』の報道イメージの構成は似ていることがわかった。カイ二乗検定の結果，以上の傾向は有意なものである。

17　報道イメージの信頼性検定の結果は，人民日報 α = .8676，新京報 α = .9320，華西都市報 α = .8924，95％信頼区間の下限は人民日報 α = .7349，新京報 α = .8252，華西都市報 α = .7311 である。

第3章 5・12四川大震災における中国メディアの報道実態 | 099

表3-7　3紙のマイナスイメージ報道の内訳

(単位：上段 件，下段 %)

新聞	報道主題										
	震災	被災者の状況	救援活動	指導者の動向	政府の動向	社会の動向	海外の動向	再建・復旧・避難状況	人物	その他	合計
人民日報	2	2	1	0	0	0	0	0	0	0	5
	40.0	40.0	20.0	0.0	0.0	0.0	0.0	0.0	0.0	0.0	100.0
新京報	12	13	1	0	3	6	0	3	1	5	44
	27.3	29.5	2.3	0.0	6.8	13.6	0.0	6.8	2.3	11.5	100.0
華西都市報	0	0	0	0	0	0	0	0	0	0	0
	0.0	0.0	0.0	0.0	0.0	0.0	0.0	0.0	0.0	0.0	100.0

表3-8　3紙のプラスイメージ報道の内訳

(単位：上段 件，下段 %)

新聞	報道主題										
	震災	被災者の状況	救援活動	指導者の動向	政府の動向	社会の動向	海外の動向	再建・復旧・避難状況	人物	その他	合計
人民日報	1	17	120	4	8	41	35	23	161	10	420
	0.2	4.0	28.6	1.0	1.9	9.8	8.3	5.5	38.3	2.4	100.0
新京報	1	14	14	0	3	35	1	11	68	8	155
	0.6	9.0	9.0	0.0	1.9	22.7	0.6	7.1	43.9	5.2	100.0
華西都市報	0	32	56	0	3	39	5	20	238	14	407
	0.0	7.9	13.8	0.0	0.7	9.6	1.2	4.9	58.5	3.4	100.0

3紙のマイナスイメージやプラスイメージ報道の内訳

　3紙の「マイナス」報道と「プラス」報道の件数および割合を，報道主題ごとに整理し，表3-7，3-8にまとめた。

　表3-7では，『人民日報』のマイナスイメージ報道では，「震災」報道主題の2件，「被災者の状況」の2件，「救援活動」の1件があった。「震災」主題の2件は二次災害の堰塞湖について，堰塞湖の厳しい状況，コントロール困難，技術面の難度を明確に明示し，解決するまでに時間がかかる，排水増加，危険が

依然存在していると指摘している[18]。「救援活動」は救援活動に発生した問題，困難を指摘した。例えば，5月19日の記事「遺憾な帰航」という見出しの記事には，解放軍の飛行機は被災地上空から捜索や救援に何回も被災地に行ったが，多数の問題があったので帰航したという残念なイメージを伝えた。「被災者の状況」主題は被災者の悲惨な状況を伝えた。例えば，5月17日の「1人の結婚式」「妊娠7カ月，行方不明の夫を心配する」という記事では地震の影響で，家族を亡くした，あるいは行方不明，生活は大きく変わり，苦しいイメージを伝えた。救援活動主題についてのマイナスイメージ報道は救援活動における問題の指摘であった。

『新京報』は多くの報道主題ついて，マイナスイメージ報道を行った。特に「震災」や「被災者の状況」に関する主題では多かった。『新京報』では「震災」や「被災者の状況」に関する主題では多くのマイナスイメージ記事を報じた。特に比喩によって悲惨な状況を伝えた表現手法が多く使われている。例えば，前述した5月21日震災特集の「湔江はすでに死んだ溝になった」という記事のように，第三者（被災者）の口からいろいろな比喩表現で被災地の悲惨な被災状況を描き，被災者の生活には大きな変化をもたらしたことも見られている。それ以外，「政府の行動」主題記事では，3件のマイナスイメージ報道があった。それは主に被災地の救援物資の分配に関する地方官僚の横領問題への疑問であった。しかしながら，救援物資の分配に関する地方官僚の横領問題の責任追及や，海外メディアが報道した被災地にある学校の建物が手抜き工事であるかどうかを検証する調査報道はなかった。

表3-8では，3紙のプラスイメージ報道が，「救援活動」や「人物」主題に集中している。記事内容は主に軍人，警察，党員幹部，医者，一般市民が必死に被災者の命を救うことである。例えば，『人民日報』の5月16日の「生死競争72時間」という記事では，人民解放軍は震災後の72時間では多数の困難を乗り越えて被災者を救援することを記述した。

「人物」主題について，『人民日報』の5月19日に「共産党員鄭発富が生き残る希望を学生に与えた」という記事で，共産党員幹部の鄭発富が自分の危険

18　「懸湖下游緊急疏散」『人民日報』2008年5月24日。「突撃隊携炸薬急赴堰頂」『人民日報』2008年5月26日。

にもかかわらず，被災者の学生を救った勇敢な事跡を賞賛した。また，指導者が迅速に被災地に行き，救援を指導するという政府の初動と対応を評価したプラスイメージの記事もあった。

　以上の報道イメージに関する分析をまとめると，3紙の四川大震災報道は全体的にはいずれも中立イメージの記事を中心としていた。3紙は震災に関する多数の情報をストレートに伝達したことがわかった。また，マイナスイメージやプラスイメージの報道割合からは，『人民日報』の強い宣伝性，『新京報』の比較的に強い批判性，『華西都市報』の強い人物の宣伝性を持つという特徴が捉えられた。

指摘・批判対象

　3紙はどのような対象に対して，指摘や批判的な報道を行ったのだろうか。指摘と批判の対象を①中国共産党・中国政府・中国指導者，②中国体制（政治・経済体制），③地方政府・地方幹部・省庁幹部，④民間（個人・組織・企業），⑤海外の動向，⑥その他，に分けて集計した（表3-9）。マイナス報道では被災地の悲惨な状況を伝えた報道が多かったため，指摘・批判報道がマイナス報道の一部である。ここでは，マイナス報道における指摘・批判報道のみが分析対象となった。

　『人民日報』は1件の指摘・批判報道があった。その1件は救援活動における技術上の重大な問題点を指摘した。『新京報』では，6割ほどが④「民間」に対する指摘・批判であり，3割が⑥「その他」に対する指摘・批判，2割が「地方政府・地方幹部・省庁幹部」に対する指摘・批判であった。「民間」に対する指摘・批判の内容は主に，救援ボランティアが被災地に殺到したこと，商人が被災地に商品を高く売る行為，大手不動産会社が寄付しない行為，保険業界では震災保険システムを建てないことへの指摘・批判であった。また，「地方政府・地方幹部・省庁幹部」に対する指摘・批判は主に，地方政府が救援寄付金，救援テントの使用について情報公開の不透明への指摘・批判であった。「その他」は，「被災地では薬不足であったため，救出された被災者が少なくなった」など指摘・批判対象が明確ではない内容であった。『華西都市報』では，指摘・批判報道がなかった。

表3-9　マイナスイメージ報道における指摘・批判対象の内訳

（単位：件（%））

	①	②	③	④	⑤	⑥	合計
人民日報	0　(0.0)	0　(0.0)	0　(0.0)	0　(0.0)	0　(0.0)	1　(100.0)	1　(100.0)
新京報	0　(0.0)	0　(0.0)	3　(16.6)	10　(55.6)	0　(0.0)	5　(27.8)	18　(100.0)
華西都市報	0　(0.0)	0　(0.0)	0　(0.0)	0　(0.0)	0　(0.0)	0　(0.0)	0　(100.0)

　以上を整理すると，『新京報』における指摘・批判の中心は民間や地方政府に対してであった。このように，『新京報』が公権力への監視機能を果たしたことがわかった。しかし，『新京報』でも，海外メディアに報じられた被災地小学校の手抜き工事に対する関連部門の責任追及や調査報道を，報道しなかったことによって，公権力への監視機能を十分に果たしていなかったと言えよう。

賞賛対象

　賞賛の対象を，①中国共産党・中国政府・中国指導者，②中国体制（政治・経済体制），③地方政府・地方幹部・省庁幹部，④民間（個人・組織・企業），⑤海外の動向，⑥その他，に分けて集計した（表3-10）。

　『人民日報』と『華西都市報』の賞賛対象は①「中国共産党・中国政府・中国指導者」，④「民間」に焦点を当てたのに対して，『新京報』は④「民間」に焦点を当てた。また，『人民日報』の①「中国共産党・中国政府・中国指導者」への主な賞賛内容は，共産党・政府による救援活動の指導が迅速かつ有効である，共産党員が救援・救助活動では活躍していることへの賞賛であった。④「民間」への賞賛内容は主に，各地の市民・団体・組織・企業が寄付など感動的な救援・救助活動であった。

　以上の分析によると，『人民日報』と『華西都市報』の賞賛対象の中心は「中国共産党・中国政府・中国指導者」や「民間」であり，『新京報』は「民間」に焦点を当てていた。とりわけ，『人民日報』は「中国共産党・中国政府・中国指導者」への賞賛が最も多かった。

第3章　5・12四川大震災における中国メディアの報道実態 | 103

表3-10　プラスイメージ報道における賞賛対象の内訳

(単位：件(%))

	①	②	③	④	⑤	⑥	合計
人民日報	192(45.7)	0(0.0)	1(0.2)	182(43.3)	35(8.3)	10(2.5)	420(100.0)
新京報	25(16.2)	0(0.0)	1(0.6)	120(77.4)	1(0.6)	8(5.2)	155(100.0)
華西都市報	136(33.5)	0(0.0)	3(0.7)	249(61.2)	5(1.2)	14(3.4)	407(100.0)

5　発信クレジット──自社クレジット VS. 新華社

　発信クレジットとは，記事の発信者の名義である。例えば，『新京報』に掲載されている一部の記事でも，記事の文頭または文末に，「新華社電」などの発信名義が付けられているが，それは新華社が配信した情報であることを示す。逆に発信クレジットが付けられていない記事はその新聞社の記事であることを意味する。発信クレジットから，3紙がどの発信情報源の記事を載せているのか，それぞれの報道メディアの記事がどれだけ利用されたかを知ることができる。

　自社報道が多ければ多いほど新聞社の報道活動の独立性が高いとみなされる。その反対に，政府にコントロールされているメディアの発信が多ければ多いほど新聞社の報道活動は政府に左右されやすいとみなされる。自社のクレジットの発信か，それとも他の報道メディアのクレジットで発信したのかによって区別した件数をまとめたのが，表3-11である。

　表3-11によると，3紙の震災報道では，自社の名義で発信した件数の割合が高かったほか，新華社クレジットの割合も高かった。新華社クレジットの割合は，『人民日報』が17.3%（244件），『新京報』が11.5%（206件），『華西都市報』が11.4%（229件）であった。また，新華社以外の発信クレジットについては，『人民日報』の報道ではなかったのに対して，2紙の都市報はそれぞれ3.1%，0.6%があった。党報の『人民日報』より，都市報は新華社以外のクレジットの発信を重視し，利用している傾向がある。また，新華社クレジットの発信が第1面で掲載された件数を見ると，3紙とも少なくなかった。とりわけ『華西都市報』の第1面における新華社クレジットの登場率は最も高かった。

　上記の新華社以外のクレジットについて，『新京報』『華西都市報』それぞれ

104

表3-11　3紙の震災報道の発信クレジット件数と割合

(単位：件（％）)

	他社のクレジットによる発信		自社のクレジットの発信	合計
人民日報	244 （17.3）	244（新華社）17.3%　＊74	1,168 （82.7）	1,412 （100）
		0（それ以外）0.0%		
新京報	260 （14.6）	206（新華社）11.5%　＊47	1,524 （85.4）	1,784 （100）
		54（それ以外）3.1%		
華西都市報	241 （12.0）	229（新華社）11.4%　＊103	1,763 （88.0）	2,007 （100）
		12（それ以外）0.6%		

注：＊の後の数字は各新聞紙における新華社クレジット発信の第1面に掲載された記事件数。

表3-12　『新京報』『華西都市報』の発信クレジットの利用状況

	中央級メディア	軍隊メディア	海外メディア	ネットメディア	地方メディア
新京報	中央テレビ	解放軍日報，解放軍総報	アジア時報，ワシントンポスト	百度，捜狐網，新浪網	長江商報等18社
華西都市報	なし	なし	なし	なし	新快報等6社

の利用状況を以下の表3-12ようにまとめた。

　表3-12によると，『新京報』は新華社以外，CCTV，地方の都市報，海外メディアとの既存メディアおよび百度，捜狐網，新浪網などニュースサイトのクレジット発信記事も掲載した。多数の情報源を利用したことは報道内容の豊富さを支えたと考えられる。『新京報』の情報源となる発信メディアの多種多様に対して，『華西都市報』は地方新聞紙しか利用していなかった。その理由としては，被災地域にある『華西都市報』は，取材活動を行うには他のメディアより地理的な優位性を持っているからである。特に地震が発生してから最初の1週間，他のメディアが取材しにくいとき，『華西都市報』の報道は世界メディアの情報源となった。被災地から離れている『新京報』は被災地に記者を派遣したが，地元の新聞社より記者数が少なく，取材が進まないという困難があったと考えられる。そのため，『新京報』は震災報道紙面で多くの情報を提供する

第3章　5・12四川大震災における中国メディアの報道実態｜105

表3-13　3紙の各ニュースソース1の内訳

（単位：件（％））

新聞	ニュースソース1			
	民間	政府	不明	合計
人民日報	641（45.4）	728（51.6）	43（3.0）	1,412（100.0）
新京報	1,019（57.1）	721（40.4）	44（2.5）	1,784（100.0）
華西都市報	1,230（61.3）	751（37.4）	26（1.3）	2,007（100.0）

$\chi 2$ (df=4, N=5203)=977.11 (p<.001)　　ϕ =.44 (p<.01)

にあたって，多数で多種類（ソーシャルメディア，ニュースサイト，新聞，テレビなど）のメディアを情報源とした。

　以上の分析を整理すると，国営通信社の新華社クレジットの発信は依然として中国各新聞紙の重要な情報源として扱われているが，3紙の自社のクレジット報道は圧倒的に多かった。四川大震災において，新聞社の独自の取材・報道活動が行われたことがわかった。自社以外の情報源の分析によると，『人民日報』は新華社への依存度は都市報より高かった。また，『新京報』と『華西都市報』の情報源の扱いの相違について，『華西都市報』の第1面で登場した新華社クレジットの発信は『新京報』より多かったことがわかった。

6　ニュースソース──市民・企業・団体ニュースソースを多く扱った

　ニュースソースについては，「民間」「政府」「不明」に分類する。「民間」とは，一般企業，民営企業，個人，非営利組織などがこれに属する。「政府」とは，政府関係者，政府機関，公的資金で設立される団体による発信を指す。それを集計した結果は以下の表3-13の通りである。

　『人民日報』の政府ニュースソース報道は728件であり，報道全体の51.6％を占めている。その一方，『新京報』『華西都市報』はそれぞれ721件，751件で報道総件数の40.4％，37.4％を占めた。また，『華西都市報』の民間ニュースソースが最も多かったのに対して，『新京報』『人民日報』もそれぞれ57.1％，45.4％であった。カイ二乗検定の結果，以上の傾向は有意なものである。

　また，以上の「民間」ニュースソースの詳細について，①「記者」，②「市民・

表3-14　3紙の各ニュースソース2の内訳

（単位：件（%））

新聞	ニュースソース2			合計
	記者	市民・企業・団体	ネット	
人民日報	90 （14.0）	550 （85.8）	1 （0.2）	641 （100.0）
新京報	186 （18.3）	828 （81.3）	5 （0.5）	1,019 （100.0）
華西都市報	56 （4.6）	1,171 （95.2）	3 （0.2）	1,230 （100.0）

$\chi 2$ （df=4, N=2,890）=110.30 （p<.001）　　ϕ =.20 （p<.01）

企業・団体」，③「ネット」，の3項目に分けて分析した。①「記者」は記者の災害現場での経験や感想，②「市民・企業・団体」は市民，企業，非政府組織など団体に対する取材情報，③「ネット」はインターネット上の四川大震災に関する発信である。なお，一つの報道につき，その中で最も多く論じられているニュースソースを一つだけ取り上げて，一つの項目に数え，マルチカウントはしなかった。以下の表3-14でそれらをまとめた。

　表3-14によると，3紙の民間ニュースソースでは，「市民・企業・団体」ニュースソースを一番多く扱った。それぞれ85.8%，81.3%，95.2%であった。「ネット」ニュースソースは3紙でもあったが，『新京報』の割合が最も高かった。『新京報』がネットメディアをニュースソースとした記事の具体的な内容を見ると，2件は掲示板やブログによる市民の寄付の呼びかけ，その他のすべてはニュースサイトによる転載ニュースであった。ネットメディアで寄せられた市民の声を反映している。

　表3-13，3-14の分析によって，『人民日報』は政府部門の公的情報の公表機能が強いという特徴がはっきり見られ，また『華西都市報』『新京報』は民間のニュースソースを多く利用した特徴が現れた。その一方で，『人民日報』では，民間のニュースソースの割合も低くない。カイ二乗検定の結果，以上の傾向は有意なものである。

第4節　四川大震災に関するインターネット上の発信

　2003 年 SARS 危機が発生したときのインターネット発展状況と異なり，2007 年 12 月 31 日までネットユーザー数は 2.53 億に達した[19]。また，四川大震災が発生したあと，インターネットは 29.4％の市民の震災に関する最初の情報源であった（楊・劉 2010：105）。スマートフォンなど撮影機能付きの携帯の普及が進んでおり，一部の震災経験者が携帯で撮った写真や動画をネットで流した。つまり，四川大震災が発生したとき，インターネットは市民が震災情報を伝達し，またそれを取得するための重要な空間となっていた。「2008 年中国互聯網輿情分析報告」によると，2008 年にネットは社会の各階級の情報の発散や議論する媒体であるとされ，中国政府がネット世論やそれに対応することを重視するようになったことが窺える。ネットメディアは，すでに中国政府が民意を把握することや政策を改善するための新しいルートになっている。

　多数のネットメディアの中で，ニュースサイトは最大の情報源として利用されている。四川大震災が発生してから 5 月 19 日 22 時まで，人民網，新華網，CCTV 網，中国網，新浪網，捜狐網，網易網，騰訊網の八つのニュースサイトの震災関連報道に対するネットユーザーのコメントは 1,063 万件であった[20]。ネットユーザーがニュースサイトから情報を取得しているだけではなく，ニュースサイトの発信に対して，ニュースサイト上のコメントコーナーで議論している。その他，掲示板やブログもネットユーザーが震災に関する意見や感情を発信する場となっている。「2008 年中国互聯網輿情分析報告」によると，四川大震災発生後，天涯掲示板の平均書き込み数は震災前より 66％増加している。特に 5 月 19 日の書き込み数は震災前の 238 倍になった。掲示板と同様に，ブログもネットユーザーが震災に対する各種の感情，コメント，意見の議論場になっている。新浪ブログでは，震災後の 5 月 12 日から 16 日まで，2,310 件の発信があった。掲示板やブログによる発信では，震災に関する驚愕，死亡者

19　「我国網民数量達 2.53 億躍居世界第一」2008 年 7 月 24 日，新浪網（http://tech.sina.com.cn/i/2008-07-24/13392348689.shtml〔2014 年 11 月 23 日〕）。
20　「2008 年中国互聯網輿情分析報告」（http://www.china.com.cn/aboutchina/zhuanti/09zgshxs/content_17100922_4.htm〔2014 年 10 月 14 日〕）。

に対する哀悼，救援に対する感謝，救済寄付金の利用に対する疑問，被災地の小学校の建物の手抜き工事に対する不満など，多数の意見や感情であふれている。このように，ネットユーザーが震災の救援，救済物資・寄付金の放出など政府による震災の対応を監視しているのである。

そこで本節では，四川大震災でネット上ではどのような報道や書き込みが発信されているのか，どのようなネット世論が形成されたのか，それぞれのネットメディアはどのような機能を果たしたのか，既存メディアとネットメディアはどのような関係を持ったのかを，ニュースサイト，掲示板の2種のネットメディア[21]における報道と書き込みの内容分析を通じて明らかにすることを目的とする。

本節では，利用者の多い商業性ニュースサイトの新浪ニュースサイトの四川大震災特集報道や天涯掲示板の四川大震災，汶川大震災[22]に関する報道・書き込み[23]および書き込みに付随するコメントを分析対象とし，報道・書き込みの情報源，主題，イメージ，指摘・批判対象，賞賛対象という五つの観点からそれぞれの内容を分析し，また書き込みに付随するコメントの機能フレーム[24]を分析した。新浪ニュースサイトの四川大震災特集の記事数は 34,212 件，天涯掲示板の四川大震災，汶川大震災をキーワードとして抽出された件数は 290 件であった[25]。新浪ニュースサイトの 34,212 件の記事のうち 100 件ごとに 1 件を抽出し分析した。この結果，343 件が抽出された。

21　ブログを分析対象としなかった理由は，ブログのプライベート性が高いので，承認されないフォロワーではなければ，ブロガーの書き込みを見られないケースが多いからである。

22　四川大震災の震央は汶川という町である。中国語では，四川大震災を汶川大震災と呼ぶことが多い。

23　「報道・書き込み」はニュースサイト上の記事および掲示板上の書き込みの総称である。「コメント」は書き込みに対するコメントである。

24　メディアの情報伝達機能や公権力の監視機能がすでに公共な認識として認められている。その他，津田（2012：42）は「アラブの春」におけるソーシャルメディアの動員機能を指摘した。また，ネットメディアがある争点を巡る議論の場を提供する機能も持つ。特に突発事件では，発生原因についてユーザーが自らの認識によって分析を公表し，議論を求める。そうした分析機能も大きいと考えられる。そのため，ここでは，機能フレーム「情報伝達」「公権力の監視」「動員」「分析」「その他」五つの項目に分けて分析する。より詳細な説明は第 5 章で行う。

25　ニュースサイトや掲示板の発信内容を収集した期間は 2014 年 9 月 1 日〜10 月 8 日である。そのため，当時一部発信された報道・書き込みが削除された可能性がある。また，一部の震災に関わる書き込みでは，四川，震災，汶川など用語を使っていないため，抽出できなかった。

表 3-15　2種のメディアによる発信[26]件数と割合

(単位：件(%))

	転載による発信[27]		独自の発信	合計
新浪ニュースサイト	332 (96.8)	319 (96.1) 既存メディア	11 (3.2)	343 (100.0)
		13 (3.9) それ以外		
天涯掲示板	96 (33.1)	18 (16.7) 既存メディア	194 (66.9)	290 (100.0)
		80 (83.3) それ以外		

注：( ) は発信件数のうちに占める割合（％）。転載による発信は既存メディアからの転載とそれ以外の情報源からの転載と2種類に分けられている。

1　情報源─掲示板の独自発信が多い

　まずは2種のネットメディアについて，その情報源がオリジナルか，あるいは転載されたものかどうかを区別した。なぜなら，ネットメディアでは大量の情報や意見がコピーされて流通しており，情報源が不確実なものが少なくないからである。また，ネットメディアの発信のうち，既存メディアを情報源とするのはどれほどなのか調査した。この点についてまとめたのが，表3-15である。

　新浪ニュースサイトでの転載記事は332件で96.8％を占めた。このサイトでは被災地で必要な物資の情報以外，すべては既存メディア（すなわち新聞，ラジオ，テレビ）および既存メディアのニュースサイトの転載記事であった。天涯掲示板はニュースサイトと異なり，転載記事・書き込みは少なく，約7割がユーザー自らの分析，評論である。

　以上の分析から，新浪ニュースサイトは主に既存メディアの報道をそのまま転載し，既存メディアの情報をネットユーザーに伝達する機能を果たしたのに対し，天涯掲示板はネットユーザーの議論が中心であった。しかし，天涯掲示板の転載記事・書き込みでは，16.7％は既存メディアによる発信であることも

26　ここでは発信とは，報道と書き込みの両方を合わせた集合である。
27　他のメディア（既存メディア，ネットメディアを含む）の報道および書き込みの転載である。

留意すべきである。二つのネットメディアは既存メディアの力を借りて情報伝達，議論など機能を果たしたが，既存メディアへの依存度が最も高かったのは新浪ニュースサイトであった。

2 報道主題——焦点は「震災」「社会の動向」

　新聞と同じように，以下の 10 項目①「震災」そのものに関する内容を主題とするもの，例えば被害状況や被災地状況，二次災害に関する状況，死傷者数，震災の影響など，②「被害者の状況」に関する内容，例えば被災者の治療・生活状況，死傷者家族の動き，③「救援活動」は市民，医療部門，解放軍・警察の被害者救援・救助活動，④「指導者の動向」は中央指導者，省長など省庁以上レベル幹部の動向，講話等，⑤「政府の動向」は中央，地方政府部門の対応，⑥「社会の動向」民間の寄付等援助活動，⑦「海外の動向」海外からの慰問，援助，外国人による震災への反応など，⑧「再建・復旧・避難状況」は被災地の再建・復旧状況，被害者の避難状況など，⑨「人物」は救援活動における英雄な救援者および被害者，⑩「その他」，に分類し，分析した。表3-16 は各項目別件数および割合の内訳である[28]。

　表3-16 で示したように，「震災」主題の報道の割合は，二つのメディアとも高く，ネットメディアが事故の被害状況について多数の情報を伝えたことがわかる。とりわけ天涯掲示板は，「震災」主題の報道が 23.4％と比較的多かった。また，「被害者の状況」を主題としたものは，二つのメディアとも少なく，1 割にも満たなかった。

　「救援活動」を主題としたものの割合は，新浪ニュースサイトの 16.0％であったのに対して，天涯掲示板は 3.4％のみであった。

　「指導者の動向」「政府の動向」の主題は，新浪ニュースサイトが天涯掲示板と比べて高かった。一方，「社会の動向」主題の二つのメディアの報道割合はそれぞれの 21％，40.7％であり，「指導者の動向」や「政府の動向」の割合の合計より高かった。二つのメディアが政治家，政府の動きについて発信が多くな

28　報道・書き込み主題の信頼性検定の結果は，新浪ニュースサイト α = .9393，天涯掲示板 α = .9198，95％信頼区間の下限は新浪ニュースサイト α = .9039，天涯掲示板 α = .8841 である。

表 3-16 報道主題別の件数および割合の内訳

(単位：上段 件，下段 %)

	震災	被害者の状況	救援活動	指導者の動向	政府の動向	社会の動向	海外の動向	再建・復旧・避難状況	人物	その他	合計
新浪ニュースサイト	53	24	55	17	53	72	15	28	17	9	343
	15.5	7.0	16.0	4.9	15.5	21.0	4.4	8.2	4.9	2.6	100
天涯掲示板	68	4	10	10	6	118	48	2	6	18	290
	23.4	1.4	3.4	3.4	2.1	40.7	16.6	0.7	2.1	6.2	100

かったことや特に天涯掲示板による「指導者の動向」や「政府の動向」を主題とした発信は少なかったことがわかった。また，「社会の動向」が二つのメディアでも高かったことから，二つのメディアとも「社会の動向」を重視していることや天涯掲示板のおよそ半分が「社会の動向」に焦点を当てたと言える。

　以上から2種のネットメディアの特徴を整理すると，新浪ニュースサイトは主に「震災」「救援活動」「政府の動向」「社会の動向」に関する状況を比較的多く報じたのに対し，天涯掲示板では，「社会の動向」および「震災」に焦点が当てられた。新浪ニュースサイトにおける情報伝達の主題の多様性という特徴が明白に現れたと言える。

3　発信内容のイメージ──掲示板はマイナス報道が多い

　次に，報道および書き込みの内容が伝えたイメージを分析する。地震と地震の対応，被害者の震災後の生活などについて，主にマイナスイメージを伝えたのか，それともプラスイメージを伝えたのかを明らかにするため，各発信の内容が与える印象を分析した。賞賛する内容はプラスイメージとし，震災に関する中立の事実報道は中立イメージとし，震災後の被災地や被災者の悲惨な状況，救援活動や政府による他の対応に関わる問題の指摘，疑問はマイナスイメージとした。表3-17はこれらを集計した結果である[29]。

29　報道・書き込みイメージの信頼性検定の結果は，新浪ニュースサイト α = .9485，天涯掲示板 α = .9351，95％信頼区間の下限は新浪ニュースサイト α = .8763，天涯掲示板 α = .7664 である。

表 3-17　報道および書き込みのイメージの件数と割合

(単位：上段 件，下段 %)

	マイナス	中立	プラス	合計
新浪ニュースサイト	2	317	24	343
	0.6	92.4	7.0	100
天涯掲示板	50	210	30	290
	17.3	72.4	10.3	100

注：下段は発信件数のうちに占める割合。

　表 3-17 より，2 種のネットメディアでのマイナスイメージの割合は，天涯掲示板 17.3％，新浪ニュースサイト 0.6％と大きく異なった。プラスイメージは，2 種のメディアとも 10％前後であった。新浪ニュースサイトではマイナスイメージを伝えた報道がほとんど見られなかった反面，比較的多くのプラスイメージを伝えた。その一方，天涯掲示板による発信では，マイナスイメージを伝えた書き込みやプラスイメージを伝えた書き込みの両方が多かったことが特徴と見られている。また，新浪ニュースサイトは中立報道をメインとし，プラスイメージ報道も少なくないことが特徴と見られている。

　また，新浪ニュースサイトの報道イメージは分析対象とした 3 紙と比べた場合，『新京報』と報道姿勢が類似していると見られる。

4　指摘・批判対象──掲示板が「民間」対象へ批判

　2 種のネットメディアの指摘と批判の対象を①中国共産党・中国政府・中国指導者，②中国体制（政治・経済体制），③地方政府・地方幹部・省庁幹部，④民間（個人・組織・企業），⑤海外の動向（四川大震災の発生後，外国政府や外国人による四川大震災に対する援助や評価が多かったため，ここで一つの項目を作った），⑥その他，に分けて集計した（表 3-18)[30]。

　新浪ニュースサイトは 1 件の指摘・批判報道もなかった。天涯掲示板では，6 割近くは④「民間」に対する指摘・批判書き込みであった。主な内容はネットユーザーが四川大震災の被災者を皮肉る行為への批判であった。また，⑤「海

30　マイナスイメージ記事の大部分は指摘・批判記事であるが，一部の震災後の被災者の悲惨な状況を表すマイナスイメージは指摘・批判記事とみなしていない。

第3章　5・12四川大震災における中国メディアの報道実態 ｜ 113

表3-18　マイナスイメージの発信における指摘・批判対象内訳

（単位：上段 件，下段 ％）

	①	②	③	④	⑤	⑥	合計
新浪ニュースサイト	0	0	0	0	0	0	0
	0.0	0.0	0.0	0.0	0.0	0.0	100.0
天涯掲示板	8	0	0	26	10	0	44
	18.2	0.0	0.0	59.1	22.7	0.0	100.0

外の動向」や①「中国政府・中国指導者」への指摘はそれぞれ22.7％，18.2％であった。

　⑤「海外の動向」への批判は主に，アメリカ女優のシャロン・ストーンが四川大地震に対して行った不当な評論への非難であった。その不当な評論とは，彼女が2008年5月25日の61回カンヌ国際映画祭に出席した際，香港のテレビ局の取材に対して言った「四川大震災の発生は，カルマかもしれない」というものであった。この発言に対しての批判がネットに殺到した。

　①「中国政府・中国指導者」への指摘は，主に中国政府が日本の救援を受け入れないという決定や救援物資や援助金の流用問題であった。「中国政府が日本の救援を受け入れないと，救援が進まなくなる」「政府はなぜ救援物資や援助金の分配を監督していない」などという指摘があった。その後，中国政府が日本救援隊の救援を受け入れるようになった。

　以上を整理すると，掲示板における指摘・批判の中心は「民間」とシャロン・ストーンの不当な発言であった。また，中国政府に対する震災の対応への批判もあった。掲示板が公権力のへの監視機能を果たしたことがわかったが，震災における小学校の建物の倒壊に関する手抜き工事問題についての指摘・批判が見られなかった。

5　賞賛対象——ニュースサイトと掲示板が「民間」対象へ賞賛

　賞賛の対象を①中国共産党・中国政府・中国指導者[31]，②中国体制（政治・経済体制），③地方政府・地方幹部・省庁幹部，④民間（個人・組織・企業），⑤海

31　党員は共産党の代表として見られているので，ここで党員に対する賞賛記事は①中国共産党・中国政府・中国指導者の賞賛記事とみなす。

表 3 -19　プラスイメージの発信における賞賛対象の内訳

(単位：上段 件，下段 %)

	①	②	③	④	⑤	⑥	合計
新浪ニュースサイト	4	0	0	17	2	1	24
	16.7	0.0	0.0	70.8	8.3	4.2	100.0
天涯掲示板	8	0	0	20	2	0	30
	26.7	0.0	0.0	66.7	6.6	0.0	100.0

外の動向，⑥その他，に分けて集計した（表 3 -19）。

　結果は 2 種のネットメディアとも④民間（個人・組織・企業）が 6 ～ 7 割程度であった。主な内容は市民，企業や組織が救援活動，救助活動における寄付など感動的な行為への賞賛であった。①中国共産党・中国政府・中国指導者への賞賛は，政府が救援活動における指導や迅速な対応への評価であった。その他，海外の動向など対象に対する賞賛報道・書き込みも何件かあった。

　以上の分析によると，新浪ニュースサイトや天涯掲示板の賞賛対象の中心は民間であったことがわかる。

6　書き込みの機能——情報伝達と動員機能が顕著

　次に天涯掲示板の書き込みの機能に注目しその内容を分析する。本研究では，天涯掲示板 290 件の書き込みおよびそれらの書き込みに付随するコメント6,048 件を，その機能から「情報伝達」（震災に関する情報伝達）「公権力の監視」（指摘・批判）「動員」（救援活動や哀悼活動などの呼びかけ）「分析」「その他」の五つの項目に分けて考察した。書き込みでは，感情的な発言も多かった。ここでは，「感情的な発言[32]」を除いて分析した。書き込みの機能を分析する対象となったのは，62.8%（182 件）である[33]。

　表 3 -20 に示した通り，掲示板には 7 割近くの発信が「情報伝達」であった。また「動員」は 13.2% もあった。「公権力の監視」もあったが，3.3% と少なかった。具体的には，政府が日本の救援隊を受け入れないことに対する批判，政府

32　「感情的な発言」とは，けんかのような乱暴な言葉が多く使われている発言である。
33　書き込み機能フレームの信頼性検定の結果は，天涯掲示板 α = .9271,95%信頼区間の下限は天涯掲示板 α = .8734 である。

表3-20 機能別に見た掲示板の書き込みの内訳

(単位：上段 件，下段 ％)

	情報伝達	公権力の監視	動員	分析	その他	合計
天涯掲示板	122	6	24	0	30	182
	67.1	3.3	13.2	0.0	16.4	100.0

表3-21 機能別に見た掲示板のコメントの内訳

(単位：上段 件，下段 ％)

	情報伝達	公権力の監視	動員	分析	その他	合計
天涯掲示板	31	9	6	10	36	92
	33.9	9.7	6.5	11.2	38.7	100.0

の救援物資や寄付金の分配に関する管理の不健全さに対する指摘があった。

　以上のデータから，掲示板は主に情報伝達と動員機能を果たしたと言える。また，6件の「公権力の監視」機能を持つ書き込みがあったことも注目すべきである。

7　コメントの機能──情報伝達と分析機能が顕著

　天涯掲示板の書き込みに付随するコメントは，どのような役割を果たしたのかを明らかにするため，書き込みに付随するコメントも，「情報伝達」（四川大震災に関する情報伝達）「公権力の監視」（疑問・指摘・批判）「動員」（救援活動や哀悼活動などの呼びかけ）「その他」の項目に分けて，集計した[34]。ここでは，「感情的な発言」を除いて分析した。コメントの機能を分析する対象となったのは75.6％（4,572件）である。この4,572件を50件ごとに1件を抽出し，コーディングした。コーディングサンプルは92件であった。

　表3-21によると，天涯掲示板の「情報伝達」機能に見たコメントが多く，33.9％であった。その次は，「分析」が11.2％であった。「分析」は主に二次災害の堰塞湖の影響範囲，地震災害の地理的な形成原因，海外救援活動の進展に関する分析に焦点を当てた。また，「公権力の監視」9.7％は救援が遅い，地震

34　書き込みに付随するコメントの機能フレームの信頼性検定の結果は，天涯掲示板 α = .9451，95％信頼区間の下限は天涯掲示板 α = .9058 である。

観測部門の報告が遅い，情報公開が遅いなど非難であった。「その他」が多かった理由としては，掲示板のコメントでは，単純なつぶやきが多かったからである。これも SNS のコメントの一つの特徴とも言える。

以上の分析によって，天涯掲示板では書き込みに対するコメントは主に情報伝達機能を果たしたとともに，分析，公権力の監視，動員機能の役割も果たした。

第5節　四川大震災における中国メディアの報道実態

以上の分析結果から，次の5点が考えられる。

第一に，四川大震災において，既存メディアの3紙とも震災に関する各種の情報提供機能を果たした。その中で『新京報』は地方政府への公権力の監視機能を果たした。また，ネットメディアとしての新浪ニュースサイトは主に情報伝達機能を果たした。掲示板は情報伝達，分析，公権力の監視，動員機能の役割も果たした。

第二に，報道姿勢について，党報の『人民日報』の党と政府のプラスイメージ報道は都市報より多かった。それゆえ，党報が党と政府の宣伝報道を重視している性格が見られる。ただし，唐山大震災の救援活動の効果を大げさに宣伝したのとは異なり，四川大震災では救援中の事実かつ感動的な物語を伝えた。このような事実に基づいた感動的な救援報道は被災者に災害に直面する勇気を与え，精神的に救援する役割や全国国民に援助を呼びかける役割を果たすと言えるではないか。このような感動的な宣伝報道をいかに災害情報の伝達などとバランスをとって報道するかが災害報道の課題である。

第三に，新浪ニュースサイトは既存メディアの3紙と類似の報道姿勢で発信したが，このうち『新京報』と最も類似している。その理由として，以下の二つが挙げられる。

①商業性ニュースサイトは，商業性を持つ都市報と同様に市民の情報ニーズに沿ってニュースを掲載するため，報道姿勢は都市報と一致していると考えられる。

②『新京報』は北京市都市報であるが，その影響力は全国的である。そのため，『新京報』の報道内容は北京地域を中心としておらず，中国全国に関わるニュース報道，評論を行う。新浪ニュースサイトは全国のネットユーザーをターゲットとしている総合性サイトであるため，報道内容も全国で発生した出来事に関するニュース，評論の転載である。

第四に，既存メディアの３紙やニュースサイトのマイナス報道の批判対象は地方政府に限られ，公権力への監視機能の限界が見えた。他方，天涯掲示板では，中央政府を批判したが，海外メディアが被災地の小学校の校舎が倒れたことが手抜き工事ではないかに疑問を投げかけたのに対して，３紙やネットメディアでは指摘・疑問などが見られなかった。その代わりに，被災地再建建物の耐震レベルの向上などに関する事実報道があった。新聞紙やニュースサイトでは，手抜き工事問題について責任追及など報道が見られなかったことは報道規制があったためであると推測できる。また，天涯掲示板では議論されなかったことは，関連発信は当局によって削除された可能性がある。

第五に，既存メディアはネットメディアを情報源として利用している。また，ネットメディアも既存メディアからの情報を転載したり，引用して議論したりしている。そこには，既存メディアとネットメディアの相互協力関係が見られる。つまり先行研究の劉（2008）と丁（2010）が言うところの「既存メディアとネットメディアの融合」「既存メディアとネットメディアの連動」が見られる。しかし，ネット上の指摘・批判対象と既存メディアに取り上げられた指摘・批判対象が異なったことによって，ネット世論が既存メディアの世論へ与える影響ははっきりは見えなかった。

このような既存メディアとネットメディアが融合された報道モデルは今までの災害報道ではなかった。このような報道モデルは，災害情報を一層早く，情報を多く伝達するには役に立った。しかし，新聞では市民の声があふれるSNSなどを情報源とした報道が少なく，既存メディアとネットメディアとの融合程度はまだ低いことが窺える。今後既存メディアとネットメディアの融合度の高い災害報道が市民に期待されている。この可能性は，情報伝達の迅速性の向上や政府への監視機能の向上に貢献するのではないだろうか。

第4章

7・23 温州列車脱線事故における
中国世論の形成
——既存メディアとネットメディアの分析を通じて

はじめに

　近年，インターネットに表れる世論が世界各国で政治的影響力を高めつつある。ことに中国では，既存メディアは当局によって制限されているため，インターネットは政策批判，政治参与への唯一かつ最も重要なルートとなっており（Zheng 2007：119），ネットにおける世論は極めて重要である。中国におけるネット世論が，既存のメディアとの間でどのような影響関係を持ち，また社会全体の世論を動かす可能性があるのかを，7・23 鉄道事故の報道を事例として考察したい。この 7・23 鉄道事故は，中国で微博が盛んになったあとに発生した重大な交通事故であり，ネット世論の動きが大きな注目を浴びた。

　この事故では，被害者自身が微博などの SNS で事故の実情を伝え，救援を呼びかける一方，行方不明の乗客の名前がネット上でいち早く公開され，事故の情報が既存メディアよりも早くネットメディアで流された。また，鉄道部門の不適切な対応などに対する市民からの批判もネットメディアに殺到し，中国政府に圧力をかけた。

　一方，2008 年 4 月 28 日に起きた山東省列車衝突事故の被害規模は 7・23 鉄道事故より大きかったが，ネット上でも既存メディアにおいても厳しい批判はなされなかった（西本 2012：9）。その結果，二つの事故の対応には大きな違いが生じた。こうした違いが見られた原因として西本は，7・23 鉄道事故においては微博が情報発信やネット世論をリードする役割を果たした結果，より多くの市民の関心が集まり，事故の原因や責任の追及へと人々が駆り立てられたことを指摘している（2012:10）。このように 7・23 鉄道事故を境にネットメディ

アは中国の公権力に対する市民の意見表明のための極めて有意義で重要な手段だと考えられるようになったのである。

そこで本章では，7・23鉄道事故でどのような世論（既存メディア世論とネットメディア世論）が形成されたのか，各種のメディアはどのような機能を果たしたのか，既存メディアとネットメディアはどのような関係を持ったのかを，新聞とニュースサイト，微博，掲示板という3種のネットメディアにおける報道と書き込みの内容分析を通じて明らかにすることを目的とする。

第1節　先行研究および研究の意義

ネット世論を議論する前提として，「世論」と世論形成の場となる「公共圏」について整理する。議論の争点となる"public"の意味について，「公衆の意見」と「公共の意見」の二つの意味が含まれていることがすでに指摘されている（安野 2006：17）。その上で，世論とは「公的な問題について公共の利害を考慮した公衆の意見」とする安野の定義は妥当であろう。また，このような「世論」を形成している公共圏について，ユルゲン・ハーバーマスは，公共圏が複数存在しうることを示唆した（Habermas 1974：49）。これに対し，トッド・ギトリンは一つの社会の中には，様々なそれ自身の論理を持つ「小公共圏（publicsphericules）」が存在し，またそれぞれの「小公共圏」が連結するべきであると論じた（Gitlin 1998）。

さらに，遠藤薫はネットも多様な「小公共圏」群から構成されるというダイナミズムを提起した（遠藤 2010：123）。ネットにおける「小公共圏」群の間で，人々は「個々の立場や価値観に沿った〈公共〉空間を想定して，意見表明はもとより議論の〈場〉を選択している」という（遠藤 2004：52）。このような開かれた議論の〈場〉として，掲示板，Twitter，ブログなど意見を発信できる「小公共圏」が存在していると考えられる。しかし，ネットにおいては，個人が意見を発信しているのみではなく，団体・組織・企業も意見を発信している。したがって，ネット世論は個人だけではなく，団体・組織・企業も含めた意見の集合としてみなすべきである。以上の論に基づき，本章では「ネット世論」は特定の争点に関する，ネット上の開かれた「小公共圏」に集まる可視化された

個人および団体・組織・企業の集合的意見であるとみなす。

　中国のネット世論の分析を行った先行研究としては，まず政府の対応に関して『網絡興情及突発公共事件危機管理経典案例』(2010)が，2008〜2010年に発生したネット世論事件の経緯，ネット上の反応，関連部門の対応を分析し，ネット世論が腐敗幹部の調査や司法の公正に影響を与えた一方，関連部門は，当初ネット世論を無視し，情報を隠蔽しようとしたことを明らかにした。崔は2011年までのネット世論事件の分析を通じて，「2003〜2006年のネット世論の影響範囲は非政治性の社会事件に限り，ネット世論が主流メディアの世論に与える影響はほとんどなかったが，2007年以降主流メディアの世論や政治分野に影響を与え始め，徐々にその力を大きくしている」と各時期のネット世論の特徴をまとめた（崔 2012：29）。また，政府がなすべきネット世論の対応策について，李斌（2010）は政府がネット世論に迅速に対話することを強調すると同時に，ネット世論が現実社会に影響を与えるためには政府が政治体制改革を推進すべきだと指摘した。これらの先行研究は中国のネット世論の重要性を強調し，政府の対応策を明らかにすることを目的としている。このような政府の視座によるネット世論の研究が中国では主流である。

　他方，ネット世論事件については，Xiao (2011)，Luo (2014) の研究がある。Xiaoは中国の厦門PX事件および重慶の再開発に関する住民との対立事件の分析から，中国政府の情報操作にもかかわらず，ネット世論が人権，報道の自由，法整備，政府のアカウンタビリティを高めるのに重要な役割を果たしたことを明らかにした。またLuoは，官製的な強国掲示板と商業的な天涯掲示板の議題設定を考察し，商業的な掲示板は官製メディアにほとんど影響されず，他方で，掲示板の議題設定は政府の政策設定に限定的な影響を与えていることを明らかにした（Luo 2014：1294）。これらの先行研究は，各「小公共圏」で形成されたネット世論が中国社会に与えた影響に焦点を当てている。

　ところで，小公共圏とみなしうるそれぞれの掲示板，微博，ブログなどは，既存メディアと相互に関係しながら，ネット世論を形成している。遠藤は「メディアが取り上げることによって，問題が広く知れ渡り，それが再び，ネットにも口コミにもフィードバックされ，さらにまたマス・メディアにフィードバックされるという，複合メディア環境における相互干渉」が問題を可視化し，世

論を喚起するように見えると指摘した（遠藤 2004：61）。中国でも同様の現象があるが，多くの場合，既存メディアで制限された報道内容が先にネットで発信され，問題がネットで広く知れわたってから既存メディアが取り上げる。

遠藤は，このネットメディアと既存メディアの複雑な相互関係を「間メディア性」と呼んでいる（遠藤 2011：2）。また，遠藤は 3・11 東日本大震災に関する既存メディアとソーシャルメディア間の連携について，量的および質的研究を多く行い，「マス・メディアとソーシャルメディアが相互補完しつつ緊急情報の報道に努力した」と評価した（遠藤 2012：84）。陳（2014）は 7・23 鉄道事故に関する報道の内容分析を行い，新聞がネットメディア上の発信を参考にして報道したことを明らかにした。

7・23 鉄道事故におけるメディアを具体的に分析した研究も中国で盛んに行われているが，本章と関連性が高い内容分析研究は以下の通りである。王芸（2012）は新浪微博，楊（2012）は新浪ニュースサイト（新浪網），毛（2012）は人民網，鳳凰網を分析対象として，微博が情報伝達機能および公権力の監視機能を，ニュースサイトが情報伝達機能を持ったことを明らかにしている。だが各論文は対象を 1 種類のメディアに限っており，異なるメディア，異なるネットメディアを通じて形成された世論の全体像を把握するには不十分である。そこで本章では，3 種のネットメディアと既存メディアの代表の新聞を対象とした内容分析を行い，7・23 鉄道事故に関する中国の世論の動向および間メディア性を明らかにする。

第 2 節　7・23 鉄道事故の経緯

最初に，この事故の経緯を適宜 2008 年 4・28 事故と比較しながら，メディアの動きと政府の対応を流れに沿って整理しておこう[1]。

7・23 鉄道事故では，事故発生 3 分前に，現場近くに住むと考えられる新浪微博ユーザーが，新幹線の速度に関する書き込みをした。これが現場からの初めての書き込みだった。4・28 事故では第 1 報は事故の 5 時間後に新華社電の

1　新浪ニュースサイトの 7・23 鉄道事故特集ページ（http://news.sina.com.cn/z/hzdccg 2011/）と李淼・廖小珊（2011）に基づいて整理した。

引用記事がニュースサイトで報じられたのに比べると大きな違いである。7・23鉄道事故の発生から13分後，事故被害者の新浪微博ユーザーは初めての救援を求める書き込みを発信し，それは10万回ほど転送され，彼自身は2時間後に救出された。

2008年の事故では，事故原因の追及に関するメディアの報道はあったものの[2]，従来の事故報道と変わらないメディアの枠組みで事故情報が伝えられた。また，既存メディアは安全管理問題を指摘したが，ネット世論には強い影響を与えなかった（西本 2012：9[3]）。

7月24日（事故の翌日），ネットでは7月24日の全国有力紙の第1面をまとめて比較した内容を微博で何百万の人々が転載した。それによると，『人民日報』『光明日報』『解放日報』などの機関紙は統一した方針で，第1面で脱線事故を報道していなかったことが明らかとなった。同日，7・23鉄道事故の内容を掲載したのは『人民日報』の第2面の右下の位置でわずか3行ほどのスペースである。その反対に『新京報』『南方都市報』『広州日報』『東方早報』などの都市報はほとんど第1面の半分以上を使って7・23鉄道事故の報道をしており，しかもすべてが事故現場の写真付だった。このような各新聞の第1面を比較してまとめたものはネット上に掲載され，ネットユーザーに強烈な反感を抱かせた。7月24日，「新華社の記事のみを使うように」といった通達が出されていたが，この通達はほとんど効果がなく，メディアからは事故対応を批判する声が続出した。26日には，国営のCCTVの女性のアナウンサーが，原因究明を涙ながらに訴えた。また，白岩松，敬一丹などニュース評論番組のアナウンサーが番組で事故原因，事故処理，事故賠償問題について疑問を呈した。それ以外にも，アナウンサーが微博で事故の情報を共有し，アナウンサー同士がコメントし，一般の微博ユーザーのコメントに回答していた。特に白岩松の微博の事故に関連する発信は，1日5万人の微博ユーザーによって転載された。彼の発言は社会世論に大きな影響をもたらしたものの，ネット上では彼の番組

2　「不該発生的事故——4・28列車相撞事故原因追踪」新華網（http://news.xinhuanet.com/newscenter/2008-04/29/content_8075505.htm〔2014年10月24日〕）。

3　著者は2008年4月28日～2009年1月1日天涯掲示板の4・28事故に関連する書き込みを検索した（2014年10月10日）。検索結果は9件のみであった。事故原因追及の2件以外のすべては，死者への哀悼，救援活動への賞賛の書き込みであった。すべての書き込みの返信数は20件を超えなかった（一部削除された可能性がある）。

中止や彼の解職の可能性が推測された。しかし，彼は，有名なアナウンサーとして一定の社会地位を持ち，支持者がいたため，番組の停止や処罰等はなかった。

『南方都市報』（広東省の有力紙）は中央宣伝部の報道禁令が出た2日後の31日，「くそっ」というタイトルで「このような悲惨な事故と，鉄道省のひどい処理に対しては，次の言葉しか思い付かない――『くそっ』……」という内容を一紙面に載せた。『新京報』『21世紀経済報道』『中国経営報』など数紙の関係者が，微博で「夜になって禁止令が来たので，やむをえず臨時の原稿に差し替えた」ことを書き込んだ。ネットユーザーの中国政府への不信感が前よりひどくなったことが推測できる。

2011年8月1日，香港記者協会の声明は，中央宣伝部の指針を正面から否定した。

以上の例に挙げた以外にも，『21世紀経済報道』が掲載した「中国当局は，7・23鉄道事故の教訓をくみ取って鉄道改革をすべきである」という記事や，財経網の「中国よ，もっとゆっくり走ってくれ」をテーマとする評論は，今回の事件によって露呈した中国の経済体制の問題点について厳しく非難した。

一方，7・23鉄道事故の翌24日には捜索が打ち切られ，列車の運転が再開された。同日22時に鉄道部主催の記者会見が事故現場近くで開かれた。報道官の王勇平の不適切な発言[4]に対し，ネットでは反鉄道部の書き込みが集中した。また，事故原因の分析もネット上で活発に議論された。同日夜，中央宣伝部はメディアの独自報道や評論の発表をしないようにと通達した（李 2012：21）。25日にも同様の通達が行われたが，メディアはこれに従わず，鉄道部の責任追及報道は積極的に行われた。

2011年7月26日に成立した7・23鉄道事故の犠牲者の賠償協議では，早くサインをした遺族は賠償奨励金を受け取れるという責任者の発言と賠償金額に対し，弁護士や一般市民が微博で批判した。また賠償金が低いという批判に対して，7月29日に賠償金は50万元から91.5万元に引き上げられた。

4 　王勇平前報道官は，7・23鉄道事故の記者会見では，救援打ち切り後に発見された幼児について「奇跡だ」と一言で発言したほか，事故車両を地中に埋めた処理について「あなたがたが信じるかどうかは別だ。私は信じる」と不適切な発言をした。

2008 年の事故に関する事故原因への疑問に対し，鉄道部はメディアで回答しなかった。7・23 鉄道事故では，7 月 29 日と 30 日に，中国鉄道部副部長が新華社通信と CCTV のインタビューで，ネット上にあふれる疑問について答えた。8 月 16 日，鉄道部は，記者会見上の不適切な発言を理由に報道官王勇平を停職処分にすると公表した。7・23 鉄道事故の処理結果は，12 月 28 日に公布された。結果報告書では鉄道部長を含む 54 名の責任者が処分され，高速鉄道の減速，高速鉄道の安全性向上を要求した。このように，7・23 鉄道事故はネットからの情報や意見の発信が世論を大きく動かし，公権力もこれに対応するという中国では初めての重大な交通事故となった。

第 3 節　研究方法

1　研究対象の選定

新聞は，「党報」の代表の『人民日報』，全国で影響力が大きい都市報の代表の『新京報』と事故発生地の都市報の『温州都市報』を選定した。

また，ネットメディアは①新浪ニュースサイト，②新浪微博，③天涯掲示板，を取り上げ分析する。

①「新浪ニュースサイト」は，全体で 1 日当たり平均約 13 億 PV（ページビュー）と，多くの中国人ユーザーに利用されている。このため，事故報道を検証するにはニュースが最も充実している新浪サイトが最適と判断した。

②「新浪微博」は，2013 年 3 月まで登録ユーザーは 5.36 億人[5]を超え，現在中国の SNS で最大の利用者を誇るコミュニケーション・プラットフォームになっており，民意を反映できるとして若者の支持が広がっている。この事故では，当局を批判するネット世論の最大の発信源だったため，これを対象とした。

③「天涯掲示板[6]」を選んだ理由は，『2011 年の中国ネット世論状況指数年度報告』によると，ネットで話題となっている事柄の情報を伝達する能力トップ

5　「新浪微博商業化"跑歩前進"」『新京報』2013 年 7 月 31 日。
6　天涯掲示板自社による 2010 年の紹介文では「ネットの話題の 80％は天涯が最初の情報源である」と述べている。

15 位ランキングで，唯一選ばれた掲示板であったからである。2010 年の掲示板ランキングによると，天涯掲示板は世界中で影響力が最も大きい中国語掲示板である[7]。「微博」と違い，「天涯掲示板」には字数制限がなく，匿名で，何でも言える点が特徴である。この掲示板では話題となった事件，突発事件に対して詳しく分析，討論ができ，事件に対する不満，疑問もすべて提示されている。

2　内容分析の手順

本章では，研究対象のメディアについて，7・23 鉄道事故発生後の 2 週間[8]，7 月 23 日から 8 月 6 日までを対象期間とし，事件に関する報道と書き込みの内容を分析し比較する。さらに微博，掲示板では書き込みに付随するコメントも分析した[9]。

『人民日報』の該当記事は 20 件あったのに対して，『新京報』『温州都市報』はそれぞれ 79 件，111 件であった。記事の内容については，「報道ジャンル」「報道主題」「報道イメージ」（プラス，中立，マイナス）「発信クレジット」（発信名義）「ニュースソース」という五つの観点からそれぞれの内容を分析した。分析の結果に基づき，各新聞紙の報道の特徴と，その特徴から見られる既存メディアとネットメディアの関係を考察し，7・23 鉄道事故報道の実態を論ずる。

また，新浪ニュースサイトでは，該当記事は 1,120 件あった[10]。一方，新浪微博，天涯掲示板はいずれも毎日膨大な書き込み数があるため，新浪微博ではその日の「人気書き込み」（熱門微博[11]）になった発信に調査対象を絞ることにし

7　2009 年世界中国語掲示板上位 100 位ランキング（全球中文論壇 100 強排行）では，第 1 位は天涯掲示板である。鳳凰網「全球最具影響力中文論壇 100 強掲暁　鳳凰網排名第四」（http://gongyi.ifeng.com/news/detail_2009_10/21/442623_0.shtml〔2013 年 6 月 22 日〕）。

8　分析対象期間を事故発生後 2 週間にした理由は，まず，研究対象となる 3 紙の報道件数を分析した結果，8 月 1 日から 7・23 鉄道事故の報道件数は少なくなり，8 月 5 日から見られなくなった。また，著者の調査では，事件発生後 1 カ月間の 3 種のネットメディアの報道とコメントを収集したが，8 月 6 日以降（2 週間後）ネット上の報道とコメントはほぼなくなっていた。それゆえ，調査期間は事件発生後の 2 週間（7 月 24 日～8 月 6 日）にした。

9　以上の 3 種のネットメディアはすべて中国当局の検閲下で運営されているので，内容は削除されていることがあるが，ここでは，アクセスした日の検索結果を研究対象とする。

10　本章のデータ収集を行った 2011 年 10 月～2012 年 1 月，新浪ニュースサイトの 7・23 鉄道事故に関する報道では，コメントの一部あるいはコメントのすべてを閲覧できない件数は 96 件であったので，本章はニュースサイトのコメント分析を行わない。

11　新浪微博の「人気書き込み」は，24 時間内のコメント数と転載数に基づき，計算された人気上位 100 位に入った発信の一覧である。毎日 1 回更新される。

た。その結果，171件の書き込み，およびそれらに付随するコメント8,150件[12]が抽出できた。天涯掲示板の場合は，「7・23」「動車」（高速列車）をキーワードとして検索し，その中でコメント数が50以上の72件の書き込みと，人気書き込みに付随するコメント400件を抽出した[13]。以上のように抽出したデータについて，情報源，報道主題，報道イメージ（プラス，中立，マイナス），指摘・批判対象，賞賛対象の各項目を採録した。

　また，ネット世論を分析するにあたり，ネットメディアの発信を分析する方法を明らかにする必要がある。ネット世論を分析する際，内容分析を用いた研究が多くなされている。研究目的によって分析項目も異なるが，発信の主題，イメージ，情報源，態度フレームなどの項目に焦点を当てた内容分析研究が多い。例えば，王芸（2012）は微博における発信者クレジット，書き込み形式，主題フレーム，態度フレームを分析した。楊（2012）は新浪網の報道主題，報道角度，情報源を分析した。毛（2012）は，人民網や鳳凰網の発信クレジット，情報源，報道対象，報道イメージ，報道内容フレームを分析した。また，Humphreys et al.（2013）はTwitterの発信内容を明らかにするために発信アカウントのクレジット，発信テーマ，発信主題を分析し，佐藤（2014）はネットにおける議論の実態を明らかにするためニュースサイト，掲示板，ブログの発信内容の態度，頻出語を分析した。これらのアプローチから，ネット発信の分析は，情報源，頻出語，主題，イメージ，態度などから考察することが可能であると言える。

　また本章ではソーシャルメディアの機能を考察するため，機能フレームを用いた。その参考とした王芸（2012）は報道内容フレームのうち，「事故動態」の発信を情報伝達機能とし，態度フレームのうち，「怒る」や「鋭い」発信を批判・指摘（公権力の監視）機能とみなした。だが，ソーシャルメディアでは「動員」や「分析」という機能[14]も持っている。そこで，本章では，書き込みおよびそれに付随するコメントを「情報伝達」「公権力の監視」「動員」「分析」「その他」

12　新浪微博の171件のうち，2012年1月31までにアクセスした結果，8件のコメントは削除されたため，ここで集計した書き込みは163件である。天涯掲示板の人気書き込みのコメント数を50件以上と設定したので，比較できるように，新浪微博の書き込みコメントは上位50件を研究対象にした。つまり163×50件，合計8,150件である。
13　天涯掲示板では，転載された数が上位10位，またコメント数が上位10位の両方に入った書き込み8件を人気書き込みとして選択した。

という五つの項目に分けて分析した。

分析結果に基づき，ネット世論の形成における各メディアの役割と，それら
の相互の影響を考察し，3種のネットメディアにおける主要な報道内容，批判
点，争点がネット世論の形成にいかに影響したかを論じる。

第4節　3紙の7・23鉄道事故報道分析

1　報道掲載面の変化──殺到した報道と消えた報道

第1面に掲載する記事は，掲載した新聞紙面で最も重要な位置付けと考えら
れている。そのため，重大な突発事件が発生した翌日に関連記事を第1面に掲
載するか否かは，その新聞社の事件への注目度を現している。表4–1は，3紙
が第1面に掲載した記事の日付別の件数をまとめたものである。

7月23日夜から7月24日までネットをはじめ，都市報，CCTVなども事故
を報じ，事故発生から24時間のうちに事故は社会の大きな話題になった。し
かし，『人民日報』『光明日報』など中央級党報が事故の翌日でも第1面で報道
しなかった。党報の7月24日報道は，ニュース価値がないものばかりだった
という非難の声がネット上で高まった。このような世論の圧力を受けて，7月
25日には『人民日報』など党報の第1面のトップ記事を載せたのではないだろ
うか。

その一方，都市報の2紙は翌日から7・23鉄道事故の被害情報，事故の原因
などについて報道し，北京の新聞である『新京報』の記者は事故発生地に行く
には時間かかるので，7月24日には，事故情報を最初に報じた新浪微博での経
験者，市民の発信と写真をニュースソースとして報じた。『温州都市報』は被害
状況，特に，負傷者が病院に搬送される様子について独自に報道した。

第1面のほか，特集紙面があるかどうか，どれほど取り上げるかなども新聞
紙がニュース価値を認めているかどうかについての指標となる。表4–2には，

14　津田（2012：42）は「アラブの春」におけるソーシャルメディアの動員機能を指摘した。
その他，ネットメディアはある争点を巡る議論の場を提供する機能も持つ。特に突発事件
では，発生原因についてユーザーが自らの認識によって分析を公表し，議論を求める。そ
うした分析機能も大きいと考えられる。

第 4 章　7・23 温州列車脱線事故における中国世論の形成 ｜ 129

表 4 - 1　3 紙の 7・23 鉄道事故報道の第 1 面掲載数の内訳

	報道件数および割合	第 1 面記事の日付および件数	第 1 面記事の総件数および割合
人民日報	20（100％）	7 月 25 日（1），7 月 28 日（1），7 月 29 日（3）	5（25％）
新京報	79（100％）	7 月 24 日〜7 月 28 日（1），7 月 29 日（2）	7（8.9％）
温州都市報	111（100％）	7 月 24 日（1），7 月 25 日（2），7 月 26 日（1），7 月 27 日（1），7 月 28 日（3），7 月 29 日（3），7 月 30 日（1），7 月 31 日（1），8 月 1 日（1）	14（12.6％）

表 4 - 2　3 紙の 7・23 鉄道事故報道の特集紙面の有無

	7月24日	7月25日	7月26日	7月27日	7月28日	7月29日	7月30日
人民日報	×	×	×	×	×	×	×
新京報	×	○ 7	○ 6	○ 5	○ 5	○ 5	×
温州都市報	○ 7	○ 12	○ 7	○ 5	○ 4	○ 6	○ 1

	7月31日	8月1日	8月2日	8月3日	8月4日	8月5日	8月6日
人民日報	×	×	×	×	×	×	×
新京報	×	×	×	×	×	×	×
温州都市報	○ 1	○ 1	×	×	×	×	×

注：○は特集記事がある／×は特集記事がない／○後の数字は特集紙面数（広告を含まない）。

各紙が 7・23 鉄道事故の特集紙面を設けたかどうかについて紙面を調査した結果を示している。

　表 4 - 2 を見ると，事故後 2 週間の党報と都市報の 7・23 鉄道事故の特集紙面についての取り上げ方は全く異なったものであったことがわかる。『人民日報』は最初から特集紙面を作らなかった[15]のに対して，『温州都市報』は翌日の

15　著者が行った『人民日報』の紙面の分析では，2000 年から 2010 年まで突発的な交通事故に関する特集報道，特集紙面は行われていなかったことがわかった。具体的には，『人民日報』のデーターベースを用いて，2000 年 1 月 1 日から 2010 年 12 月 31 日を分析対象とし，「事故」をキーワードを含む記事 452 件が抽出された。それらの記事の紙面を確認した上で，特集紙面に掲載された記事はなかった。党の重大な会議（18 回人民代表大会）や行事等の特集報道は常に行われる。

7月24日から8月1日まで，9日間一貫して特集記事を掲載し，7月29日までの特集紙面をほぼ毎日5ページ以上の水準で報道した。『新京報』は，2日後の7月25日に特集報道を始めた。『新京報』も同じように毎日5ページ以上の紙面を割いて7・23鉄道事故を報じた。しかし，申し合わせたかのように2紙とも7月30日から特集記事をほとんど掲載しなくなった。7月30日に7・23鉄道事故よりも大きな出来事があっただろうか。

　実際，宣伝部の部長の劉雲山が秋に開催する予定の党大会人事を話し合う北戴河会議の準備のため，報道規制の初動が遅くなった。7月24日に緊急に各メディアに「報道内容を規制する通達」を伝えたが，恐らく，その通達は現場で取材している記者に届いていなかった[16]。鉄道部への激しい怒りを抑え付けるために，25日に再び「取材禁止」の通達を出し，CCTVなど国営メディアが政府を批判したあとの翌日29日に「肯定的な報道，もしくは当局の発表以外」の事故報道を禁止した[17]。「死傷者は新華社が発表した『通稿』に基づき，報道頻度を抑え，市民の献血など感動的な出来事を多く報道する。市民の献血やタクシー運転手が負傷者を搬送する援助活動など，感動的かつ中国の国民精神を賞賛する内容に焦点を当てる，事故原因を掘り下げない，反省や評論記事は書かない[18]」と強調した。

　29日の通達を受け，『新京報』は7月30日から，7・23鉄道事故の特集紙面をなくし，第1面でも7・23鉄道事故報道を報道せず，代わりに北京大雨の報道を始めた。『温州都市報』も7月31日からほとんどすべての記事で新華社の「通稿」をそのまま掲載した。また，7月25日の2回目に通達の受けた後の26日に，数百の新聞社の7・23鉄道事故の関連報道は差し替えられた。さらに，事故発生地の浙江省の『銭江晩報』は，7月27日に当初は7・23鉄道事故の報道記事を掲載する予定だった第1面に記事を載せず，車の広告を掲載した。このような形で中央宣伝部の通達に抗議した。こうした抗議に，のちに『華西報』『上海青年報』『東方早報』『新京報』『中国経営報』などの新聞紙も加わった。

16　李相哲（2012）『日中韓の戦後メディア史』藤原書店，p. 20。
17　「高速鉄道事故，中国当局が新たな報道規制」AFP BBニュース（http://www.afpbb.com/article/disaster-accidents-crime/accidents/2817228/7558887〔2013年12月11日〕）。
18　前掲『日中韓の戦後メディア史』pp. 21-2。

第 4 章 7・23 温州列車脱線事故における中国世論の形成 | 131

表 4 - 3　3 紙の報道ジャンルの割合

（単位：件（%））

	報道ジャンル				
	政治	社会	評論	その他	計
人民日報	8 （40. 0）	8 （40. 0）	4 （20. 0）	0 （0）	20 （100. 0）
新京報	29 （37. 2）	29 （37. 2）	18 （23. 1）	2 （2.6）	78 （100. 0）
温州都市報	26 （23. 4）	76 （68. 5）	6 　（5. 4）	3 （2.7）	111 （100. 0）

$\chi 2$ （df＝6，N＝209）＝24. 62 （p<. 01）　　　ϕ ＝. 34 （p<. 01）

2　報道ジャンル──政治ジャンルが多い

　7・23 鉄道事故の報道の場合はどのジャンルが多かったのだろうか。そこで表 4 - 3 に，3 紙の 7・23 鉄道事故報道ジャンルを「政治」「社会」「評論」「その他」（経済，スポーツなど）に分類した[19]。

　『人民日報』の「政治」ジャンルは 3 紙の中で最も高く，「社会」ジャンルと同じく 4 割を占め，「評論」ジャンル（2 割）よりも多かった。また『温州都市報』について見ると，「社会」ジャンルの記事は約 7 割を占めたのに対して「政治」ジャンルの記事は 2 割程度であったが，「評論」ジャンルは 3 紙で最も少なかった。そして『新京報』の場合は，三つのジャンルの比率には大きな違いがなく，「政治」「社会」は 4 割近く，「評論」は 23.1％で報道したことがわかる。

　カイ二乗検定の結果を合わせて考えると，7・23 鉄道事故報道では，『温州都市報』の評論性は低く，『新京報』は高く，『温州都市報』の事故そのものに関する情報伝達機能は最も目立つという特徴が明白に現れたと言える。

3　報道主題──重視されている事故主題

　次に，3 紙の報道主題について分析するため，記事の主題を以下の 9 項目に分けて調査した。①「事故」そのものに関する内容を主題とするもの，例えば

19　報道ジャンルの信頼性検定の結果は，人民日報 α ＝.9482，新京報 α ＝.9500，温州都市報 α ＝.9323，95％信頼区間の下限は人民日報 α ＝.8705，新京報 α ＝.8874，温州都市報 α ＝. 8647 である。

表4-4　報道総数に占める各報道主題の割合

(単位：上段　件，下段　%)

	事故	被害者	救援活動	指導者の動向	政府の動向	社会の動向	鉄道部の動向	復旧・賠償	その他	合計
人民日報	5	4	1	2	2	1	2	1	2	20
	25.0	20.0	5.0	10.0	10.0	5.0	10.0	5.0	10.0	100.0
新京報	23	8	6	2	8	7	6	11	7	78
	29.5	10.3	7.7	2.6	10.3	9.0	7.7	14.1	8.8	100.0
温州都市報	18	12	25	5	8	13	3	26	1	111
	16.2	10.8	22.5	4.5	7.2	11.7	2.7	23.4	0.9	100.0

$\chi 2$ (df=16，N=209)=34.08 (p<.01)　　ϕ=.41 (p<.01)

事故状況や被害状況，救援の状況，死傷者数，事故の交通への影響，外国での同様な事例の紹介など，②「被害者」に関する内容，例えば事故被害者の治療・生活状況，死傷者家族の動き，死傷者リスト，③「救援活動」は市民，医療部門の被害者救援・救助活動，④「指導者の動向」は中央指導者，省長など省庁以上レベル幹部の動向，講話等，⑤「政府の動向」は中央，地方政府部門の対応・調査，⑥「社会の動向」は市民，慈善団体，企業，病院など各面の動き，⑦「鉄道部の動向」は鉄道部および鉄道部門の記者会見での講話，事故対応，措置等，⑧「復旧・賠償」は鉄道線路の復旧状況，被害者の賠償状況，⑨「その他」，である[20]。表4-4は各項目別件数の割合を示した結果である。

　表4-4で示したように，「事故」を主題としたものの割合は，3紙とも高く，事故の被害状況について多数の情報を伝えたことがうかがえる。ただし，『人民日報』の報道総数は少ないため，割合が高くても報道件数は5件のみである。『新京報』は，「事故」主題の報道が29.5%と最も高く，およそ3分の1が事故情報の伝達であったと言える。『温州都市報』の16.2%の「事故」主題報道では，多くの報道がネット上にあふれる事故原因への疑問に焦点が当てられた。

　また，「被害者」を主題としたものは，3紙とも10%以上であった。「被害者」主題では，遺族の悲しみ，遺族と負傷者の家族が鉄道部の救援の不作為に対し

20　報道主題の信頼性検定の結果は，人民日報 α=.8581，新京報 α=.9396，温州都市報 α=.9218，95%信頼区間の下限は人民日報 α=.7398，新京報 α=.8994，温州都市報 α=.8863である。

第4章　7・23温州列車脱線事故における中国世論の形成 | 133

抗議する声，政府の賠償活動への不満などの内容とともに，負傷者は治療状況がよくその退院者数を報道するなど，安心させる情報も多かったのが特徴である。

　「救援活動」の主題は，『温州都市報』が2割を超えて報道したに対して，『人民日報』『新京報』はそれぞれ5.0％，7.7％と低かった。

　「指導者の動向」「政府の動向」の主題は，『人民日報』は総合的に見ると，他の2紙に比べて高かったが，全体的な割合は低い。3紙とも政治家，政府の動きについて述べることは少ないことがわかった。

　「社会の動向」については，『人民日報』は5.0％で，他の2紙はほぼ10％前後の割合であった。『人民日報』には重視されなかったことがわかる。その代わり「鉄道部の動向」については，『温州都市報』の2.7％と低かったものの，『人民日報』10.0％，『新京報』7.7％と割合が高かった。また「復旧・賠償」の主題では，『温州都市報』は23.4％，『新京報』は14.1％の報道量があったが，『人民日報』は5.0％前後しかなかった。「その他」の主題については，『人民日報』『新京報』2紙とも1割程度と高く，『温州都市報』の0.9％を大幅に超えた。

　以上から3種の新聞紙の特徴を整理すると，『人民日報』は「事故」「被害者」「指導者の動向」「政府の動向」「鉄道部の動向」に関する状況を比較的多く報じ，それ以外は少なかった。それに対し，『新京報』は「事故」「被害者」「復旧・賠償」に焦点を当てた。『温州都市報』は，「事故」「救援活動」「復旧・賠償」に関する情報を多く提供した。

　3紙とも「事故」報道の割合は高かった。党報『人民日報』と二つの都市報は事故情報伝達機能を果たしたと言える。また，『温州都市報』はプラスイメージを想起させる「救援活動」の報道および安心感をもたらす「復旧・賠償」の報道が多いという特徴も見られた。その一方で，『新京報』は「事故」主題以外の他の主題については，大きな差をつけずに報道したという特徴が明らかになったと言える。

「救援活動」主題の内訳

　3紙の「救援活動」主題では，政府が主導した救援活動が多く報じられたの

134

表4-5　3紙の救援活動報道主題の内訳

（単位：件(%)）

	政府・政府関係者	民間	不明	合計
人民日報	0　(0.0)	1　(100.0)	0　(0.0)	1　(100.0)
新京報	2　(33.3)	4　(66.7)	0　(0.0)	6　(100.0)
温州都市報	7　(28.0)	17　(68.0)	1　(4.0)	25　(100.0)

$\chi 2$ （df=4, N=32)=.78　　n.s.

表4-6　3紙の政府の動向主題の内訳

（単位：件(%)）

	中央政府	地方政府	不明	合計
人民日報	2　(100.0)	0　(0.0)	0　(0.0)	2　(100.0)
新京報	8　(100.0)	0　(0.0)	0　(0.0)	8　(100.0)
温州都市報	6　(75.0)	2　(25.0)	0　(0.0)	8　(100.0)

$\chi 2$ （df=2, N=18)=2.81　　n.s.

か，それとも民間の自発的な救援活動の報道が多かったのか。本章では「政府・政府関係者」（警察，武装警察，党員幹部による救援[21]）「民間」（市民，非政府組織救援，企業からの救援・援助活動）「不明」の3項目に分けて集計した（表4-5）。

以上の3紙の「救援活動」主題の内訳を見ると，「政府・政府関係者」項目について，『人民日報』『新京報』『温州都市報』はそれぞれ0.0%，33.3%，28.0%であった。また，3紙の「民間」による救援活動はそれぞれ，100.0%，66.7%，68.0%であった。3紙とも「民間」を救援活動の主体として報じたことがわかった。カイ二乗検定の結果，以上の傾向は有意ではない。

「政府の動向」主題の内訳

また3紙の「政府の動向」主題では，中央政府の動向が多く報じられたのか，それとも地方政府の動向が多かったのか。本章では「中央政府」「地方政府」「不明」の3項目に分けて集計した（表4-6）。

21　武装警察による個人的な救援行為は「民間」に分類する。

表 4 - 7 　 3 紙の報道イメージの内訳

（単位：件（%））

	マイナス	中立	プラス	合計
人民日報	1　（5.0）	17　（85.0）	2　（10.0）	20 件　（100）
新京報	19　（24.4）	55　（70.5）	4　（5.1）	78 件　（100.0）
温州都市報	5　（4.5）	89　（80.2）	17　（15.3）	111 件　（100.0）

$\chi 2$ （df＝4，N＝209）＝21.07 （p＜.01）　　ϕ ＝.318 （p＜.01）

　表 4 - 6 によると，3 紙の「政府の動向」主題の報道割合に大きな差はなかっ
た。『人民日報』や『新京報』とも「中央政府」の割合は 100%を占めている。
それに対して，『温州都市報』の 75%は「中央政府」を報道し，25%は「地方政
府」を報道した。7・23 鉄道事故では 3 紙とも主に中央政府のことを報道した。
カイ二乗検定の結果，以上の傾向は有意ではないが，事故発生地の都市報は地
方政府の動向についても報道したことがわかった。

4 　報道イメージ——『新京報』の批判性が強い

　次に，報道が伝えたイメージを分析する[22]。

　表 4 - 7 から，『人民日報』と『温州都市報』ではマイナス報道が少なかった
ことが一目瞭然である。すなわちマイナス報道の割合は『新京報』は 24.4%で
あったのに対し，『人民日報』は 5.0%，『温州都市報』は 4.5%と大きく異なっ
ていた。その一方，プラスイメージの傾向はは逆であり，『人民日報』の 10.0%，
『温州都市報』の 15.3%に対して，『新京報』は 5.1%しかなかった。また，中
立イメージの報道の割合は，3 紙とも非常に高かった。この傾向は統計的にも
有意なものである。このように，『人民日報』と『温州都市報』は報道イメージ
については似通った姿勢で 7・23 鉄道事故を報道したことがわかる。

　以上の分析から，3 紙の 7・23 鉄道事故報道は全体的にはいずれも中立イ
メージの記事を中心としていたが，『温州都市報』と『人民日報』は強い宣伝性

22　報道イメージの信頼性検定の結果は，人民日報 α ＝.8874，新京報 α ＝.8326，温州都市報
　α ＝.8027,95% 信頼区間の下限は人民日報 α ＝.7185，新京報 α ＝.7071，温州都市報 α ＝.
　6793 である。

136

を有し，『新京報』は批判性が強いという特徴が捉えられた。

5 プラスイメージ，マイナスイメージの内訳

　3紙はどのような報道主題に対して，マイナスイメージの報道をしたのだろうか。

　表4-8より，『人民日報』のマイナスイメージ報道は，「事故」報道主題に対する1件しかない。『新京報』のマイナスイメージ報道は，「事故」報道主題（31.6%），「救援活動」報道主題（31.6%），に偏っていた。『温州都市報』は主に「事故」報道主題（80.0%）に関してマイナスイメージ報道をしていた。

　表4-9より，『人民日報』は「救援活動」報道主題（50.0%），「復旧・賠償」報道主題（50.0%）についてプラスイメージ報道をしていた。『新京報』は「救援活動」報道主題（100.0%）にプラスイメージ報道をしていた。これに対して，『温州都市報』は「救援活動」報道主題（41.2%），「社会の動向」報道主題（52.9%），「復旧・賠償」報道主題（5.9%）など多くの主題にわたってプラスイメージ報道をした。

　具体的な内容に目を向けると，『人民日報』のマイナス報道とは，7月26日の「発生すべきではないことがなぜ発生したか[23]」という新華社評論で，鉄道部の業務管理に不備があったために事故が起きたのではないかというネット上での疑問に対する記事である。また2件のプラス報道は温州市民の自発的な献血活動に対する賞賛，および政府の復旧活動が円滑に進んでいることに対する評価であった。これらから，『人民日報』は，政府が主導する救援活動を大々的に報道していたそれまでの宣伝姿勢を変えたと言うことができよう。

　『新京報』のマイナス報道は各主題にそれぞれ同じ程度に行われていた。すなわち，事故発生原因に関する問題，救援活動における問題，政府の死者に対する賠償金額の算定に関する問題，事故路線の運行再開の決定など行政面の内容への疑問，事故による死者の遺品整理の方法といったことへの批判，疑問が多かった。例えば，7月27日の「事故賠償に応じることを奨励するのはいけない[24]」では，鉄道部が遺族と賠償金額を検討する際に，鉄道部が遺族に対し，賠

23　「追問 "7·23" 不該発生的事故為何発生」『人民日報』2011年7月26日。
24　「動車事故賠償莫用 "奨励" 手段」『新京報』2011年7月27日。

表 4-8　3 紙のマイナスイメージ報道の内訳

（単位：件（%））

	報道主題					
	事故	救援活動	社会の動向	復旧・賠償	その他	合計
人民日報	1（100.0）	0（0.0）	0（0.0）	0（0.0）	0（0.0）	1（100.0）
新京報	6（31.6）	6（31.6）	1（5.2）	3（15.8）	3（15.8）	19（100.0）
温州都市報	4（80.0）	0（0.0）	0（0.0）	0（0.0）	1（20.0）	5（100.0）

表 4-9　3 紙のプラスイメージ報道の内訳

（単位：件（%））

	報道主題			
	救援活動	社会の動向	復旧・賠償	合計
人民日報	1（50.0）	0（0.0）	1（50.0）	2（100.0）
新京報	4（100.0）	0（0.0）	0（0.0）	4（100.0）
温州都市報	7（41.2）	9（52.9）	1（5.9）	17（100.0）

償条件を早期に受け入れて書類にサインする遺族には奨励金を出すとしたことを厳しく批判した。また 7 月 29 日の「死者の遺品整理を速やかに[25]」では，鉄道部の事故救援活動後の死者の遺品整理が粗雑であり，死者の遺品を軽んじ，それらを迅速に捜索しなかったことを指摘した。弁護士からの援助の 1 件は，3 人の弁護士が鉄道部の鉄道事故賠償制度には上限がある点を考え直すことを提言し，鉄道部の事故賠償制度に大きな欠陥が存在することを指摘した[26]。「賠償・復旧」主題では，賠償金問題に関して数多くの報道がなされ，鉄道部の賠償制度を批判した。遺族の利益と感情への配慮から賠償問題に関心を払ったと言える。

　また同じく『新京報』のプラス面の報道は，すべて救援活動を巡って展開された。その内容は主に市民や民間機関などによる救援・救助活動であるが，それ以外にも，例えば救援活動が中止されたあとに事故車両内で「伊伊ちゃん」

25　「搶救遇難者遺物要与時間賽跑」『新京報』2011 年 7 月 29 日。
26　「3 律師建議審査鉄路傷亡賠償封頂」『新京報』2011 年 7 月 28 日。

という児童を救った特警（特別警察）邵曳戎の救援活動を讃える報道もあった。

　一方、『温州都市報』は『新京報』とは違う方向性で「マイナス」イメージ報道と「プラス」イメージ報道を展開した。『温州都市報』のプラス報道は「事故」主題以外に「救援活動」「復旧・賠償」「その他」の主題でも行われた。そのうち報道件数の多かった「救援活動」の主な内容は、温州市民，企業，各種の組織の救援活動や，救助活動にあたっての温州人の救援精神の宣伝報道であった。

　以上の分析から次のことがわかる。『人民日報』には政府の救援精神を宣伝するような従来多かった報道は見えなくなり，それに代って『人民日報』では，そしてさらに『温州都市報』においても，市民を賞賛の対象とする市民の救援精神を宣伝する報道が現れた。また『新京報』のマイナス報道の中心は救援活動の問題と事故原因への疑問に集中し，『人民日報』および『温州都市報』と大きな差が見られた。

6　鉄道部・鉄道産業が批判の中心

　指摘と批判の対象を①中国共産党・中国政府・中国の指導者，②中国体制（政治・経済体制），③鉄道部・鉄道産業[27]，④地方政府・地方幹部・省庁幹部，⑤その他，に分けて集計した（表4-10）。

　『人民日報』は1件の指摘・批判報道があった。その1件は7・23鉄道事故における鉄道部の管理上の問題を指摘した。また『新京報』と『温州都市報』のマイナス報道における指摘のすべてが③「鉄道部・鉄道産業」に対する指摘・批判であった。指摘・批判が鉄道部門の列車調達，運転手の業務研修，乗車保険金[28]，事故中の救援や被害者の賠償など問題に集中している。

　以上を整理すると，鉄道部・鉄道産業が3紙の批判・指摘の中心であることがわかった。したがって，3紙とも鉄道部・鉄道産業に対して公権力の監視機能を果たしたと言えよう。

27　鉄道部が事故の関係部門であるため，鉄道部・鉄道産業に対する批判が多かった。ここでは，中国政府と分けて統計した。
28　乗車保険金とは，チケットを買うときに強制的に入らないといけない保険である。

表4-10　マイナスイメージ報道における指摘・批判対象の内訳

（単位：件(%)）

	①	②	③	④	⑤	合計
人民日報	0 (0.0)	0 (0.0)	1 (100.0)	0 (0.0)	0 (0.0)	1 (100.0)
新京報	0 (0.0)	0 (0.0)	19 (100.0)	0 (0.0)	0 (0.0)	19 (100.0)
温州都市報	0 (0.0)	0 (0.0)	5 (100.0)	0 (0.0)	0 (0.0)	5 (100.0)

表4-11　プラスイメージ報道における賞賛対象の内訳

（単位：件(%)）

	①	②	③	④	⑤	合計
人民日報	0 (0.0)	0 (0.0)	1 (50.0)	1 (50.0)	0 (0.0)	2 (100.0)
新京報	0 (0.0)	0 (0.0)	0 (0.0)	4 (100.0)	0 (0.0)	4 (100.0)
温州都市報	0 (0.0)	0 (0.0)	0 (0.0)	17 (100.0)	0 (0.0)	17 (100.0)

7　感動的な救援・救助活動が賞賛の中心

　賞賛の対象を①中国共産党・中国政府・中国の指導者，②中国体制（政治・経済体制），③地方政府・地方幹部・省庁幹部，④民間（個人・組織・企業），⑤その他，に分けて集計した（表4-11）。

　『人民日報』はプラスイメージ報道が2件あり，賞賛対象はそれぞれ③「地方政府・地方幹部・省庁幹部」1件，④民間（個人・組織・企業）1件である。また，2紙の都市報のプラスイメージ報道はすべて賞賛対象が④民間であった。④民間への賞賛は主に，各地の市民・団体・組織・企業による寄付など感動的な救援・救助活動であった。

　以上の分析によると，3紙の賞賛対象の中心は「民間」であり，とりわけ，『温州都市報』は「民間」への賞賛が最も多かった。

8　発信クレジット——自社と新華社が多い

　発信クレジットについて，「自社」「新華社」（新華社と他の新聞社の綜合報道も含む）「他の既存メディア」「政府部門のホームページ」「ネットメディア（新浪

表 4 –12　3 紙の 7・23 鉄道事故報道の発信クレジットの割合

(単位：件 (%))

| | 発信クレジット | | | | | |
	自社	新華社	他の既存メディア	ネットメディア	政府部門のホームページ	合計
人民日報	9 (45.0)	9 (45.0)	0 (0.0)	1 (5.0)	1 (5.0)	20 (100.0)
新京報	54 (69.2)	13 (16.7)	5 (6.4)	4 (5.1)	2 (2.6)	78 (100.0)
温州都市報	94 (84.7)	17 (15.3)	0 (0.0)	0 (0.0)	0 (0.0)	111 (100.0)

$\chi 2$ (df = 8, N = 209) = 70.02 (p < .01)　　　ϕ = .58 (p < .01)

微博[29])」「その他」に分類する。それを集計した結果は以下の表 4 –12 の通りである。

　表 4 –12 を一見すると，3 紙の 7・23 報道では，自社の名義で発信した件数の割合が高かったほか，新華社クレジットの割合も高かった。新華社クレジットの割合は，『人民日報』が 45.0％（9 件），『新京報』が 16.7％（13 件），『温州都市報』が 15.3％（17 件）であった。『人民日報』と 2 紙の都市報との間には，新華社を情報源とする記事の割合に大きな違いがあることがわかる。この傾向は統計的にも有意なものである。

　特に大きな突発事件が発生した際，国営通信社の新華社クレジットの発信は依然として中国各新聞紙の重要な情報源として扱われている。その 3 紙のうち，『人民日報』の新華社への依存度は都市報より高かったことがわかった。

　7・23 鉄道事故報道においては，第 2 章，第 3 章で分析した突発事件報道で利用されていなかった新浪微博，政府のホームページの情報が既存メディアの情報源として初めて利用された。政府のホームページに掲載された情報の内容は政府側の公式発表と同様である。しかし，事故が発生した直後に政府部門がインターネットを運用し市民に情報を公開するという動きは，政府が突発事件報道についての情報を素早く公開することを重視するようになったことを示しているのではないか。また，政府部門がネットメディアを通じて市民に情報公開することも常態化する傾向があるのではないか。新浪微博をクレジットとし

29　分析の結果，ネットメディア発信クレジットのすべては新浪微博である。

て掲載したのは，『新京報』と『人民日報』であった。新浪微博は民意の一部を代表しているととらえることができる。それらの新浪微博に代表された民意は，事故の発生原因に関する疑い，事故救援への不満および温州市民救援精神への賞賛に集中した。

9　ニュースソース——政府・民間ニュースソースを中心として

　ニュースソースについては，「民間」「政府」「不明」に分類する。「民間」ニュースソースとは，一般企業，民営企業，個人，非営利組織などがこれに属する。「政府」ニュースソースとは，政府関係者，政府機関，公的資金で設立された団体による発信を指す。それを集計した結果は以下の表 4 –13 の通りである[30]。

　この 3 種のニュースソースを集計した結果を表 4 –13 でまとめた。

　『人民日報』の「政府」ニュースソース報道は 14 件であり，報道全体の 70.0％を占めている。その一方，『新京報』は 29 件で 37.2％を占め，『温州都市報』は 53 件で 47.8％を占めた。また，『新京報』は「民間」ニュースソースが最も多かったのに対して，同じく都市報としての『温州都市報』は「政府」ニュースソースが最も多かった。この傾向は統計的にも有意なものである。

　以上の分析によって，『人民日報』は政府部門の公的情報を公表する機能が強いという特徴がはっきり見られた。また『新京報』は民間のニュースソースを多く利用する強い「市民性」の特徴が表れた。しかし，地方都市報の『温州都市報』では，公的情報の公表が市民の声の反映より多く，『新京報』と異なる特徴が見られた。

　また，以上のニュースソースの「民間」という項目の詳細について，①「記者」，②「市民・企業・団体」，③「ネット」，の 3 項目に分けて分析した。すなわち，①「記者」は記者の事故現場での感想，②「市民・企業・団体」は市民，企業，非政府組織など団体に対する取材情報，③「ネット」はインターネット上の 7・23 鉄道事故に関する発信である。なお，一つの報道につき，その中で最も多く論じられているニュースソースを一つだけ取り上げて，一つの項目に

30　報道ニュースソースの信頼性検定の結果は，人民日報 α =.9193，新京報 α =.8364，温州都市報 α =.8184，95％信頼区間の下限は人民日報 α =.7982，新京報 α =.7409，温州都市報 α =.7125 である。

表4-13　3紙の各ニュースソース1の内訳

(単位：件(％))

| | ニュースソース1 | | | |
	民間	政府	不明	合計
人民日報	6 （30.0）	14 （70.0）	0 （0.0）	20 （100.0）
新京報	42 （53.8）	29 （37.2）	7 （9.0）	78 （100.0）
温州都市報	50 （45.0）	53 （47.8）	8 （7.2）	111 （100.0）

χ^2 (df＝4, N＝209)＝7.80 (p<.01)　　ϕ＝.27 (p<.01)

表4-14　3紙の各ニュースソース2の内訳

(単位：件(％))

| | ニュースソース2 | | | |
	記者	市民・企業・団体	ネット	合計
人民日報	4 （66.7）	1 （16.7）	1 （16.7）	6 （100.0）
新京報	14 （33.3）	20 （47.6）	8 （19.0）	42 （100.0）
温州都市報	1 （2.0）	42 （84.0）	7 （14.0）	50 （100.0）

χ^2 (df＝4, N＝98)＝26.24 (p<.01)　　ϕ＝.52 (p<.01)

数え，マルチカウントはしなかった。表4-14にそれらをまとめた。

　表4-14によると，『人民日報』では「記者」「市民・企業・団体」「ネット」それぞれ4件（66.7％），1件（16.7％），1件（16.7％）ある。記者ニュースソースが圧倒的に多かった。『新京報』『温州都市報』の「市民・企業・団体」ニュースソースはそれぞれ47.6％，84.0％で，最も多かった。ネットニュースソースは3紙ともあったが，『新京報』の割合が最も高く，1割に上った。

　表4-13，4-14の分析をまとめると次のようになる。7月30日から3紙とも政府ニュースソース報道を中心とし，また『人民日報』の7・23鉄道事故の報道では，政府の公式情報が圧倒的に多かった。他の2紙は政府の公式情報と市民，団体等民間からの情報を大きく報道したが，『新京報』の「民間性」は『温州都市報』より強かった。また，ネットの発信を党報，都市報ともに用いていることから，既存メディアはネット上の民意を伝えていると言えよう。カイ二乗検定の結果，以上の傾向は有意なものである。

第5節 7・23鉄道事故のネット世論の内容分析

分析対象となる3種のネットメディアについて，その報道および書き込み[31]を情報源，主題，報道イメージ，指摘・批判対象，賞賛対象という五つの観点からそれぞれ分析した[32]。

1 情報源──既存メディアに依拠するネットメディア

まずは3種のネットメディアについて，その情報源がオリジナルか，あるいは転載されたものかどうかを調査した。この点についてまとめたのが，表4-15である。

新浪ニュースサイトでの転載記事は1,115件で99.6％を占めた。このサイトでの報道はネットユーザーが撮った事故現場の動画以外，すべて既存メディア（すなわち新聞，ラジオ，テレビ）および既存メディアのニュースサイトの転載記事であった。新浪微博，天涯掲示板はそれぞれ，30件（17.5％），19件（26.4％）で，ニュースサイトとは逆に，記事や書き込みの転載は少なく，約8割がユーザー自らの分析，評論である。新浪微博における転載が天涯掲示板より少なかった原因の一つは，新浪微博では既存メディアの公式アカウントが多数あり[33]，天涯掲示板ではそれらの公式なアカウントはほとんどないためと考えられる。また，転載による発信の情報源の詳細について，ニュースサイトでは，既存メディアを情報源とする発信は100％であった。また，微博の70.0％は掲示板の15.8％より圧倒的に高い。

以上の分析から，ニュースサイトは主に既存メディアの報道をそのまま転載し，既存メディアの情報をネットユーザーに伝達する機能を果たしたのに対し，

---

31 本章では，「報道・書き込み」はニュースサイト上の記事および微博，掲示板上の書き込みの総称である。「コメント」は書き込みに対するコメントを指す。

32 本章で用いたデータはまず著者が1人でコーディングを行った。コーディングの信頼性を確かめるために次の方法で信頼性検定を行った。コーダーは著者を含めた3人，いずれも中国語を母語とする大学院生である。あらかじめ説明を受けた後，それぞれのコーダーが分類基準に基づいて分類を行った。信頼性検定はHayes, A. F. and K. Krippendorff. (2007) に基づき，クリッペンドルフのα係数を用いた。

33 微博はアカウントの実名登録を行い，特に，団体・組織・企業に対して厳格な実名審査を行う。承認された団体・組織・企業しか登録できない。既存メディアアカウントの発信の多くは自社によるものである。

表4-15　3種のメディアによる発信[34]

(単位：件(%))

	転載による発信[35]		独自の発信	合計
新浪ニュースサイト	1,115 (99.6)	1,115 (100.0) 既存メディア	5 (0.4)	1,120 (100.0)
		0 (0.0) それ以外		
新浪微博	30 (17.5)	21 (70.0) 既存メディア	141 (82.5)	171 (100.0)
		9 (30.0) それ以外		
天涯掲示板	19 (26.4)	3 (15.8) 既存メディア	53 (73.6)	72 (100.0)
		16 (84.2) それ以外		

注：（ ）は発信件数のうちに占める割合。転載による発信は既存メディアからの転載とそれ以外の情報源からの転載という2種類に分けた。

新浪微博や天涯掲示板は非転載記事，つまりネットユーザーの独自な発信内容が7割以上を占め，ネットユーザーの議論が中心であった。なお，新浪微博では既存メディアのアカウント[36]が多数あるため，天涯掲示板よりも，既存メディアからの情報提供機能は高いと見られる。つまり，各ネットメディアは単独で情報伝達の機能を果たしたわけではなく，既存メディアの力を借りて機能したのである。なかでも既存メディアへの依存度が最も高かったのはニュースサイトであった。

2　微博ユーザー──個人ユーザーが過半

新浪微博および天涯掲示板の特性および利用ルールによって，利用者は大きく個人ユーザーと団体・組織・企業に分かれる。だが，掲示板は実名登録を行っていないので，利用者の身分がはっきりしない。一方，微博は実名登録を行っているので，利用者像が比較的明確である。そこで微博でどのような組織が多く発言したのかを明らかにするために，新浪微博の人気書き込みの発信者を，

34　ここでは発信とは，報道と書き込みの両方を合わせた集合である。
35　他のメディア（既存メディア，ネットメディアを含む）の報道および書き込みの転載である。
36　既存メディアの公式アカウントによる7・23鉄道事故報道の多数は事実報道であり，評論は少ない。

表 4 -16　新浪微博の人気書き込みの発信ユーザーアカウントの内訳

(単位：件 (%))

アカウント名義①	アカウント数	アカウント名義②	アカウント数
団体・組織・企業ユーザー[37]	56 (32.7)	既存メディア	49 (28.7)
		ネットメディア	6 (3.5)
		その他 (慈愛基金[38])	1 (0.5)
個人ユーザー	115 (67.3)	一般市民	86 (50.3)
		記者	7 (4.1)
		有名人	22 (12.9)
合計	171 (100)	合計	171 (100)

①個人ユーザー (有名人，メディア従事者，一般人)，②団体・組織・企業 (既存メディア，ネットメディア，その他) に分けて調べると表 4 -16 のようになった。

　その結果，団体・組織・企業による発信は 56 件 (32.7%) で，個人ユーザーは 115 件 (67.3%) であった。そのうち，一般市民 86 件 (50.3%) と既存メディア 49 件 (28.7%) が多かった。アカウント名義の内訳によると，団体・組織・企業ユーザーでは，既存メディア，ネットメディア，慈愛基金があり，個人ユーザーでは，一般市民，記者，有名人が含まれていたが，やはり圧倒的に一般市民の割合が大きいことがわかる。とは言うものの，3 割弱が既存メディアの発信であることも注意すべきであろう。

3　現れた報道主題の多様性

　次に，既存メディアと同様に，各ネットメディアの報道および書き込みの主題を 9 項目に分けて分析した[39]。表 4 -17 は各項目別件数および割合の内訳である。

37　新浪微博では，団体・組織・企業アカウントは金融，娯楽，メディアなど様々な業界にわたっている。ただし，メディアアカウントのフォロワーは多いので，それらのアカウントの発信は他の団体・組織・企業アカウントより注目されやすい。

38　慈愛基金会のアカウントである。慈愛基金会は慈善のための公益組織である。

39　報道主題の信頼性検定の結果は，新浪ニュースサイト α = .89，新浪微博 α = .83，天涯掲示板 α = .87 であり，95 信頼区間の下限は新浪ニュースサイト α = .86，新浪微博 α = .75，天涯掲示板 α = .75 である。

表4-17　報道主題別の件数および割合の内訳

(単位：上段　件，下段　％)

	事故	被害者	救援活動	指導者の動向	政府の動向	社会の動向	鉄道部の動向	復旧・賠償	その他	合計
新浪ニュースサイト	319	200	137	101	62	45	109	121	26	1,120
	28.5	17.9	12.2	9.0	5.5	4.0	9.7	10.8	2.4	100.0
新浪微博	40	34	14	14	1	1	10	6	51	171
	23.4	20.0	8.2	8.2	0.1	0.1	6.0	4.0	30.0	100.0
天涯掲示板	34	5	1	0	2	3	2	2	23	72
	47.2	6.9	1.4	0.0	2.8	4.2	2.8	2.8	31.9	100.0

　表4-17で示したように，「事故」項目の割合は，三つのメディアとも高く，ネットメディアが事故の被害状況について多数の情報を伝えたことがわかる。とりわけ天涯掲示板は，「事故」が主題の報道が47.2％と一番多く，およそ半分が事故に焦点を当てたと言える。また，「被害者」を主題としたものは，天涯掲示板のみが6.9％と少なかった。従来の多くの災害報道では，政府の救援活動に感謝の気持ちを示す内容が多く報じられたが，この種の報道は見られなかった。その代わりに，遺族の悲しみ，遺族と負傷者の家族が鉄道部の救援の不作為に対し抗議する声，賠償金への不満などの内容が多かったのが特徴である。

　「救援活動」は，3種のネットメディアともに割合が低かった。新浪ニュースサイトが12.2％，新浪微博は8.2％，天涯掲示板は1.4％であった。「指導者の動向」「政府の動向」の割合は，新浪ニュースサイトが他の二つのメディアに比べて高かったが，全体に占める割合は低い。政府の動きに無関心とは言えないが，ネットユーザーが政治家，政府の動きについて述べることは少ないことがわかった。「社会の動向」は，新浪ニュースサイト，新浪微博，天涯掲示板ともほぼ4％前後の割合で，ネットメディアでも重視されなかったことがわかる。その代わり，「鉄道部の動向」については，天涯掲示板は2.8％と低かったものの，新浪ニュースサイトでは9.7％と高かった。また，「復旧・賠償」では，新浪ニュースサイトは10％ほどの報道量があったが，新浪微博，天涯掲示板は3％前後しかなかった。「その他」は，新浪微博および天涯掲示板とも30.0％，

31.9％と高く，新浪ニュースサイトは2.4％と大幅に少なかった。この理由は，新浪微博と天涯掲示板では，主題がはっきりしない議論や自分の気持ちが多いためである。この種の発信が多いのはソーシャルメディアの特徴とも言える。

　以上から3種のネットメディアの特徴を整理すると，新浪ニュースサイトは主に「事故」「被害者」に関する状況を比較的多く報じたのに対し，新浪微博，天涯掲示板では，事故および被害者に関する主題以外に，多岐にわたる議論に焦点が当てられた。ニュースサイトにおける情報伝達の主題の多様性という特徴が明白に現れたといえる。

4　発信内容のイメージ──掲示板の批判性が強い

　次に，報道および書き込みの内容が伝えたイメージを分析する。賞賛する内容はプラスイメージとし，事故に関する中立の事実報道は中立イメージとし，政府批判，事故に関わる問題の指摘，疑問はマイナスイメージとした。具体的には，プラスのイメージとは，例えば「深夜0時半，温州市献血センターには，たくさんの温州市民が献血に来た。これは微博の力だ」のように肯定的な内容を指す。逆に，マイナスのイメージとは，例えば「事故の発生から，事故への対応，事故の情報公開するまで，常識に合わないことばかりだった。鉄道部には人間性がなく，その対応には責任を逃げようとする意識が現れているのではないのか」のように否定的，疑問を示すものを指す。表4–18はこれらを集計した結果である[40]。

　各ネットメディアでのマイナスイメージの割合は，天涯掲示板55.6％，新浪微博31.0％，新浪ニュースサイト8.9％と大きく異なった。プラスイメージは，3種のメディアとも10％以下であった。突発事件が発生する際，既存の新聞，テレビでは，従来は批判報道はほとんど見られなかった。しかし，7・23鉄道事故では，ほぼ既存メディアの報道の転載だった新浪ニュースサイトでも，8.9％のマイナスイメージが見られたのは，既存メディアにおいても，鉄道部の事故責任追及の批判報道が多かったからである。また，既存メディアに対する

40　報道イメージの信頼性検定の結果は，新浪ニュースサイト α = .91，新浪微博 α = .80，天涯掲示板 α = .88 であり，95％信頼区間の下限は新浪ニュースサイト α = .82，新浪微博 α = .63，天涯掲示板 α = .79 である。

表4-18　報道および書き込みのイメージの件数と割合

(単位：件(%))

	プラス	中立	マイナス	合計
新浪ニュースサイト	39 (3.5)	981 (87.6)	100 (8.9)	1,120 (100.0)
新浪微博	11 (6.4)	107 (62.6)	53 (31.0)	171 (100.0)
天涯掲示板	1 (1.3)	31 (43.1)	40 (55.6)	72 (100.0)

注：(　) は発信件数のうちに占める割合 (%)。

批判的内容もあった。特に天涯掲示板には批判的書き込みが多数見られ，ユーザーの議論の批判性が新浪微博より強いことがわかった。

5　指摘・批判対象——中国体制を批判した報道もあった

　3種のネットメディアの指摘と批判の対象を①中国共産党・中国政府・中国指導者，②中国体制 (政治・経済体制)，③鉄道部・鉄道産業，④地方政府・地方幹部・省庁幹部，⑤その他，に分けて集計した。7・23鉄道事故に関わる関連部門は鉄道部および鉄道企業なので，中央政府と別に分析した (表4-19)。

　結果は3種のネットメディアとも③「鉄道部・鉄道産業」が6割程から8割程であった。③「鉄道部・鉄道産業」への指摘や批判は，鉄道部報道官の不適切な発言，鉄道部の管理体制に関するものであり，その独占的地位，汚職事件の多さや安全検査の不備，乗務員研修の手抜き，事故の救援の不十分さといった事故対応の悪さから，鉄道運営管理，鉄道産業の発展のあり方などに至るまで各方面からなされた。鉄道部が独占する鉄道事業への不満がこの事故をきっかけに表面化したと言えよう。

　鉄道部への指摘・批判以外では，①「中国党中央・中央政府・中央指導者」に対する指摘・批判はなかったが，既存メディアでは批判し難い②「中国体制」が何件か見られた。例えば，天涯掲示板では，事故の根本原因は中国の経済発展の不均等，経済改革が不十分であることなどが指摘された。

　以上の指摘・批判を受けて，前述の経緯で整理したように，鉄道部や事故調査部門が7・23鉄道事故の対応を重視し，メディアを通じてネット上の疑問に回答し，事故賠償金，鉄道部報道官，高速列車の減速などの対応を行った。こ

表 4 -19　マイナスイメージの発信における指摘・批判対象の内訳

（単位：件（%））

	①	②	③	④	⑤	合計
新浪ニュースサイト	0 (0.0)	8 (8.0)	84 (84.0)	0 (0.0)	8 (8.0)	100 (100.0)
新浪微博	0 (0.0)	8 (15.1)	33 (62.3)	0 (0.0)	12 (22.6)	53 (100.0)
天涯掲示板	0 (0.0)	4 (10.0)	30 (75.0)	0 (0.0)	6 (15.0)	40 (100.0)

のように，3種のネットメディアとも公権力[41]への監視機能を果たしたことがわかった。

6　賞賛対象──救援・救助活動報道が多い

　賞賛の対象を①中国共産党・中国政府・中国指導者[42]，②中国体制（政治・経済体制），③地方政府・地方幹部・省庁幹部，④民間（個人・組織・企業），⑤その他，に分けて集計した（表 4 -20）。

　結果，3種のネットメディアの賞賛対象のほとんどは④民間（個人・組織・企業）であった。主な内容は市民，企業や組織が救援活動，救助活動における献血，寄付など感動的な行為への賞賛や救援者の救援活動での活躍およびメディアの批判的な報道活動への賞賛であった。その一方，新浪ニュースサイトでは，4件の①中国共産党・中国政府・中国指導者への賞賛は，温家宝首相が事故に対する迅速な対応への評価であった。

　以上の分析によると，新浪ニュースサイトや天涯掲示板の賞賛対象の中心は民間であった。

7　微博の情報伝達機能 VS. 掲示板の公権力の監視機能

　次に新浪微博，天涯掲示板の書き込みの機能に注目し，その内容を分析する。本章では，新浪微博 171 件と天涯掲示板 72 件の書き込みおよびそれらの書き

41　ここで「公権力」と呼んでいるのは，中国政府の各部門，機関，公共団体が国民に行使している権力である。事故関係部門の鉄道部，事故原因の調査部門安監部も公権力部門である。

42　党員は共産党の代表として見られているので，ここで党員に対する賞賛記事は①中国共産党・中国政府・中国指導者の賞賛記事とみなす。

表 4 -20　プラスイメージの発信における賞賛対象の内訳

(単位：件(%))

	①	②	③	④	⑤	合計
新浪ニュースサイト	4 (10.3)	0 (0.0)	1 (2.6)	34 (87.1)	0 (0.0)	39 (100.0)
新浪微博	0 (0.0)	0 (0.0)	1 (9.0)	10 (91.0)	0 (0.0)	11 (100.0)
天涯掲示板	0 (0.0)	0 (0.0)	0 (0.0)	1 (100.0)	0 (0.0)	1 (100.0)

込みに付随するコメントを，その機能から「情報伝達」(7・23 鉄道事故に関する情報伝達)「公権力の監視」(指摘・批判)「動員」(救援活動や哀悼活動などの呼びかけ)「分析」「その他」の五つの項目に分けて考察した[43]。新浪微博のアカウントには，個人アカウントとともに団体・組織・企業アカウントも含まれているが，ここではその両方を含めて調査した。

　表 4 -21 に示した通り，新浪微博と天涯掲示板には異なる点が多い。まず，新浪微博では過半数のコメントが「情報伝達」であったのに対して，天涯掲示板では 1 割にも達しなかった。次に，「公権力の監視」については，新浪微博が 2 割以上であったのに対し，天涯掲示板は新浪微博の 2 倍で 5 割以上に達した。また，「分析」は，天涯掲示板は 22.2%であり，新浪微博の 7.0%の 3 倍以上あった。天涯掲示板では「動員」機能を持つ書き込みがなかったのに対して，新浪微博では 3 件あった。

　補足として，新浪微博の団体・組織・企業ユーザーアカウントによる書き込み機能を分析した結果は，情報伝達 39 件(69.6%)，公権力の監視 12 件(21.4%)，動員 0 件 (0.0%)，分析 1 件 (1.8%)，その他 4 件 (7.2%) であった。公権力の監視機能の 12 件のうち， 4 件が既存メディアによる発信であった。

　以上のデータから，新浪微博は主に情報伝達と公権力の監視機能を，天涯掲示板は主に公権力の監視と分析の機能を果たしたと言える。また，新浪微博では「動員」機能を持つ書き込みが少ないが，市民アカウントが発信した動員機能の書き込みが 3 件あったことは注目すべきである。また，新浪微博の団体・組織・企業のアカウントによる書き込みでも情報伝達機能が顕著であった。

43　書き込み機能の信頼性検定の結果は，新浪微博 α =.85，天涯掲示板 α =.83 であり，95%信頼区間の下限は新浪微博 α =.74，天涯掲示板 α =.73 である。

第4章　7・23温州列車脱線事故における中国世論の形成 | 151

表4–21　機能別に見た新浪微博と天涯掲示板の書き込みの内訳

(単位：件(%))

	情報伝達	公権力の監視	動員	分析	その他	合計
新浪微博	88 (51.5)	41 (24.0)	3 (1.8)	12 (7.0)	27 (15.7)	171 (100.0)
天涯掲示板	11 (6.9)	34 (55.6)	0 (0.0)	16 (22.2)	11 (15.3)	72 (100.0)

表4–22　機能別に見た新浪微博と天涯掲示板のコメントの内訳

(単位：件(%))

	情報伝達	公権力の監視	動員	分析	その他	合計
新浪微博	488 (6.0)	325 (4.0)	81 (1.0)	1,305 (16.0)	246 (3.0)	2,445 (30.0)
天涯掲示板	32 (8.0)	100 (25.0)	0 (0.0)	68 (17.0)	56 (14.0)	256 (64.0)

8　コメントの機能——微博より強い掲示板の権力監視機能

　新浪微博，天涯掲示板の書き込みに対する他のユーザーからのコメントは，どのような役割の議論がネットで形成されているのかを明示する資料である。本章ではコメントの内容について，「情報伝達」(7・23鉄道事故に関する情報伝達)「公権力の監視」(疑問・指摘・批判)「動員」(救援活動や哀悼活動などの呼びかけ)「分析」「その他」の項目に分けて，集計した[44]。コメントでは，単に書き込みの意見に賛成する「フォロー」コメントが多い。また，感情的な発言も多かった。ここでは，「フォロー」と「感情的な発言[45]」を除いて分析した。コメントの機能を分析する対象となったのは，それぞれ新浪微博30.0% (2,445件)，天涯掲示板64.0% (256件)である[46]。

　集計した結果は表4–22に見る通り，2種のメディアの大きな違いは「公権力の監視」であり，掲示板は25.0%，微博は4.0%であった。一方，「分析」は両方とも16%前後であった。また，二つのメディアの「情報伝達」は両方とも

44　書き込みに対するコメントの機能の信頼性検定の結果は，新浪微博 α =.83，天涯掲示板 α =.79であり，95%信頼区間の下限は新浪微博 α =.72，天涯掲示板 α =.67である。

45　「感情的な発言」はけんかのような発言である。乱暴な言葉が多く使われている。

46　新浪微博のコメントでは，「フォロー」と「感情的な発言」はそれぞれ4,320件 (52%)，1,386件 (18%)であり，天涯掲示板のコメントでは，それぞれ88件 (22%)，56件 (14%)であった。

１割以下であった。以上の分析から，天涯掲示板のコメントにおける公権力を
監視する機能は新浪微博より強いと言えよう。

第6節　ネット世論が突発事件報道の内容を変革する可能性が
見られる

　以上の分析結果から，次の６点が考えられる。

　第一に，今回の突発事件における３紙の機能は以下のようにまとめられる。
すなわち，『人民日報』は党と政府によって公表された情報を伝達する機能を，
また『新京報』は事故に関する情報の伝達機能と当局への監視機能の両方を，
そして『温州都市報』は主に事故に関する情報の伝達機能をそれぞれ果たした。
また，それぞれの役割の違いは各紙の性質から生み出されたと考えられる。つ
まり，『人民日報』の党と政府の「喉と舌」という役割，『新京報』と『温州都
市報』の市民向けの情報紙という性質の違いが重要である。『人民日報』は公権
力の監視機能や情報伝達機能よりも党の宣伝機能を優先するのに対して，『新
京報』と『温州都市報』は市民に身近な情報を提供することを優先するからで
ある。

　第二に，政府が主催する救援活動を『人民日報』が宣伝する姿勢が弱まり，
市民の救援精神を宣伝する姿勢が表れるようになってきた。その変化の背景と
しては，2009 年に『人民日報』の編集方針を改めるときに，「党報」としての性
質を堅持しながらも報道性と市民性[47]を打ち出すことを強調したことが重要で
ある[48]。しかし今回の分析の結果からは，７・23 鉄道事故報道に際してはこの
編集方針と『人民日報』の報道姿勢の変化とに緊密な関係は見られなかった。
なぜなら，市民性を重視するならば，事故翌日の７月 24 日の第１面に事故報道
を掲載するはずである。しかし，『人民日報』ではネット上で事故に関する議論
があふれ，この圧力によってようやく７月 25 日に事故報道を第１面に掲載し
たと言えるだろう。このような『人民日報』の報道姿勢の変化は先行研究（代
2012）では言及されていない。さらに同研究は，『人民日報』のこの事故に関す

47　ここでの市民性は，市民に身近なニュース，市民利益とかかわる報道をメインとして報
　道する新聞紙の性質である。

48　「人民日報改版：假話全不説，，真話不全説」2009 年 7 月 16 日（http://news.qq.com/a/
　20090716/000538.htm〔2013 年 12 月 11 日〕）。

る報道姿勢については，ネットメディアの影響に目を向けず，もっぱら党のコントロールという要因だけを説明している。

　第三に，同じ都市報でも『新京報』と『温州都市報』の報道から異なる特徴を見出すことができる。それは，『新京報』の高い批判性と『温州都市報』の高い政府情報への依存性である。中国では，「地域を跨る監督」（「異地監督」，すなわちある地域のニュース報道メディアが，他の地域の出来事や人の監督報道の役割を担うこと）[49]という監督方式がある。各地方のニュースメディアはそれぞれの地方政府にコントロールされやすいために，往々にして自らの地域で発生した幹部の汚職や政府部門の不祥事等への批判報道を回避する。そこで，その代わりとして他地域のニュースメディアが批判報道を行う。今回の鉄道事故の報道では，現地の新聞である『温州都市報』との報道内容と，他地域の新聞である『新京報』の報道内容の間に，この相違が表れたと言える。また，この2紙の報道に相違が生じたもう一つの原因は，地方政府は中央の指導者に地域の市民精神を宣伝するため，『温州都市報』に地方市民の救援活動を多く報道させた一方で，『新京報』は全国市民向けの調査報道紙であるため，情報伝達の役割以外に全国市民を代弁して責任追及を行う役目も果した点にある。

　第四に，今回の事件において，ニュースサイトは情報伝達機能を，新浪微博は情報伝達機能と公権力に対する監視機能を，天涯掲示板は主に公権力に対する監視機能と分析機能をそれぞれ果たしたと言える。また，新浪微博の既存メディアアカウントによる発信の情報伝達機能や個人アカウントによる発信の動員機能も明らかとなった。

　第五に，ネット世論が突発事件報道の内容を変革する可能性が見られた。既存メディアへの依存度が高い新浪ニュースサイトで，鉄道部に批判の焦点を当てた1割弱のマイナス報道が抽出された。また，新浪微博における既存メディアのアカウントでも「公権力への監視」機能を果たす書き込みが4件も抽出できた。これは，一部のメディアが中央宣伝部の報道禁止令を無視したことを意味しており，ネット上にあふれる政府への指摘・批判が，当局を支持するばかりだった既存メディアの報道を変えたと考えられる。つまり，7・23鉄道事故

49　孫旭培（2004）『当代中国新聞改革』人民出版社，p. 157。

に関する「ネット世論」は崔（2012）が言うところの「主流メディアの世論」に影響を与えていると考えられる。

　第六に、ネットメディアと既存メディアは相互に競争したというより、相互参照の関係を作り出したと言える。7・23鉄道事故では、新浪微博による「小公共圏」で最初に情報が流され、既存メディアや掲示板、ニュースサイトなど他の小公共圏が取り上げることによって、事故が市民に知らされた。さらに、これらの「小公共圏」で何度も事件が議論されるという間メディア性の相互影響によって、鉄道部批判、政府の対応批判の世論が形成された。この過程で、取材権のないネットメディアの多くは、既存メディアに取り上げられることで、社会的影響力を拡大した。同時に、ネット世論は既存メディアに圧力をかけて、公権力の監視機能の発揮を促した。一定程度自由に表現できる言論空間がネットに生まれただけではなく、既存メディアにおける監視機能の向上を促進し、政府の政策や制度の設定に民意を反映させる可能性が広げられたのである。

　崔（2012）など研究は、2008年からネット世論が政治監督機能を果たすようになったと述べたが、その多くは汚職や司法・警察に関わる事件であった。今度の7・23鉄道事故は初めて事故関連部門に対する批判的な世論が形成された。重大な交通事故の責任を問う主体が、これからは国家の関連部門だけではなく、政府と市民の両方になる可能性がある。このようなネット世論の力に対し、習近平政権がネット世論を重視し、一部の意見を受け入れる姿勢も見られる。たとえば中国政府は、2011年頃から広がっている「網絡反腐敗」（ネットを通じた反腐敗運動）が明らかにした情報をもとに、一部の官員に対する調査を実施した。それと同時に、当局はネット上での世論管理や誘導、政権の宣伝を強め、前向きな世論を作り出す[50]などネット世論の主導権を民間から奪う姿勢も見せている。これらの権力側の監視に対抗する試みとして、微博では「長微博」と呼ばれる審査なしで発信が可能なサービスを提供する動きが見られる。以上のようなネット世論と権力側の相互監視に関する一進一退の動向はしばらく継続すると思われる。

50　「習近平的網絡観」（http://news.163.com/special/xizonghulianwang/〔2014年10月24日〕）。

第 5 章

8・12 天津爆発事故における
中国ネット世論の形成
──新浪微博の分析を通じて

はじめに

　本章は，2015 年 8 月 12 日に中国天津市にある瑞海国際物流有限会社の危険
物倉庫では発生した大規模な爆発事故 (以下「8・12 事故」と略す) におけるソー
シャルメディアの発信を事例として，どのようなネット世論が形成されたのか，
微博がネット世論の形成にどのような機能を果たしているのか，微博が政府の
対応に影響を与えているのかを考察したい。この 8・12 事故では，8 月 27 日
までの死者数は 145 人となっており[1]，周辺の住民に甚大な被害をもたらした。
事故が発生した直後，事故の経験者が微博，微信 (ウェイシン，中国版の Line)
などソーシャルメディアを通じて事故の現場情報を伝え，事故現場にいる被害
者の助けを呼びかけ，病院の医療関係者が市民に献血を呼びかけた。一方，事
故救援の方法の問題，死者数の隠蔽，事故関係企業と政府関係者との癒着，中
国政府の無責任などの指摘が殺到した。ネット上のこれらの批判を受けて，政
府は多くの疑問や批判に回答し，関連幹部が謝罪した。また，事故半年後の
2016 年 2 月 5 日に，最終的な調査結果が発表された。その結果では，検察機関
は行政関係者 25 人を強制的に捜査したほか，調査グループは調査した市の責
任者ら 123 人のうち，74 人についての処分を求めている[2]。このような結果に
は，ネット世論に後押しする力があると思われる。

　そこで本章では，8・12 事故で微博ではどのようなネット世論が形成されて

1　「天津港爆発事故已発現遇難者 145 人 28 人失聯」(http://society.people.com.
　cn/n/2015/0827/c1008-27525076.html〔2016 年 2 月 1 日〕)。
2　「天津港爆発事故調査組為何建議処分这 5 位省部級官員」(http://news.sohu.com/
　20160205/n436996146.shtml〔2016 年 2 月 1 日〕)。

いるのか，その世論はどのように形成されたのか，微博はネット世論の形成に
どのような機能を果たしているのか，ネット世論が政府の対応にどのような影
響力を与えているのか，という問題点を，微博の書き込みや書き込みに付随す
るコメントの内容分析と政府の記者会見上の対応への考察を通じて明らかにす
るが目的である[3]。

第1節　8・12天津爆発事故の経緯

　近年，中国では突発事件が発生した直後，微博や微信などソーシャルメディ
アを通じて第1報が流されることが多い。ソーシャルメディアは，突発事件の
速報における情報発信機能が既存メディアより圧倒的に強い。また，ソーシャ
ルメディアは比較的自由に発信できるため，突発事件に関する公権力への責任
追及などコメントが既存メディアを介さずに直接発信できるので，政治批判的
な世論が形成されるにつながる可能性がある。8・12天津爆発事件において
も，第1報はソーシャルメディアから発信された。ここでは，この事故におけ
るネットメディアの動きと政府の対応を流れに沿って整理しておこう。

　2015年8月12日の23時半頃に中国天津市天津港にある瑞海国際物流有限
会社の危険物倉庫で大規模な爆発事故が発生した。爆発現場から半径2 km圏
内にある建物の窓ガラスが割れ，現場近くの住民は「2度の爆発があり，昼間
のような明るさだった」と語った[4]。

　事故が発生した直後，事故現場付近の住民が爆発，火災が発生した様子や自
宅の窓ガラスが割れ，市民が街中に避難する様子など被害の写真や動画を微博，
微信などソーシャルメディアを通じて発信した。

　「中青」ネット世論観測室の観測結果によると，翌日の13日の20時まで，
8・12事故に関するネット上の発信が5,730万5,153件，そのうち，ニュース

3　なお，中国で微博と同様に広く利用されているソーシャルメディアには微信（ウェイシ
　ン，中国版のLine）がある。この微信を取り上げない理由は，微博と微信の間には情報拡
　散の仕方に根本的な違いがあるからである。すなわち，一方の微博での投稿は，すべての
　ネットユーザーに公開されるという点において，開放的な公共圏とみなしうる。他方で微
　信は，承認されたアカウント所有者しか閲覧できない閉鎖的な空間である。そのため，微
　信の世論の拡散力は微博に劣る。
4　「中国・天津の港湾で爆発，13人死亡　300人負傷か」（http://www.nikkei.com/article/
　DGXLAS0040003_T10C15A8000000/〔2015年12月16日〕）。

サイトは68万9,476件，微博は5,658万7,458件，掲示板は9,394件，ブログは1,876件，微信は1万8,949件であった[5]。微博はほかのネットメディアより，8・12事故に関する発信が遥かに多かった。また，艾利艾シンクタンクの統計によると，8月14日15時まで，8・12事故に関する報道および転載報道が28.2万件，新浪微博の書き込みが317万件，新浪微博の「天津港大爆発」と「天津唐沽大爆発」という二つの「微話題」[6]の閲覧回数は24.3億回，微信の「公衆号」[7]による発信は1万1845件であった[8]。以上のデータに基づき，8・12事故が発生した直後，ネットメディアは事故に関する主な議論場になっている。とりわけ，新浪微博が主要な世論形成場とも言える。

　8月13日から16日まで，天津市政府が6回の記者会見を開き，事故に関する情報を公開したが，ネット上では天津市政府の記者会見上の対応が批判された。指摘された問題点は，第1回の記者会見では主に安全管理の関係者幹部が出席しなかったこと，事故現場にシアン化ナトリウム（NaCN）があるかどうかや爆発の原因への回答がなかった，そして質問に対する回答の部分で記者会見が無断中断されたことである[9]。その後の5回の記者会見における政府の対応への批判は，記者会見での質問への回答の部分が無断中断されたことや政府が爆発現場の倉庫の所蔵化学品を把握していない，正社員ではない消防士の死亡者数が隠されたことへの対応などに的が絞られた[10]。特に，第5回の記者会見では，行方不明の消防士の安否情報に関する質問に，政府関係者は「これはわれわれの権限範囲ではない」と一言で回答し，その後の記者の追及に対して，直ちに席を外した[11]。このような断続的な記者会では，原因究明や責任の所在

5　「天津爆炸事故過去24小时輿情全記録」（http://yuqing.cyol.com/content/2015-08/14/content_11547497.htm〔2015年12月16日〕）。

6　新浪微博サービスの中で，カテゴリー別に注目の話題をまとめた「微話題」スペースが設けられている。ネットユーザーがこのスペースで微話題について議論することができる。

7　「公衆号」とは，一般企業が情報伝達，商品の宣伝などに使うオフィシャルアカウントである。「公衆号」による情報の閲覧数が公開されるが，コメントの内容は「公衆号」の都合によって一部しか表示されない。

8　「震"津"輿情：尘埃未定，真相漸近」（http://www.nxing.cn/article/742427.html〔2016年2月16日〕）。

9　「天津爆発新聞発布会催生次生輿情到底問題在哪」（http://news.sohu.com/20150817/n419043583.shtml〔2016年1月5日〕）。

10　同上。

11　同上。

は不明のままであった。

8月16日，李克強総理が事故現場で死亡した消防士の遺影にお辞儀し，記者会見での天津市政府の不適切な回答を批判し，「死亡した非正社員消防士は英雄であり，英雄には正社員と非正社員の区別はない。われわれが遺族や歴史に事実を伝える義務があるため，この事故を徹底的に調べる必要ある」と述べた[12]。ある意味で，天津政府が死亡した非正社員消防士の死亡者数を隠蔽したことに対してネット上の批判が反映された結果とも考えられる。これらの批判を受けて，天津市政府がそれ以降の記者会見では非正社員の消防士の情報を公開した。

8月18日に，国務院事故調査班が編成され，事故原因の究明や責任追及のために徹底的な調査作業を行った[13]。

2016年2月5日に，最終的な調査結果が発表された。その結果では，検察機関は行政関係者25人を強制的に捜査したほか，調査グループは調査した市の責任者ら123人のうち，74人についての処分を求めている[14]。

このように，ソーシャルメディアで形成されたネット世論がある程度政府の事故関連情報の公開や責任の追及を促進した。

第2節　研究方法

1　研究対象

前述したように，中国では微博，微信，掲示板など多種のソーシャルメディアがある。それぞれの種類のソーシャルメディアがそれぞれの特徴を持つ。多数のソーシャルメディアの中，微博と掲示板が開かれている公共圏と言えるだろう。また，「8・12天津爆発事故の経緯」で述べた8・12事故の発生後のソーシャルメディアの動向によって，新浪微博が8・12事故に関するネット世論の

12　「李克強：要一視同仁対待現役和非現役犠牲的消防員」（http://news.xinhuanet.com/politics/2015-08/16/c_1116268656.htm〔2016年1月4日〕）。

13　「国務院成立天津港爆発事故調査組徹査事故原因」（http://www.ce.cn/xwzx/gnsz/gdxw/201508/18/t20150818_6252423.shtml〔2016年1月16日〕）。

14　「天津港爆発事故調査組為何建議処分这5位省部級官員」（http://news.sohu.com/20160205/n436996146.shtml〔2016年1月16日〕）。

主な形成場と言いうる。そこで，本研究は新浪微博をソーシャルメディアの代表として取り上げ，新浪微博における8・12事故に関する発信を分析する。一方，新浪微博では毎日膨大な書き込み数があるため，ここでは「微話題」の「天津港大爆発」「天津唐沽大爆発」「突発」「熱点」における，「頭条新聞」という新浪微信の公式なニュース発信アカウントからの発信およびそれに付随するコメントに絞って分析する。

「微話題」の「天津港大爆発」「天津唐沽大爆発」「突発」「熱点」における「頭条新聞」アカウントの発信を取り上げる理由は以下の通りである。

「微話題」は中国最大のソーシャルメディア新浪微博の，カテゴリー別に話題をまとめる最新の機能である。注目度が高く，社会の影響力の大きい微話題が「人気話題」[15]になり，新浪微博のホームページの目立つ位置に表示される。したがって，人気話題の書き込みはネットユーザーに注目されやすいため，議論を起こし，世論を喚起する機能が顕著である。8・12事故が発生したあと，「天津港大爆発」「天津唐沽大爆発」「突発」「熱点」という四つの「微話題」が頻繁に「人気話題」に表示されたため，本章では8・12事故に関する「天津港大爆発」「天津唐沽大爆発」「突発」「熱点」の四つの話題に絞る。それらの「微話題」では何億もの発信アカウントおよび大量の書き込みがある。そのうち，「頭条新聞」という新浪ニュースセンターの公式なアカウントがあり，24時間でニュース価値がある情報を伝える。「頭條新聞」は既存メディアあるいはニュースサイトから発信された情報を転送することではなく，多くの発信は編集者が一般のアカウントから発信されたニュース価値のある情報を確かめてから流される。そのため，市民が経験した事件・事故の事実は「頭条新聞」を経由して，広く，早く伝わる。また重大な突発事件の発生時，「頭条新聞」の発信はほかのユーザーに配信され，多くのユーザーに注目される仕組みになっている。

以上に説明したように，「天津港大爆発」「天津唐沽大爆発」「突発」「熱点」という四つの「微話題」に投稿した書き込みに絞って，それらの書き込みの内容やそれらに付随するコメントを分析することで，話題の事件に関するネット

---

15 「人気話題」は各「微話題」の注目度の変化や社会的影響力の変化にしたがって，1日に何回も変わる。

ユーザーの意見や態度を把握できると考えられる。そのため,「頭条新聞」の
8・12 事故に関する発信が最も話題性があり,注目されていると考えられるた
め事故のネット世論を検証するには最適と判断した。

2　内容分析の手順

　本章では,8・12 事故発生から 1 カ月後まで[16],すなわち 8 月 12 日から 9 月
12 日までを対象期間とし,新浪微博の「天津港大爆発」「天津唐沽大爆発」「突
発」「熱点」における,「頭条新聞」アカウントによる 8・12 事故に関する書き
込みおよび書き込みに付随するコメントを分析した。

　調査した結果,新浪微博では,該当書き込みは 261 件であった。また,書き
込みに付随するコメントは,それらの 261 件の書き込みの評論回数や転載回数
の上位 10 位の書き込みに付随するコメントに絞り,500 件が抽出された[17]。

　以上に抽出された書き込みについて,主題,フレーム,イメージ(プラス,中
立,マイナス),指摘対象および情報源の各項目から分析し,抽出された書き込
みに付随するコメントについて,発信者の態度や発信の内容を分析する。

　重大な突発事件の報道では,メディアがその事件を,どのような視点から報
道するのかを決める枠組みはメディアフレームと言われるものである。このよ
うな「認識枠組」としてのフレームが「メディア世論」の形成においては決定
的に重要である(伊藤 2009：141-55)。また,メディアフレーム分析に基づく世
論研究が多くなされている(大石 2007：楊 2012：陳 2015)。そのため,本章は
8・12 事故に関するネット世論を分析する際,フレームという概念を取り入れ
る。ここでは本章の発信フレームの分類の根拠を,必要な範囲でのみ論じる。

16　喩(2010：25)よると,話題となる事件のネット世論が存在する期間の平均日数は 16.7
　　日,事件の展開にしたがって二次話題の出る場合,事件のネット世論が存在する期間は長
　　めになると明らかになっている。また,著者の調査では,事件発生後 1 カ月間以降発信は
　　ほぼなくなっていた。そのため,調査期間は事件発生後の 1 カ月(8 月 12 日〜9 月 12 日)
　　にした。

17　新浪微博では,「熱門評論」(人気コメント,同様の意見を持つフォロワーが多いコメン
　　トである)が表示される仕組みがある。ネット世論を把握するため,一般のコメントの分
　　析より,熱門評論を分析したほうが,多くのネットユーザーが持つ態度を把握できる。そ
　　のため,ここでは,10 件の書き込みに付随する熱門評論を分析した。10 件の書き込みの中,
　　50 件の熱門評論しか表示されなかった書き込みがあったため,比較できるように,新浪微
　　博の「頭条新聞」の書き込みに付随する人気コメントは上位 50 件を研究対象にした。つま
　　り,10 × 50 件,合計 500 件であった。

フレーム（フレーミング）は，取り上げる研究によって解釈が様々である。こうした中，Gamson はフレームの概念を，「boundary」（世界を観察するカメラ，取材範囲を意味する），「building frame」（フレーム・ビルディングで構築された内容，世界を観察する態度を意味する）という二つのレベルから理解することを提起した（Gamson 1992）。Gamson の定義に準じると，ニュースフレームを分類するためには，「報道されるニュース範囲の選択」「どのような態度でニュースを構築するか」という二つのレベルから考慮すべきことになる。Gamson の定義に踏まえて，潘・喬（2005）はメディアフレーム（ニュース・フレーム）はニュースの 5 W 要素と合わせてみる必要があると提示している。具体的には，①「ニュースの情報源」，②「報道対象」，③「事件の経過」，④「事件の詳細」（主要事件および主要報道対象に関するより詳しい情報），⑤「事件の結果」，⑥「事件が引き起こした社会的な反響」，⑦評価（事件の分析，予測，評価），⑧「事件の背景情報」（比較事例と関連経緯など），を挙げている。本章は潘・喬のニュースのフレームの項目に準じて，また 8・12 事故に関する書き込みの特徴に合わせて，フレームについて，①事故過程，②現場の詳細な状況，③責任の追及，④社会の反応および事故への評価，⑤事故の背景情報，⑥事故影響と結果，⑦その他[18]，の 7 項目のカテゴリーに分類し，分析した。

第 3 節　新浪微博の書き込みの分析

1　発信件数の変化──報道量が維持した 1 週間

発信件数の多さは，発信アカウントがその事件に対する注目度につながっている。発信数が多ければ多いほど，発信アカウントのその事件に対する注目度が高い。事件発生後の 1 カ月間にわたり，8・12 事故に関する微博上の注目度を明らかにするため，事故が発生してから 1 カ月間，「頭条新聞」アカウントの 8・12 事故関連の発信件数がどのように変動しているのかを図 5 - 1 で見てみよう。

18　ネット上の書き込みでは，事故に対する哀悼，祈りなど感情を表す発信があるため，一般のニュースフレームに当てはまらない。ここでは，「その他」項目を設ける。

図 5-1　発信件数の時間推移

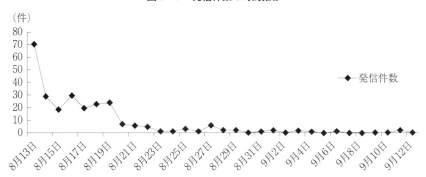

　事故が発生した翌日に，「頭条新聞」による発信件数が最大であり，80件近くであった。その後，次第に減少する。2週間後，日ごとの発信件数が1件前後であり，報道がなかった日もあった。つまり，「頭条新聞」の8・12事故に対する注目度は時間の推移によって低くなったことがわかった。

　このような傾向は喩（2010：25）で述べた事件のネット世論が存在する期間と一致している。その意味で，8・12事故に関する大きな二次話題はネット上では現れなかった。

2　書き込み主題──事故そのものに関する情報を重視

　本章では主題を以下の7項目に分けて調査した。①「事故」そのものに関する内容を主題とするもの，例えば事故状況や被害状況，死傷者数，事故の環境への影響など，②「死傷者および死傷者の家族」に関する内容，例えば事故経験者の治療・生活状況，死傷者家族の動き，死傷者リスト，③「救援者[19]」に関する内容，例えば警察，消防士など事故救援者の動向，④「政府部門および政府の関係者」に関する内容，例えば中央指導者，省長など省庁以上レベル幹部の動向，講話や中央，地方政府部門の対応・調査など，⑤「社会」は市民，慈善団体，企業，病院など社会各面の動向，⑥「事故関連企業」は事故の関連企業の瑞海国際という会社の関連情報，⑦その他，である[20]。

19　消防士と警察の死傷者やそれらの死傷者の家族の動向については「死傷者および死傷者の家族」に分類する。

表5-1　主題別の書き込み件数および割合の内訳

（単位：上段 件，下段 ％）

	事故	死傷者および死傷者の家族	救援者	政府部門および政府の関係者	社会	事故関連企業	その他	合計
新浪微博	72	66	15	68	11	21	8	261
	27.6	25.3	5.7	26.1	4.2	8.0	3.1	100.0

　表5-1で示したように，「事故」「死傷者および死傷者の家族」「政府部門および政府の関係者」主題の割合はそれぞれ27.6％，25.3％，26.1％と高く，新浪微博の「頭条新聞」が事故の被害状況，死傷者および死傷者の家族の動向や死傷者数，政府部門の対応について多数の情報を伝えたことがわかる。

　また，「事故関連企業」主題が1割近くであった。「事故」「死傷者および死傷者の家族」「政府部門および政府の関係者」の三つの主題と比べて少ないが，事故関連企業の責任追及につながる「事故関連企業」主題が1割近くあったことは，新浪微博の「頭条新聞」は事故関連企業の関連情報の伝達や関連企業の責任追及が1割近くがあったことを意味している。「事故関連企業」主題の主な内容は，瑞海国際という企業の事故責任の追及や瑞海国際のリスクレポートがどのように政府機関に審査されていたのかについての疑問であった。

　消防士や警察など救援者の救援活動を多く伝えた「救援者」主題の5.7％（15件）に対して，事故現場の被害者である一般市民を車で運送することや献血など動向を多く伝えた「社会」主題が4.2％（11件）であった。留意すべきことは，「救援者」主題は消防士や警察など救援者への賞賛はほとんどなく，主には消防士の救援措置への疑問や消防の指揮者の方針への批判，消防士の死亡者数への疑問など指摘・批判的な態度を表す発信であった。

　また，死亡者への哀悼や行方不明者への安否の祈りなど主題がはっきりしない「その他」主題が3.1％（8件）であった。

　以上から，新浪微博の「頭条新聞」という新浪微博の公式的なニュース情報

20　報道主題の信頼性検定の結果は，α =.84，95％信頼区間の下限はα =.80。

配信アカウントは主に「事故」「死傷者および死傷者の家族」「政府部門および政府の関係者」に関する情報を伝えたほか、「事故関連企業」主題も少なくなかった。また，「救援者」「社会」に関する情報発信があった。微博の「頭条新聞」における情報伝達の主題の多様性という特徴が明白に表れたと言える。

3　書き込みフレーム——監視機能を果たした

　次に，書き込むフレームについて分析した。本稿では 261 件の書き込みを，①「事故過程」（事故の発生状況，被害状況，政府の初動など事故の流れに関する情報），②「現場の詳細状況」（爆発現場および爆発周辺の詳細状況，③「責任の追及」（政府や関連企業の責任の追及），④「社会の反応および事故への評価」（社会の各業界や一般市民の事故への反応および市民の事故における各関係者の対応への評価），⑤「事故の背景情報」（事故関係企業の情報など事故の発生に間接的な情報），⑥「事故影響と結果」（爆発による汚染など影響および事故の結果），⑦「その他」，の 7 項目のカテゴリーに分けて考察した[21]。

　表 5 − 2 に示した通り，「事故影響と結果」フレームは 31.0％，「事故過程」フレームは 22.6％，「責任の追及」フレームは 15.7％と，比較的に多かった。その一方で，「社会の反応および事故への評価」「現場の詳細状況」も少なからずあり，1 割を超えていた。その他，事故関係会社の瑞海国際会社の上層管理者が政府機関との癒着など情報を提供した「事故の背景情報」フレームは 3.4％であった。

　以上のデータから，新浪微博の「頭条新聞」の 8・12 事故発信が，主に「事故影響と結果」「事故過程」「責任の追及」「現場の詳細状況」「社会の反応および事故への評価」の五つのフレームから構築された。そのうち，「責任の追及」フレームが 15.7％にもなったことは，「頭条新聞」がメディアとしての監視機能を果たしたと言えるだろう。

4　書き込みイメージ——マイナスがプラスより多い

　次に，書き込みが伝えたイメージを分析する。すなわち，中立な態度で事故

21　書き込みフレームの信頼性検定の結果は，$\alpha = .81$，95％信頼区間の下限は $\alpha = .75$。

表5-2　フレーム別の書き込み件数および割合の内訳

（単位：上段 件，下段 %）

	事故過程	現場の詳細状況	責任の追及	社会の反応および事故への評価	事故の背景情報	事故影響と結果	その他	合計
発信件数	59	32	41	37	9	81	2	261
	22.6	12.3	15.7	14.2	3.4	31.0	0.8	100.0

表5-3　書き込みのイメージの件数と割合

（単位：上段 件，下段 %）

	プラス	中立	マイナス	合計
新浪微博	1	241	19	261
	0.4	92.3	7.3	100.0

に関する情報を伝えたのか，事故とそれへの政府の対応などについて主にマイナスイメージを伝えたのか，それとも賞賛的な態度を表すプラスイメージを伝えたのかを明らかにするため，書き込みの内容が与えた印象を分析した。賞賛する内容はプラスイメージとし，事故に関する中立の事実報道は中立イメージとし，政府や事故関連企業の批判，事故に関する問題の指摘や問題の提起はマイナスイメージとした。

　表5-3から，「中立」イメージへの書き込みが圧倒的に多いほかは，マイナスイメージへの書き込みがほとんどであったことが一目瞭然である。すなわち，「中立」イメージ書き込みの割合は92.3%であったのに対して，マイナスイメージへの書き込みとプラスイメージへの書き込みはそれぞれ7.3%，0.4%であった。プラスイメージ書き込みは1件しかなかった。補足として，分析対象の261件の書き込みのうち，コメント数や転載数の上位10位の人気書き込みのイメージを集計した結果は，中立イメージ60%，マイナスイメージ40%であった。この人気書き込みの結果は，陳（2015）で分析した7・23事故における微博の人気書き込みイメージの傾向と類似している。つまり，7・23事故でも，8・12事故でも，ネット上では政府が主導する救援活動に関する賞賛が少なく，

事故原因への責任追及や政府への批判が多かったことが言える。

　以上のデータから，「頭条新聞」の8・12事故に関する書き込みは全体的に中立イメージを中心としたが，批判性を持っている特徴も表れた。また，8・12事故に関する新浪微博の「頭条新聞」アカウントの人気書き込みのイメージが，7・23事故に関する新浪微博全体の人気書き込みイメージと類似したこともわかった。

5　指摘・批判対象──事故関係企業が批判の的

　指摘と批判の対象を①中国政府，②中国政治・経済体制，③事故関係企業（瑞海国際），④地方政府・地方幹部，⑤メディア，⑥一般市民，に分けて集計した（表5-4）。

　結果は③事故関係企業（瑞海国際）が4割ほどであった。その指摘や批判は，主に瑞海国際という会社と政府部門関係者と不透明な関係に関するものであった。また，④地方政府・地方幹部に対する指摘・批判も2割を超えている。それはほとんど天津市政府が瑞海国際を審査する際の不備，記者会見における天津市政府の不適切な発言に対する批判であった。このように，天津市政府や瑞海国際の腐敗問題などが表面化したと言えよう。

　一方，①「中国政府」に対する指摘・批判は1件があった。それは事故の対応における政府全体への批判であった。その指摘は，事故の消防士の救援指揮部の方針と救援処理に焦点を当てていた。また，⑤メディア，⑥一般市民への指摘・批判は主に，天津市メディアの事故発生直後の初動が遅く，事故に関する特別報道ではなく通常の韓流ドラマを流したことや，一般市民による事故に乗じた詐欺行為に焦点を当てた。このように，書き込みは公権力[22]への監視機能を果たしたことがわかった。

6　情報源──ネットメディアと既存メディアの連携

　ここで情報源というのは，配信者の名義である。つまり，その情報源がオリジナルか，あるいはどの配信者から転載されたものかを表すクレジットである。

22　ここで「公権力」と呼んでいるのは，中国政府の各部門，機関，公共団体および一部の企業が支配権力者として国民に対して持っている権力である。

表 5-4　マイナスイメージの発信における指摘・批判対象の内訳

(単位：上段 件，下段 ％)

	①	②	③	④	⑤	⑥	合計
新浪微博	1	0	7	4	2	5	19
	5.3	0.0	36.8	21.1	10.5	26.3	100.0

表 5-5　書き込みの情報源の内訳

(単位：上段 件，下段 ％)

情報源	オリジナル	通信社	新聞社	放送	ニュースサイト	ソーシャルメディア	合計
発信件数	152	8	37	23	29	12	261
	58.2	3.1	14.2	8.8	11.1	4.6	100.0

　本章では，「オリジナル」「通信社」「新聞社」「放送」「ニュースサイト」「ソーシャルメディア」の六つの名義に分けて集計した[23]。

　その結果は表 5-5 の通りである。「頭条新聞」の 8・12 事故に関する書き込みでは，6 割ほどはオリジナル発信であったのに対して，その他の五つの情報源には大きな差はなかった。

　以上の分析から，新浪微博の公式アカウント「頭条新聞」は主にオリジナル情報を発信したほか，ほかの五つの既存メディアやネットメディアから発信された情報を転載した，発信クレジットの多様性という特徴が表れている。

第 4 節　書き込みに付随するコメントの内容分析

　「頭条新聞」は新浪微博の話題の提起役とみなすことができるため，その話題に関する議論で表された態度は，ネット世論の態度をも代表していると言えるだろう。本章では，「頭条新聞」の書き込みに対する他のユーザーからのコメントの態度を「感情の発散」（驚き，祈り，悲しみ）「疑問・指摘・批判」「動員」（救援活動や哀悼活動などの呼びかけ）「賞賛」の項目に分けて，集計した。コメン

23　書き込み情報源の信頼性検定の結果は，$\alpha = .94$，95％信頼区間の下限は $\alpha = .90$。

168

表5-6 コメントの態度の内訳

(単位：上段 件，下段 %))

	感情の発散	批判・指摘・疑問	動員	称賛	合計
新浪微博	65	325	13	20	423
	15.4	75.8	3.1	4.7	100.0

ト数の10位の書き込みに対するコメント数は20万484件である[24]。その中の熱門評論を500件抽出し分析した。コメントでは態度を表明せず単に情報提供した内容も多かった。ここでは，「情報提供」コメントの77件を除いて分析した。そのため，コメントの態度を分析する対象となったのは，423件である。

1　主導した批判・指摘・疑問の態度

集計した結果は表5-6に見る通り，驚き，祈り，悲しみを伝える「感情の発散」コメントが15.4％（65件）である。感情的な発信が多いことがソーシャルメディアからの発信の大きな特徴とも言える。また，「批判・指摘・疑問」の態度を伝えるコメントが75.8％（325件）と最も多かった[25]。その一方，市民の献血など救援・救助活動を呼びかける「動員」コメントが3.1％（13件），メディアや消防士への「賞賛」コメントが4.7％（20件）と少なかった。

2　批判の中心は政府と官僚の不作為

表5-7によると，「批判・指摘・疑問」態度コメントでは，政府の審査不備，官僚の汚職などの問題を事故の要因とする責任追及が40.0％（130件），中国の消防士の管理体制への不満は2.2％（7件），市民による詐欺など不適切な行為への批判は24.9％（81件），関連企業の責任追及は10.5％（34件），政府が公開した環境データへの疑いは12.6％（41件），メディアの報道に対する批判は5.5％（18件），政府が公開した死傷者数への疑問は4.3％（14件）であった。

24　文字内容があるコメント数である。「いいね」など絵文字を含まない。
25　書き込み態度の信頼性検定の結果は，$\alpha = .81$，95％信頼区間の下限は$\alpha = .75$。

表 5-7　批判・指摘・疑問のコメントの態度の内訳

(単位：上段 件，下段 %)

	政府の審査不備，官僚の汚職	中国の消防士の管理体制への不満	市民による不適切な行為への批判	関連企業の責任追及	政府が公開した環境データへの疑い	メディアの報道に対する批判	死傷者数への疑問	合計
新浪微博	130	7	81	34	41	18	14	325
	40.0	2.2	24.9	10.5	12.6	5.5	4.3	100.0

3　書き込みに付随するコメントの態度の変化

　事故の発生にしたがって，ネット上の議論の焦点も変化していく。ここでは，事故発生後の新浪微博の「頭条新聞」の事故に関する人気書き込み[26]およびそれに付随する熱門評論（人気コメント）の内容をまとめて分析した。

　8月13日には，5件の書き込みがあった。そのうち，最初の書き込みは，「頭条新聞」が「＠愚大象」などアカウントが発信した現場の情報をまとめて発信した第1報である。ほかの4件はそれぞれ，「消防士の死亡者数の通報」「消防処置方法が間違っているため消防士の死傷者が多かった」「事故現場付近のタクシー料金が値上がりした」「事故が発生してから10時間がたったのに，天津テレビはまだ韓流ドラマを流している」との内容であった。

　8月13日の事故の最初の第1報に対して，ネットユーザーの反応はどうだったのか。ここでは，第1報の書き込みに対する熱門評論の50件を調査した。その結果は表5-8である。

　ネットユーザーが経験した事故情報の「事故」（個人の事故経験，事故現場状況，事故の影響）内容と事故現場にいる市民や救援者への無事の「祈り」はそれぞれ20件（40.0%），18件（36.0%）であり，圧倒的に多かった。そのほか，事故に対する「驚き」は5件（10.0%），献血や事故負傷者を病院への搬送などに関する「動員」は4件（8.0%），「メディアの報道に対する賞賛」は1件（2.0%），「メディアの報道に対する批判」は1件（2.0%），「消防士への応援と賞賛」は1件

26　評論回数が上位10位の書き込みである。

表5-8　熱門評論の内容の内訳 I

（単位：上段 件，下段 %）

事故	メディアの報道に対する賞賛	メディアの報道に対する批判	動員	驚き	祈り	消防士への応援と賞賛	合計
20	1	1	4	5	18	1	50
40.0	2.0	2.0	8.0	10.0	36.0	2.0	100.0

表5-9　熱門評論の内容の内訳 II

（単位：上段 件，下段 %）

事故	消防士体制問題	事故に関する背景情報（化学品情報）	メディアの報道に対する賞賛	メディアの報道に対する批判	悲しみ
2	4	4	9	5	6
2.0	4.0	4.0	9.0	5.0	6.0

消防指揮者への批判	政府への批判	関連企業への批判	情報への疑問	献血の動員	合計
48	4	4	2	2	100
48.0	4.0	4.0	2.0	2.0	100.0

（2.0%）であった。つまり，事故が発生した直後，ネットユーザーの多くは第一次の事故現場情報をネットに発信し，そのほか，事故の経験者およびその他のユーザーの多くはネットを通じて事故現場やその付近の住民や救援者の無事を祈った。

　また，8月13日に発信した消防士に関する2件の書き込みに対する熱門評論の100[27]件を調査した。その結果は表5-9である。

　この2件の書き込みに対して，「消防指揮者への批判」は半分ほどであった。そのほか，「政府への批判」「関連企業への批判」「消防士体制問題」など多岐にわたる内容があった。

　13日に発信された天津テレビ局の韓流ドラマの放送とタクシー料金の値上がりの2件の書き込みに対するそれぞれ50件の熱門評論を調査した結果は表

27　それぞれの書き込みに付随する50件の熱門評論を調査するため，合計で100件である。

第5章　8・12天津爆発事故における中国ネット世論の形成 171

表5-10　熱門評論の内容の内訳Ⅲ

(単位：上段 件，下段 %)

天津テレビへの批判	反対	ドラマの視聴者への批判	天津テレビの8・12事故に関する報道準備	合計
10	38	1	1	50
20.0	76.0	2.0	2.0	100.0

表5-11　熱門評論の内容の内訳Ⅳ

(単位：上段 件，下段 %)

消防士を救いたい	UBER運転手への賞賛	タクシー運転手への批判	すべてのタクシーを批判することは正しくない	運転手の父親への賞賛	メディアの報道への賞賛	合計
1	2	43	2	1	1	50
2.0	4.0	86.0	4.0	2.0	2.0	100.0

5-10，5-11である。

　表5-10によると，「反対」(書き込み意見への反対)が38件(76.0%)で多かった。それらの内容の多くは，天津テレビ局はすでに事故に関する特別ニュース番組報道の準備ができているが，中央からの指示がないかぎり放送はできないので，天津テレビの落ち度とは言えないという内容であった。この結果は，そのような事故直後の怒りが蔓延しやすいネット上でもネットユーザーが簡単に書き込みに誘導されなかったことを意味している。事故の経験や知識で判断するユーザーが多かった。

　表5-11によると，評論のほとんどは「タクシー運転手への批判」であった。そのほか，「消防士を救いたい」「UBER[28]運転手への賞賛」など評論もあったが，その数は少なかった。

　以上の事故の翌日8月13日の人気書き込みに付随する熱門評論の分析をまとめてみると，事故が発生した直後，ネットユーザーは主に事故に関する情報を発信し，無事を祈った。また，消防指揮者と消防制度への批判，値上がりし

28　UBERとは，スマートフォン経由で，運転手付の車を呼ぶことができるシステムである。

表 5-12　熱門評論の内容の内訳 V

(単位：上段 件，下段 %)

詐欺行為への非難と処罰への訴え	詐欺師の個人情報の提供	被害届を提出すべきとの動員	その他	合計
38	4	2	6	50
76.0	8.0	4.0	12.0	100.0

たタクシー運転手への批判態度が強かった。

　また，8月14日の人気書き込みは1件であった。その内容は，ある女の子が父親が事故で死亡したことを公開し，ネット上の寄付金を求めていることは詐欺であるという内容である。この書き込みに付随する50件の熱門評論を調査した結果は表5-12である。

　表5-12によると，「詐欺師の個人情報の提供」「被害届を提出すべきとの動員」「その他」（事故と関係ない情報）などの内容があったが，ほとんどは「詐欺行為への非難と処罰への訴え」であった。

　8月15日には，3件の人気書き込みがある。それぞれは，爆発現場にある警察署の公式アカウントが事故後初めて投稿した。その内容は爆発当日に警察署にいた警察の全員が犠牲になったという悲しい書き込み，事故の記者会見における犠牲になった消防士の遺族がなぜ家族の名前が犠牲になった消防士リストになかったなどに関する疑問[29]，事故現場では危険な有毒ガスが蔓延しているので，特別警察が市民に緊急避難を指示したという書き込みである。3件の書き込みに付随する熱門評論を調査した結果を表5-13，5-14，5-15に示した。

　まず，警察の犠牲に関する書き込みに付随するコメントを調査した結果，警察が犠牲になったことで「悲しみ」を表したコメント22件（44.0%），警察が英雄であることへの賞賛や警察への応援など気持ちを伝える「応援，賞賛」コメント10件（20.0%），言論統制，死者数の隠蔽や事故対応の無責任など「政府への指摘」11件（22.0%）が比較的に多かったのに対して，「メディアへの批判」

29　中国の消防士では，正式社員と非正式社員2種類がある。事故では，非正式社員の犠牲になった消防士が公開された犠牲者リストの中にはなかった。これは大きな社会的非難を招いた。

表5-13　熱門評論の内容の内訳Ⅵ

（単位：上段 件，下段 %）

メディアへの批判	悲しみ	応援，賞賛	祈りと哀悼	五毛党への批判	政府への指摘	死者数への疑問	合計
1	22	10	3	1	11	2	50
2.0	44.0	20.0	6.0	2.0	22.0	4.0	100.0

表5-14　熱門評論の内容の内訳Ⅶ

（単位：上段 件，下段 %）

政府や消防体制への批判	悲しみ	メディアの報道への賞賛	検閲への批判	犠牲になった消防士の情報	合計
30	1	1	6	12	50
60.0	2.0	2.0	12.0	24.0	100.0

表5-15　熱門評論の内容の内訳Ⅷ

（単位：上段 件，下段 %）

政府の責任の追及	現場の詳細な状況	避難の呼びかけ	天津への応援	化学品への疑問	恐怖	合計
2	1	1	1	44	1	50
4.0	2.0	2.0	2.0	88.0	2.0	100.0

「祈りと哀悼」「五毛党[30]への批判」「死者数への疑問」は少なかった。

　また，消防士遺族の疑問に関する書き込みに付随するコメントを調査した結果，「政府や消防体制への批判」30件（60.0%），「犠牲になった消防士の情報」12件（24.0%），「検閲への批判[31]」6件（12.0%）は比較的に多かった。犠牲になった非正式社員の消防士の問題について，半数以上のユーザーは政府や消防制度を批判する態度を持っていた。

30　政府に都合のよい書き込みをネットに発表する「ネット評論員」は「五毛党（ウーマオダン）」と呼ばれる。1件当たりの書き込みが5毛（10円ほど）の報酬であることから，この名が付いた。

31　政府が隠蔽した犠牲者の情報が犠牲者の関係者からネット上書き込まれたが，多くはネット審査，ネット警察など政府や各ネットメディア事業体の従業員が行う検閲で削除されたため，多くのネットユーザーがそれらの情報が削除されたことに対して批判した。

表 5-16　熱門評論の内容の内訳IX

（単位：上段 件，下段 %）

真相の追及	政府への批判	悲しみ	合計
36	9	5	50
72.0	18.0	10.0	100.0

　事故現場の危険な有毒ガスに関する書き込みに付随するコメントのほとんどは，事故現場の爆発を引き起こした化学品が一体どのようなものであるかに関する「化学品への疑問」であった。その原因は，天津市政府による記者会見では，現場の爆発を引き起こした化学品に関する情報を伝えなかったからである。そのほか，「政府の責任の追及」「現場の詳細な状況」「避難の呼びかけ」「天津への応援」「恐怖」を伝えるコメントもあったが，その数は少なかった。

　続いて，事故の7日後の8月18日に投稿された1件の人気書き込みは，死傷者数に関する通報であった。この書き込みに付随する熱門評論を調査した結果は表5-16で表示した。

　その結果，事故における死者を哀悼するより，真相を追及することが重要であるという態度を表すコメント「真相の追及」は36件（72.0%），政府の腐敗，手抜きなどの問題が今回の事故を引き起こした原因であるなど「政府への批判」は9件（18.0%），単純に「悲しみ」を表すコメントは5件（10.0%）であった。つまり，事故のあとの7日間でネットユーザーの多くは事故の真相を徹底的に追及し，政府の手抜きが事故を引き起こした大きな原因であるという態度を持っていた。

　以上で分析した人気書き込みに付随する熱門評論の内容をまとめると，事故の翌日の13日，ネット世論は消防指揮者や消防士制度への批判，天津テレビによる事故報道は中央政府に支配されている，値上がりしたタクシー運転手への批判に焦点を当てた。その後，詐欺行為を行った詐欺師に対する批判，事故現場の有毒ガスとは何かへの疑問，救援で犠牲になった警察への悲しみ，警察が英雄である，言論統制，死者数の隠蔽など政府への指摘など多くの焦点に展開した。また，事故後に天津市政府が主催した記者会見が何回も行われたが，ネットユーザーに求められた事故の真相に関する情報ははっきりとは公開されな

かったため，ネット世論の焦点は事故の真相の追及に変わった。

第5節　ネットメディアが政府対応に民意を反映させる可能性が見られる

　以上の分析結果から，次の4点が考えられる。

　第一に，新浪微博の公式的なニュース配信アカウント「頭条新聞」の書き込みは主に情報伝達機能や公権力の監視機能を果たした。それらの書き込みに対するコメントは主に公権力の監視機能を果たした。この分析の結果は，「頭条新聞」など情報を提供するアカウントがユーザーの公権力の批判・指摘など議論を喚起していることを証明している。

　第二に，新浪微博では爆発原因に関する政府や瑞海集団への責任追及，消防士の不当な救援措置の指摘，死亡者数や事故による環境汚染データへの不信，中央政府のメディアの報道の管理への不満，市民による事故発生後の詐欺行為など不適切な行為への批判などの世論が形成されている。この分析の結果は先行研究の「中正」輿情観測室[32]が分析した結果とほぼ一致している。ただし，本章の分析によって，爆発事故の直接関係企業である瑞海国際集団に対する責任追及が政府への責任追及や批判より明らか少ないことがわかった。つまり，8・12事故のネット世論の批判の的は政府の審査の不備や政府官僚と企業との癒着であった。これは本研究の新しい発見である。また，市民の事故発生後の詐欺行為など不適切な行為への批判がネット上の発信で多かったことは，一般市民による行為への監視，世の中の風習を改善する役割もあると言えよう。

　第三に，政府の事故対応がどのような世論が形成されるかに大きな影響を与えている。今回の事故では，天津市政府が行った6回の記者会見では，市民の求めた情報が隠されたということで，ネット上では政府の批判の声が高まり，事故の真相を徹底的に追及するという態度が強くなってきた。天津市政府が最初から事故に関する情報を隠蔽せずに公開すれば，天津市政府への批判が少なくなると考えられる。しかし，インターネットが普及した時代において，情報の公開こそ政府のイメージを改善させることと認知されているが，地方政府が

32　「悲情下的輿情危機応対課堂天津8・12爆発七日祭」(http://www.v2gg.com/news/zazhibaokan/20150827/87710.html〔2016年1月16日〕)。

自分の過失などを隠すために，情報隠蔽が多く行われてた。

　第四に，「頭条新聞」アカウントの 8・12 事故に関する書き込みでは，事故経験者から発信された事故経緯など第一次情報がまとめられ，ニュースの形態で配信されたオリジナル情報が過半数であったことは，フォロワーが少ない一般ユーザーによる事故経緯などの情報が速く，広く拡散できるルートが新たに生まれたと言えよう。「頭条新聞」のような配信アカウントは，一般市民が経験した 8・12 事故に関する情報を取り上げることで，事故に関する情報や問題が広く知れわたり，すぐにネット上で議論され，世論を喚起するように見える。このような新しいルートの出現によって，フォロワーが少ないアカウントが発信したニュース価値がある情報を見逃さないようになる。とりわけ，突発事件，腐敗問題の摘発など注目度が高い事件では，その重要な情報は世論を形成し，あるいは世論形成のきっかけにつながる。これは，今度の 8・12 事故のネット世論形成における新しい特徴と見られる。

　「8・12 天津爆発事故の経緯」で述べたように，このように形成されたネット世論が政府に圧力をかけた結果，李克強総理が天津市政府に情報の情報開示を求めると同時に，調査班に対しては徹底的な責任追及を行うよう指示した。その調査の結果によって，多くの幹部が処罰された。このように，ネットメディアが公権力の監視を強め，政府に情報開示や政府の対応に民意を反映させる可能性が見られるようになった。また，事件が起こるたびにネット世論が喚起されることで，ネット世論が政治を動かす力も強くなっていくであろう。

第6章

ソーシャルメディアと
社会安全事件〈世論〉形成
──雷洋事件をめぐって

はじめに

　2016年5月7日に，北京で雷洋という29歳の環境研究家が買春容疑で逮捕され，抵抗した末に心臓発作で死亡した。これを「雷洋事件」と言う。この事件をめぐり，中国のネット上では，雷洋は買春に行ったかどうか，なぜ逮捕されたのちに死亡したのかなど様々な憶測を呼び，警察側の暴力行為を疑う旨の書き込みが殺到した。その後，CCTVなど主流メディアが警察側の主張だけを一方的に報じたが，中国国民はネットで激しく反発した。2016年6月30日，"北京市人民検察院第四分院"（以下「北京市検察第四分院」と略す）は，「雷洋事件」に関する検死鑑定の意見書を公表した。死亡原因を言及せずに警官5人中2人を職務怠慢罪で逮捕を決定したが，同年12月23日，北京検察は雷洋に暴行したとされる警察官ら5人を不起訴とした[1]。この結果は，ネット世論が望む結果とは大きな差がある。だが，「雷洋事件」ついて，保守的な中産階級が事件真相の追及の署名運動を呼びかけるなど，権力監視の世論形成に大きな役割を果たした。また，このような「民衆参加式の真相追及」事件は世論コントロールに対する抵抗に見本を提示した。

　それでは，「雷洋事件」において，どのようなネット世論が形成されたのか。このようなネット世論はどのように権力側と闘ったのか。どのような社会影響を与えたのか。本章では「雷洋事件」を社会安全事件の代表として取り上げ，ソーシャルメディアのネット世論の実態や既存メディアの報道，そして関連政

1　新浪財経「"雷洋案"渉案警務人員被認定犯罪情節軽微 依法不作起訴処理」（http://finance.sina.com.cn/roll/2016-12-23/doc-ifxyxvcr7367674.shtml?from=wap）。

府機関の態度とを重ね合わせつつ考察するものとする。

第1節　「雷洋事件」の経緯[2]

　5月7日事件当日，雷洋は20時30分頃，北京首都空港で親族を出迎えた。その後，北京のある「足マッサージ店」（裏では売春を行っていた）へ行ったという。20時40分頃から，昌平東小口派出所の邢永瑞・副所長と4人の補助警官[3]が，その店の前の付近で張り込んでいた。雷洋は21時4分，足マッサージ店付近へ来ていた。21時14分，雷洋が足マッサージ店から出てきたところを買春容疑で逮捕した。逮捕の過程で，雷洋は反抗した。その間，雷洋は「彼らはニセ警察です，助けてくれ」と周囲に助けを求めていた。彼らは雷洋の身柄を再び拘束し，"黒い車両"の中へ雷洋を押し込めた。

　まもなく，正式な身分の警察官がやってきた。そして，雷洋をその"黒い車両"からパトカーに乗せて派出所へ連行した。この前後に，雷洋は警察官や補助警官から暴行を受けたと目撃者が証言した。

　1時間も経たない22時9分，雷洋の容体が急変し，昌平区の中西医療結合病院へ運ばれた。そのとき，すでに雷洋のバイタルサインはなかった。22時55分，同病院は雷洋の死亡を宣告している。

　翌8日午前1時，昌平東小口派出所からは，雷洋の妻に夫が突発的な心臓病を発症して死亡したとの連絡が入った。午前4時30分，雷洋の妻ら親族が，多くのアザが残っている雷洋の死体を確認した。そして，警察当局は，検死をするため，雷洋の死体を北京市公安局へ送っている。

　5月9日，雷洋の友人である「知乎[4]」掲示板の人気アカウント「山羊月」が「10万個の『いいね』で公道を換えたい」というテーマの書き込みをアップして事件を告発した。書き込みでは以下の疑問を投げかけた。第一に，雷洋は身体は健康だった。なぜ突発性の心臓病を発症したのか。第二に，雷洋はすでに警察に買春容疑を自供していたというが，なぜ雷洋が車から飛び降りたのか。第

2　事件に関する報道，北京警察の公式な通知，目撃者の証言など情報をまとめ，整理した。
3　中国語は「協警」という。本当の警官の持つ権限はなく，正式な警官の管理下で働く。
4　大学生やIT業者など高学歴利用者が中心となる掲示板である。社会事件の裏情報を続々と暴露する。多くの社会問題の議論場とも言われている。

三に，雷洋の容体が急変し病院へ運ばれた時点で，警察は，なぜ家族に連絡しなかったのか。第四に，雷洋の携帯から一連の情報が削除されているが，なぜ消されたのか。その後，「山羊月」はこの書き込みのテーマを「父になったばかりの人民大学の修士はなぜ1時間で変死したのか」に書き換えて，微博，微信などほかのソーシャルメディアに多く転載された。書き込みの社会影響力を抑えるため，関連政府機関とメディア業者が何回もこのような書き込みを削除した。削除されても，ネットユーザーが写真でこの文章を繰り返してアップした[5]。

ネット上，「雷洋事件」に関する多くの憶測があふれた。例えば，5月7日は，雷洋とその妻の"結婚記念日"だった。しかも，当日の夜に急いで空港へ親族を迎える用事があった。普通，そうした男性が「足マッサージ店」へ買春しに行くとは考えづらい。仮に，当日，雷洋がその「足マッサージ店」で買春をしたとしても，10分足らずで店を出てくるのは，時間が短すぎると思われる。警察による雷洋逮捕は，初めから予定されていたのか，それとも，警察による誤認逮捕だったか。また，微信ユーザーによる警察側の暴力行為を疑う旨のコメントやと中国の「法治社会」への望みなどコメントなどが殺到した。

5月9日の夜に，北京市公安局昌平分局の微博アカウント「平安昌平」は簡単に状況を説明した。その説明によると，5月7日20時頃，警察は買春容疑で29歳の雷某を連行して取り調べようとしたところ頑強に抵抗し逃亡を図ったので，警官は法に基づく強制拘束措置を取った。しかし，取り調べのために公安機関へ連行する途中で，当人が突然体の不調を示したため，速やかに医院へ搬送して応急手当を行ったが効果なく死亡した。

5月10日に，「雷洋事件」は多くのニュースサイトに取り上げられ，「人民大学の修士」「変死」「結婚記念日」「売春」など用語はその時期の「雷洋事件」報道のキーワードであった。ネット上「誰が雷洋さんの変死に責任を取るのか」「人民大修士が買春後，警察に逮捕され変死した」「検事は人民大修士の売春後変死事件に介入」など報道が注目され，「雷洋事件」はネットで話題になった。ネットでは真相を究明しようとする動きが顕在化した。

5　清博大数据「為什么知乎会成为"魏則西""雷洋"等事件发酵温床」(http://xmtzs.baijia. baidu.com/article/455768〔2017年4月9日〕)。

5月11日に,『人民日報』『新京報』など新聞が北京の警察側が事件に関する雷洋の買春情報を多く公開したが,雷洋が逮捕されたあとの情報を詳細に公開していないなど問題点を指摘し,警察側の過失があるかどうかを疑った。また,5月12日,社会問題の報道で知られてきた『財新網』が,「雷洋事件における昌平警察の2通の通達を比較したら,いくつかの問題点が見られる」という文章を掲載し,「警察の説明には自己矛盾あるいは不合理なところが多くあった」との疑問を提起したが,警察側は正面から回答しようとせず,国民の怒りが爆発した。

警察側を非難する声がネット上で大きくなっている最中に,政府は情報操作を行った。すなわち雷洋の親族や担当弁護士のネット上の発信が規制された。それに加えて,担当弁護士である陳有西の微博における書き込みが転載禁止,遮断,発信制限された。

雷洋の死因に疑問を持った家族は,北京市検察院に第三者による検死を要求し,北京市検察院がこれを認めたことから,5月13日の14時から14日早朝2時まで北京市公安局の法医検査鑑定センターで第三者による検死が行われた。

2016年6月30日,北京市検察第四分院は,「雷洋事件」に関する検死鑑定の意見書を公表した。その結果,警官5人中2人について職務怠慢罪による逮捕が決定された。しかし,同年12月23日,北京検察は雷洋に暴行したとされる警察官ら5人を不起訴とした[6]。

12月29日,雷洋の妻である呉文萃の委任を受けた弁護士の陳有西が,雷洋の家族がすべての訴訟活動をあきらめると述べた。また,この不起訴の結果に対して,雷洋の母校である人民大学の校友会はネットで署名活動を行い,不起訴の裁判結果に抗議した[7]。

「雷洋事件」は雷洋の家族の訴訟放棄によって一段落に終わっている。だが,一部のネットユーザーがネットを利用した権力との闘いを続けている。

6 　新浪財経「"雷洋案" 渉案警務人員被認定犯罪情節軽微 依法不作起訴処理」(http://finance.sina.com.cn/roll/2016-12-23/doc-ifxyxvcr7367674.shtml?from=wap〔2017年4月7日〕)。

7 　BBC中文網「雷洋事件：家族放棄訴訟　校友抗議検方裁決」(www.bbc.com/zhongwen/simp/chinese-news-38456530〔2017年3月7日〕)。

第2節　研究対象と方法

　前述したように，「雷洋事件」では微博，微信，掲示板など多種のソーシャルメディアが世論形成に大きな役割を果たした。だが，微信の友達同士で投稿を共有し合う性質が強いため，開かれている公共圏とは言えない。また，事件が発生した数日，「新浪微博」および「知乎掲示板」の事件に関する情報の書き込みの発信や検索結果の表示は禁止された。そのため，本章では事件の主な世論形成場とみなしうる天涯掲示板をソーシャルメディアの代表として取り上げ，微博ではまだ残っている事件の関係者－陳有西と雷洋の妻の書き込みおよびその書き込みに付随するコメントの態度と合わせ，事件のネット世論の特徴を分析する。

　本章では，雷洋事件の情報が初めてソーシャルメディアに発信された5月9日から家族がすべての訴訟活動を放棄するとわかった12月29日までを研究対象期間とし，天涯掲示板における雷洋事件に関する書き込みおよび書き込みに付随するコメントを分析した。

　検索した結果，天涯掲示板では，該当書き込みは641件であった。また，書き込みに付随するコメントは，それらの641件の書き込みの評論回数が50を超える書き込みに付随するコメントに絞った結果，8,400件が抽出された[8]。微博では，弁護士の陳有西と雷洋の妻のアカウントが発信した書き込みはそれぞれ49件，4件であった。また，これらの53件の書き込みの評論回数が50を超える書き込みに付随するコメントに絞った結果，1,450件が抽出された。

第3節　天涯掲示板の書き込みと書き込みに付随するコメント分析

　以上に抽出された天涯掲示板の書き込みについて，主題，イメージ（プラス，中立，マイナス），指摘対象および情報源の各項目から分析する。抽出された書き込みに付随するコメントについて，発信者の態度や発信の内容を分析する。

8　書き込みに付随するコメント数は50を超える書き込みは168件である。そのため，分析対象となるコメント件数は168 × 50の8,400件である。

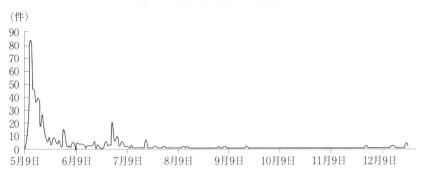

図6-1　書き込み件数の時間推移

1　殺到した書き込み

　図6-1で表示されたように，5月9日に事件に関する書き込みが初めて発信され，翌日の5月10日に書き込みが殺到し，5月12日に発信件数が最大値の82になった。その後，書き込み件数は急減した。書き込み件数から見ると，書き込みは5月9日から5月中旬に集中している。このような特徴は一般のネット世論事件の世論の注目時間と一致している[9]。

　また，6月30日には，少なくなった書き込みが急増し，1日で20件を超えた。この変化は，6月30日に北京検察が雷洋に暴行したとされる警官5人中2人を職務怠慢罪で逮捕を決定したからだと考えられる。北京検察のこの決定はネットユーザーに事件を公正に扱われるという希望を与えた。一時的に失われた注目がまた集まっていった。時間の推移とともに，書き込みの発信が少なくなり，また消えた。12月23日に，北京検察は雷洋に暴行したとされる警察官ら5人を不起訴としたことで，書き込み件数が5件あったが，ほかの日には書き込みがほとんどなかったため，すぐに消えた。つまり，天涯掲示板の「雷洋事件」に対する注目度は5月9日〜20日に集中し，時間の推移によって低くなったが，6月30日，12月23日に事件の二つの展開によって急に上がったことがわかった。

9　「網絡輿論情熱点事件的特徴及統計分析」『人民論壇・学術前沿』第287期，2010年，pp. 24-6。

第6章　ソーシャルメディアと社会安全事件〈世論〉形成 | 183

表6-1　主題別の書き込み件数および割合の内訳

(単位：上段　件，下段　%)

	事件	雷洋の個人情報	警察	メディア	社会	国家体制	その他	合計
天涯掲示板	599	37	21	18	39	27	0	641
	77.8	5.8	3.3	2.8	6.1	4.2	0.0	100.0

　「雷洋事件」に関するネット上の注目度のみならず，ネット世論が事件の発展に応じても変わっていた。ここでは「注目の初期」（5月9日～12日），「注目の発展期」（5月13日～20日），「事件の展開期」（5月21日～7月7日[10]），「事件の沈静期」（7月8日～[11]）の四つの期間に分けて，事件の展開状況と合わせて各期間における掲示板の発信内容の特徴を分析する。

2　書き込み主題──事件に対する疑問

　本章では「雷洋事件」に関する書き込み主題を以下の6項目に分けて調査した。①「事件」そのものに関する内容を主題とするもの，例えば事件の発生時間，詳細情報，事件に対する疑問，類似の事件情報など，②「雷洋の個人情報」に関する内容，例えば雷洋の職業，学歴，家族構成など個人情報，③「警察」に関する内容，例えば事件にかかわる警察側の対応など，④「メディア」に関する内容，例えば主流メディアの報道など，⑤「社会」は一般市民，雷洋の友人など社会各面の動向，⑥「国家体制」は中国の体制に関する議論，である[12]。

　表6-1で示したように，「事件」主題は圧倒的に多く，77.8%であった。そのほかの「雷洋の個人情報」「警察」「メディア」「社会」「国家体制」主題はそれぞれ5.8%，3.3%，2.8%，6.1%，4.2%と少なかった。天涯掲示板が雷洋事

10　6月30日に北京検察は雷洋に暴行したとされる警官5人中2人を職務怠慢罪で逮捕の決定をしたことは事件の展開とみなしうる。そのため，この展開からの1週間，ネット世論がまた事件に注目した。そのため，「事件の展開期」を7月7日までにした。

11　12月23日，北京検察は雷洋に暴行したとされる警察官ら5人を不起訴としたことは事件の一つの展開とみなすことも可能だが，事件は最初に爆発的な注目を浴びてから，半年以上経ったので，人々が事件への注目が消えてしまった。こうした展開があり，ごく一部のネットユーザーしか書き込まなかった。そのため，12月23日も「事件の沈静期」にした。

12　書き込み主題の信頼性検定の結果は，$\alpha=.91$　95%信頼区間の下限は$\alpha=.82$。

件に関わる個人情報，警察側が事件に対する対応，メディアの報道とその報道に対する評論，市民のネット上の反発など反応，国家の「依法治国[13]」現状への批判と希望など多様な情報を伝えたことがわかった。

8割近くを占めた「事件」主題は主に，事件の経緯，事件にめぐるいくつかの疑問点，警察側の暴力行為を疑う書き込みであった。その中の過半は冤罪や暴行を疑う声であった。

また，「雷洋の個人情報」主題は主に，雷洋の学歴，出身学校，職業，家族構成，人柄を事件とのつながりを説明した情報を伝えた。特に，雷洋の娘がすぐ生まれること，雷洋の名門大学の出身，誠実な人柄などの情報が多かった。

「警察」主題は主に事件が発生したのち，事件に関する経緯説明，暴行の否定などの対応に関してであった。

「メディア」主題は主にCCTVが，事件に関わる売春婦に取材したことを批判した。批判の焦点は，中央テレビは警察の暴行に対する疑問の提示よりは，警察側が主張した雷洋の買春行為を一方的に報道。明らかに主流メディアが世論を誘導しようとした。

「社会」主題は雷洋の同窓たちがネットを通じて事件の真相を追及する署名活動，ネットユーザーが事実を追及する呼びかけの活動などに関する情報を伝えた。

「国家」主題の書き込みは，微博や知乎掲示板の発信が削除されたことは，国家の政治体制によるものだったと中国の情報操作と批判した。そのほか，国家の法治程度に対する失望や今後への期待の声が現れた。

以上の分析によると，天涯掲示板の「雷洋事件」に関する書き込みは主に事件にめぐる疑問点，警察の暴力行為への疑いであった。

3　7・23事故と8・12事故より強い批判性

以上の書き込みの主題はどのようなイメージを伝えたのか，中立な態度で事件にする情報を伝えたのか，それともマイナスなイメージを伝えたのか。以上の問題を明らかにするため，書き込みの内容が与えた印象を分析した。ここで

13　法に照らして国を治めることを指している。

第6章　ソーシャルメディアと社会安全事件〈世論〉形成｜185

表6-2　書き込みのイメージの件数と割合

（単位：上段 件，下段 %）

	プラス	中立	マイナス	合計
天涯掲示板	2	169	470	641
	0.3	26.4	73.3	100.0

は，事件に関する情報を提供することは中立イメージとし，事件に関する問題
点の提出や警察，制度への指摘などはマイナスイメージとし，賞賛する内容は
プラスとした[14]。

　表6-2によると，マイナスイメージの書き込みの割合は73.3%であったの
に対して，プラスイメージの書き込みと中立イメージの書き込みはそれぞれ
0.3%，26.4%であった。プラスイメージの書き込みは2件しかなかった。圧
倒的に多かったマイナスイメージの書き込みは主に，警察側による暴行と逮捕
に関する疑い，雷洋の買春と抵抗行為への疑いなど，多くの面から疑問を呈し
た。また，公権力の監視制度，世論コントロール，国家の法律制度を批判した。

　2件のプラスイメージの書き込みは，雷洋の同窓たちが呼びかけた署名活動
への賞賛であった。

　以上の集計結果と分析から，天涯掲示板の雷洋事件に関する書き込みは強い
批判性を持っている特徴が表れた。この批判性は，第4，5章で分析した7・
23事故と8・12事故より強いこともわかった。

4　マイナスイメージは警察，司法制度を指摘したのか

　伝わったマイナスイメージは具体的に何を対象に指摘したのか。

　指摘対象を①「警察側」，②「メディア」，③「制度」，④「雷洋と家族」，⑤
「社会」，に分けて，マイナスイメージの書き込みはどの対象に対して指摘，批
判したのかを調査した（表6-3）。

　その結果，①「警察側」は8割を超えた。主に警察側による暴行と逮捕，警
察側の説明が足りないなど批判であった。そのほか，②「メディア」，③「制

14　書き込みイメージの信頼性検定の結果は，$\alpha = .90$，95%信頼区間の下限は$\alpha = .80$。

表6-3　マイナスイメージの指摘対象別の件数と割合

(単位：上段 件，下段 ％)

	①警察側	②メディア	③制度	④雷洋と家族	⑤社会	合計
天涯掲示板	388	17	25	29	11	470
	82.6	3.6	5.3	6.2	2.3	100.0

度」，④「雷洋と家族」，⑤「社会」はそれぞれ3.6％，5.3％，6.2％，2.3％を
占めている。②「メディア」は中央テレビの事件に関する報道が警察側に主導
されたことと政府による情報操作に焦点を当てた。③「制度」は中国の司法制
度の公平性に焦点を当てた。④「雷洋と家族」は雷洋の買春行為と家族がネッ
ト世論を利用していることの批判であった。⑤「社会」はネットユーザーの感
情的発言への指摘であった。

　このように，マイナスイメージの書き込みは警察，司法制度など多くの面に
公権力の監視機能を果たしてたことがわかる。

5　主な情報源——ソーシャルメディア

　天涯掲示板では，事件に関連する書き込みの情報源はどれほどがオリジナル
なのか，どれほどが既存メディアなのか，どれほどがネットメディアなのか。
前述のように，雷洋事件では，知乎掲示板，新浪微博，微信は事件に関する情
報の伝達，世論の形成に大きな役割を果たしたが，天涯掲示板の書き込みの情
報源には知乎掲示板，新浪微博，微信があったのか。

　ここでは，まず「オリジナル」「通信社」「新聞社」「放送」「ニュースサイト」
「ソーシャルメディア」の六つの名義に分けて集計した[15]。

　その結果は表6-4の通りである。天涯掲示板の雷洋事件に関する書き込み
では，7割はオリジナル発信であった。また，ソーシャルメディアを情報源と
した書き込みも多く，2割を超えた。その他の四つの情報源「通信社」「新聞社」
「放送」「ニュースサイト」はそれぞれ0.0％，0.6％，3.2％，4.9％であり，大
きな差はなかった。

15　書き込み情報源の信頼性検定の結果は，$\alpha = 93$　95％信頼区間の下限は$\alpha = .89$。

表6-4　書き込みの情報源の内訳

（単位：上段 件，下段 %）

情報源	オリジナル	通信社	新聞社	放送	ニュースサイト	ソーシャルメディア	合計
発信件数	331	0	3	15	23	98	470
	70.4	0.0	0.6	3.2	4.9	20.9	100.0

表6-5　ソーシャルメディアの情報源の内訳

（単位：上段 件，下段 %）

ソーシャルメディア	新浪微博	知乎掲示板	微信	明示されていないソーシャルメディア	合計
発信件数	17	23	45	13	98
	17.3	23.5	45.9	13.3	100.0

　また，ソーシャルメディアを「知乎掲示板」「新浪微博」「微信」「明示されていないソーシャルメディア」の四つの名義にわけて集計した。

　表6-5によると，ソーシャルメディアを情報源とした書き込みには，微信からの発信を転載したのが45.9％と多かった。そのほか，新浪微博，知乎掲示板もそれぞれ2割ほどを占めている。

　以上の分析から，天涯掲示板は主にオリジナル情報とソーシャルメディアを情報源とした情報を発信した。ソーシャルメディアの中，微信が最も利用され，その次は，新浪微博，知乎掲示板であった。ソーシャルメディアが事件の主な情報源になったことがわかった。

6　権力と闘うコメント

　天涯掲示板における書き込のみならず，書き込みに付随するコメントも「雷洋事件」に対するネット世論の態度を代表していると言えるだろう。ここでは，天涯掲示板の書き込みに対するコメントの態度を「感情の発散」（驚き，祈り，悲しみ）「疑問・指摘・批判」「動員」（真相の追及と関係法律・制度の改革の呼びかけ）「賞賛」の項目に分けて，集計した。抽出されたコメント数8,400件である[16]。その中では，態度を表明せず単に情報を提供した内容と事件を分析した

表6-6　書き込みに付随するコメントの態度の分析[17]

（単位：上段 件，下段 %）

感情の発散	批判・指摘・疑問	動員	賞賛	合計
963	5,404	496	220	7,083
13.6	76.3	7.0	3.1	100.0

内容も多かった。ここでは，「情報提供」コメントの102件と「分析」コメントの894件を除いて分析した。そのため，コメントの態度を分析する対象となったのは，7,083件である。

　集計した結果は表6-6に見る通り，「感情の発散」コメントが13.6%である。また，「批判・指摘・疑問」の態度を伝えるコメントが76.3%と最も多かった。その一方，事件の真相を追究する署名活動を呼びかける「動員」コメントは7.0%（496件），雷洋の同窓たちが呼びかけた署名活動への「賞賛」コメントは4.7%（20件）と少なかった。

　また，事件の展開にしたがって，書き込みに付随するコメントの態度も変わっていった。ここでは，「注目の初期」（5月9日〜12日），「注目の発展期」（5月13日〜20日），「事件の展開期」（5月21日〜7月7日），「事件の沈静期」（7月8日〜）四つの期間に分けて，天涯掲示板の書き込みに付随するコメントの態度の変化を調査した。

　表6-7から，コメントの態度は以下のように変化している。

　事件の注目された初期には，コメントのほとんどは警察側の不法逮捕と逮捕にあたる暴行などに焦点を当てた「批判・指摘・疑問」であった。そのほかの1割は警察側の暴行への怒りなど「感情の発散」であった。

　また，注目の発展期には，事件の社会影響力の拡大と報道されるメディアの増加とともに，コメントの態度も変わっていた。「批判・指摘・疑問」は初期より少々減ったが，8割を占めている。その批判の中心は警察側への批判のみならず，メディアの偏向的な報道や政府の世論コントロールまで拡大している。

16　文字内容があるコメント数である。「いいね」など絵文字を含まない。
17　書き込みに付随するコメントの態度の信頼性検定の結果は，$\alpha = .82$　95%信頼区間の下限は $\alpha = .77$。

表6-7　期間別のコメントの態度の内訳

（単位：上段 件，下段 %）

	感情の発散	批判・指摘・疑問	動員	賞賛	合計
5月 9 日～12日（注目の初期）	372	2,150	0	0	2,522
	14.8	85.2	0.0	0.0	100.0
5月13日～20日（注目の発展期）	382	2,894	294	83	3,653
	10.5	79.2	8.0	2.3	100.0
5月21日～7月3日（事件の展開期）	207	332	191	137	867
	23.9	38.3	22.0	15.8	100.0
7月 4 日～（事件の沈静期）	2	28	11	0	41
	4.9	68.3	26.8	0.0	100.0

「感情の発散」は減ったことに対して，事件の真相を追究する「動員」コメントと事件の真相の追究に努力している人々への「賞賛」コメントがやや増えた。

　事件の展開期には，「批判・指摘・疑問」コメントは4割ほどを占め，依然として多かったが，前の2期より大幅に減った。その一方，警察側，国家司法制度，政府の情報操作，雷洋の買春行為など多くの側面に怒りを爆発した「感情の発散」「動員」「賞賛」がそれぞれ1.5～2.5割ほどを占めた。つまり，コメントの態度は多様化になっている。

　事件の沈静期には，「感情の発散」はわずか4.9％しかなかった。主な態度は国家司法制度への失望を表す「批判・指摘・疑問」とネットユーザーがこの事件の真相を引き続き追及する呼びかけ「動員」であった。

　表6-8によると，「公権力の監視制度への不満」態度は注目初期の12％から徐々に増え，事件の沈静期には39.3％にもなった。注目の初期には主な態度となった「警察側による暴行と逮捕に関する疑い」は注目の発展期まで維持したが，事件の展開期には急減し，事件の沈静期には消えた。「雷洋の買春と抵抗行為への批判」「メディアの報道に対する批判」は主に事件の注目の発展期と事件の展開期に現れたが，少なかった。「雷洋の買春と抵抗行為へ疑い」は主に事件の注目初期に現れ，その後少なかった。「世論コントロールへの不満」と「法治

190

表6-8　期間別の批判・指摘・疑問のコメントの態度の内訳

(単位：上段 件，下段 %)

	公権力の監視制度への不満	警察側による暴行と逮捕に関する疑い	雷洋の買春と抵抗行為への批判	雷洋の買春と抵抗行為へ疑い	メディアの報道に対する批判	世論コントロールへの不満	法治国家になれるのかへの指摘	合計
5月 9 日～12 日 (注目の初期)	259	1,302	11	503	18	55	2	2,150
	12.0	60.6	0.5	23.4	0.8	2.6	0.1	100.0
5月13日～20 日 (注目の発展期)	680	1,664	120	54	70	177	129	2,894
	23.5	57.5	4.1	1.9	2.4	6.1	4.5	100.0
5月21日～ 7月3 日 (事件の展開期)	89	41	12	36	6	62	86	332
	26.8	12.3	3.6	10.8	1.8	18.7	25.9	100.0
7月 4 日～ (事件の沈静期)	11	0	0	2	0	7	8	28
	39.3	0.0	0.0	7.1	0.0	25.0	28.6	100.0

国家になれるのかへの指摘」は初期から現れ，徐々に増え，事件の沈静期まで主な態度となった。

　表6-7，6-8に関する分析と前述した事件の経緯と合わせて考えると，事件の発生した直後，雷洋の友人である「知乎」掲示板の人気アカウント「山羊月」が書き込んだ「父になったばかりの人民大学の修士はなぜ1時間で変死したのか」というタイトルの文章が問題にした，雷洋の死亡に関するいくつかの疑いの転載が「注目の初期」に形成された「批判・指摘・疑問」と「感情の発散」態度の主因だと考えられる。その後，警察側はネットを通じて関連情報を公開したが，雷洋の死亡原因については説明しなかった。このような誠意の足りない説明は，警察への批判が高まっている世論を刺激した。そして注目発展期には「批判・指摘・疑問」の批判対象は警察側から国家司法制度，政府の言論統制などの体制問題に発展した。一方，この期間には，ソーシャルメディア事業体と政府が世論コントロールをし始め，雷洋の買春の事実を大々的に報道し，世論の注目点を雷洋の死亡から雷洋の道徳的な過失などに誘導した。また，「五毛党[18]」を雇って「雷洋」の悪口や警察側への有利な発言の発信を煽った。その結果，事件の展開期には，世論は権力への批判と雷洋の買春行為への道徳

的批判の二つの方向に割れていた。事件の沈静期には，警察側の不当逮捕がすでに明らかとなったので，コメントの態度は公権力の監視制度，司法制度，世論コントロールの3点をめぐって権力を批判した「批判・指摘・疑問」と，権力との対抗を呼びかける「動員」が多数を占めた。

第4節　新浪微博に残っている発信

　雷洋事件が全国民に注目されてから，事件に関する発信が次々と政府やソーシャルメディア業者によって削除された。知乎掲示板をはじめ，新浪微博，微信など影響力があるソーシャルメディアにおいて，転載数とコメント数の多い書き込みが削除されたり，他のユーザーに遮断されたり，コメントする機能が禁止されることが多くなった。また，新浪微博の「公知[19]」である大V[20]の関連発信は遮断，削除されたのみならず，「五毛党」の感情的な発言がコメント欄に多く書かれた。また，事件の展開期から，「雷洋」という用語はネット検索禁止語になり，知乎掲示板と新浪微博で「雷洋」を検索すると，関連発信は表示されないようになった（図6-2）。

　筆者の調査結果によると，新浪微博のホームページから「雷洋」に関する書き込みの検索結果は表示できなかった[21]（図6-3）。ただし，一部のアカウントが発信した書き込みはアカウントのホームページからは閲覧可能である。筆者は事件に最も関わっている雷洋の妻と弁護士「陳有西」が発信した書き込みを調査し，それらの書き込みと書き込みに付随するコメントの特徴を分析した[22]。

18　政府に都合のよい書き込みをネットに発表する「ネット評論員」は「五毛党（ウーマオダン）」と呼ばれる。1件当たりの書き込みが5毛（10円ほど）の報酬であることから，この名が付いた。

19　「公共知識人」の略語である。政治や社会問題に強い関心と責任感を持ち，勇気をもって発言，行動する知識人のこと。

20　微博上で50万人のファンが付いているブロガーは，VIPアカウントの待遇になると言われていて，"VIP"のVをとって"大V"と呼ばれている。大きな社会影響力を持ち，ネット世論をリードすることもある。

21　検索結果の表示できない理由について，関連法規や政策の規制によるものだったと説明されているが，どの法規制に規制されていることについては述べなかった。

22　雷洋の妻と弁護士"陳有西"新浪微博アカウントが発信した書き込みの一部が削除され，コメント機能も一時的に禁止された。そのため，ここで分析したのは閲覧できる書き込みと書き込みに付随するコメントである。

図6-2　知乎掲示板の雷洋事件の検索結果

図6-3　新浪微博の雷洋事件の検索結果

1　注目初期と展開期に集中した発信

　図6-4によると，雷洋の妻と弁護士の陳有西の発信件数は，多くのネットメディアが事件の情報を発信し始めた5月10日～12日と，関係者の警官の職務怠慢罪による逮捕を決定した6月30日までの1週間に集中している。それは，

図 6-4　雷洋事件関係者の発信件数の変化

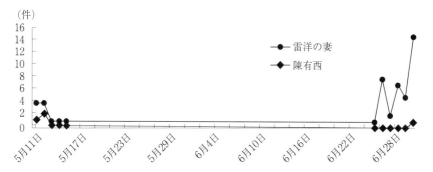

事件の注目と事件の展開に応じて，事件に関する情報や進展情報などが多く提供されていたからだと考えられる。雷洋の妻の発信のほとんどは 5 月 10 日〜12 日に集中していた。それは警察側が公開した「通報」に対する疑いと，事件に関心を持つ方々への感謝であった。その後，弁護士の陳有西が雷洋の家族の代弁者になり，新浪微博のアカウントより訴訟の進展情報を公開していた。6 月 30 日に，雷洋の妻が「私は法律の公正を信じている。司法機関の決定と司法鑑定の結果を信じる。司法機関は独立かつ公正的に事件を審査できると信じる」との態度を明示した。

弁護士の陳有西の発信は主に，事件に関する自らの理解と疑問点，訴訟の進展，デマや「五毛党」の指摘，情報操作への批判であった。事件の注目の発展期と事件の展開期には主に訴訟に関する進展を報告し，訴訟に関する疑問点を回答した。検死鑑定の意見書を公表した 6 月 30 日までの 1 週間，陳有西は新浪微博を通して雷洋の公務員の職業などデマに反論し，「五毛党」の世論を混乱させる発言に批判し，事件の検死鑑定を公開した。

2　雷洋事件関係者の微博書き込みの態度

事件の関係者が事件への態度は一般のユーザーより複雑だろう。そのため，「感情の発散」（驚き，祈り，悲しみ）「疑問・指摘・批判」「動員」（真相の追及と関係法律・制度の改革の呼びかけ）「賞賛」の四つの項目に当てはまらない態度が

表6-9　雷洋事件関係者の微博への書き込みの態度の内訳

（単位：上段 件，下段 %）

	感情の発散	批判・指摘・疑問	動員	称賛	その他	合計
陳有西	0	28	0	1	0	29
	0.0	96.6	0.0	3.4	0.0	100.0
雷洋の妻	0	2	0	1	1	4
	0.0	50.0	0.0	25.0	25.0	100.0

現れる可能性もある。ここでは，「その他」の項目を増設し，調査した。

　その結果，弁護士の陳有西の書き込みのほとんどは「批判・指摘・疑問」であった（表6-9）。その他の1件は事件に関心を持つ方々への感謝であった。また，「批判・指摘・疑問」態度の焦点は，雷洋事件に関する疑い，警察側が公開した情報の不透明，世論のコントロールに当てた。陳有西の新浪微博が5月16日から，何度も外部操作され，ブログは転載禁止，コメント禁止などが続いていたので，陳有西は言論規制に対する不快感を頻繁に書き込んでた。

　雷洋の妻の発信は4件しか閲覧できなかった。その2件は雷洋が死亡したことに対するいくつかの疑い（買春の動機，死亡原因など）と警察側の世論誘導への批判であった。1件の賞賛は事件に関心を持つ人々への感謝でった。「その他」の1件は「法律の公正を信じる」を表す態度であった。

　以上の分析によると，2人の関係者とも雷洋の死亡に関する疑問点，世論誘導への批判，事件に注目した人々への感謝の態度を表した。その中でも，雷洋の死亡に関する疑問点や世論誘導への批判の態度は強かった。

3　関係者の書き込みに付随するコメントの態度の変化

　抽出された1,450件書き込みに付随するコメントには，雷洋の妻のアカウントから発信された書き込みに付随するコメントが200件，陳有西の書き込みに付随するコメントが1,250件あった。その中には，態度を表明せず単に情報を提供した「情報提供」コメントの55件と事件を分析した「分析」コメントの72件があったので，これらを除いて分析した。したがって，分析対象となったコメントはそれぞれ1,159件と164件である。

表6-10　陳有西の書き込みに付随するコメントの態度の内訳

（単位：上段 件，下段 %）

	感情の発散	批判・指摘・疑問	動員	称賛	合計
5月9日～12日（注目の初期）	21	120	0	0	141
	14.9	85.1	0.0	0.0	100.0
5月13日～20日（注目の発展期）	9	79	7	0	95
	9.5	83.2	7.3	0.0	100.0
5月21日～7月3日（事件の展開期）	50	654	38	0	742
	6.8	88.1	5.1	0.0	100.0
7月4日～（事件の沈静期）	8	146	27	0	181
	4.4	80.7	14.9	0.0	100.0

　表6-10によると，陳有西の書き込みに付随するコメントのほとんどは「批判・指摘・疑問」であった。この態度は四つの期間にかけて主要な態度であったが，それぞれの期間には異なる「批判・指摘・疑問」の焦点があった。5月9日～12日（注目の初期）には，「批判・指摘・疑問」コメントの議論の中心は死亡に関する疑問点や，乱暴な逮捕と買春した雷洋の道徳問題であった。それに対して，5月12日～20日（注目の発展期）と5月21日～7月3日（事件の展開期）の前半では，議論の中心は雷洋の死亡に関する疑問点，警察側の乱暴な逮捕から環境保護活動家の雷洋の死亡，常州の毒地面事件の調査との関係，買春に行った雷洋の道徳問題など多くのデマと憶測に展開した。これは警察側が都合のよい情報しか公開しなかったことと，一部の「五毛党」がネットを通じてわざと情報を混乱させたからと考えられる。5月21日～7月3日（事件の展開期）の後半と7月4日～（事件の沈静期）には，「批判・指摘・疑問」の焦点は中国の法執行と司法過程の不透明さ，警察側の乱暴に当てられた。つまり，陳有西の書き込みに対するコメントは，政府と司法の不公正に不満を持ったまま世論が収まったことになる。

　表6-11から，雷洋の妻の書き込みに付随するコメントでも，「批判・指摘・疑問」が主な態度であった。また，その態度は事件の展開にしたがって強くなっ

表 6-11 雷洋の妻の書き込みに付随するコメントの態度の内訳

(単位：上段 件，下段 %)

	感情の発散	批判・指摘・疑問	動員	称賛	合計
5月 9 日〜12 日 （注目の初期）	8	31	6	0	45
	17.8	68.9	13.3	0.0	100.0
5月13 日〜20 日 （注目の発展期）	7	62	5	4	78
	9.0	79.5	6.4	5.1	100.0
5月21 日〜7 月 3 日 （事件の展開期）	0	24	2	0	26
	0.0	92.3	7.7	0.0	100.0
7 月 4 日〜 （事件の沈静期）	0	15	0	0	15
	0.0	100.0	0.0	0.0	100.0

ている。しかし，それぞれの期間に「批判・指摘・疑問」の対象は異なった。5 月 9 日〜12 日（注目の初期）には，「批判・指摘・疑問」コメントの議論の中心は死亡の過程の疑いであった。5 月 12 日〜20 日（注目の発展期）と 5 月 21 日〜7 月 3 日（事件の展開期）の前半には，その中心は雷洋に対する道徳的な批判と警察の世論誘導への批判，警察の法的責任の追及の指摘に変わった。5 月 21 日〜7 月 3 日（事件の展開期）の後半と 7 月 4 日〜（事件の沈静期）には，「批判・指摘・疑問」の焦点はまた中国の法執行と司法過程の不透明さ，制度の不公平に変わった。

2 人の関係者の書き込みに対するコメントの「感情の発散」は主に警察，法律，国家の制度に感情的な発言であった。また，「動員」は政府に警察の法的責任の追及を求める呼びかけであった。

以上の分析によると，事件の関係者の書き込みに対するコメントの態度は主に警察への責任の追及であった。警察の世論誘導によって雷洋の買春行為への批判態度もあったが，主導的な態度になれなかった。だが，このような「民衆参加式の真相追及」事件は，警察の不起訴とネットユーザーが司法制度に不満を募らせたままに終わった。

第5節　ネット世論は制度的な改革を促せなかった

以上の分析結果から，次の4点が考えられる。

第一に，ソーシャルメディアは事件の主な情報源になった。ソーシャルメディアの中で，微信が最も利用され，その次は，新浪微博，知乎掲示板であった。これは中国のソーシャルメディアの利用状況の変化と事件の情報拡散の特徴に関わっている。まず，微信が中国で最も利用されてるソーシャルメディアだからである[23]。また，事件が注目されたきっかけは雷洋の親友が知乎掲示板で書いた投稿であった。それに，微博は事件の関係者が情報を公開する主な媒体であった。

第二に，天涯掲示板と関係者の微博アカウントの書き込みは主に公権力の監視機能を果たした。それらの書き込みに対するコメントも主に公権力の監視機能を果たした。つまり，複数の小公共圏では，雷洋事件に関する公権力の批判に関する議論が集まった。

第三に，天涯掲示板と関係者の微博は強い批判性を持っている特徴が現れた。この批判性は，8・12事故と7・23事故より強い。それは雷洋のような多くの中産階級の中核的な利益－命に関わっているからと考えられる。過去の10年間，中国の都市中産階級は拡大し，2015年11月には2億人を超えた[24]。この事件で保守的な中産階級は政治的に覚醒し，自らのネットワークを利用し，インターネットを通じて動員を始め，公民の権利を要求し，中産階級を主体とする抗争政治が動員を深めた。

第四に，権力と対抗したネット世論は政府の対応に影響を及ぼしたが，改革的な制度上の改善の役割は果たせなかった。事件は最終的に関連警察の不起訴という曖昧な形で終息したことは，中国政府は今後も，より厳しい法制度で警察の恣意的な職権行使には歯止めをかけないことを意味するだろう。結局，似たような事件がまた発生することも考えられる。

23　「2016年中国社交媒体行業市場現状及発展前景分析」（http://www.chyxx. com/industry/201605/415536.html〔2017年4月25日〕）。

24　捜狐財経「中国中産階級人数已超過2億」（http://business.sohu.com/20151117/ n426657041.shtml〔2017年4月25日〕）。

一方，この事件に形成された権力と対抗する世論は，権力の恣意的な職権行使に警告を発する役割を果たしたとは言えるだろう。また，中産階級の市民権利の擁護運動を再び活発化させることは，中国式の公民社会の形成に影響を与えることとなるだろう。

第7章
突発事件報道の変容とあり方

はじめに

　本書は，中国で 2003 年以降の 14 年間に中国で発生した大規模な突発事件を取り上げ，その報道内容を明らかにし，また政府の行動およびメディアの行動との連動を検討しながら突発事件報道の実態の分析を行った。そこで今一度，本研究の原点に立ち返り，この 14 年間で中国の突発事件報道の何が変わったかを確認する。本書は，「中国政府の報道規制がいかに調整しているのか」「突発事件における中国メディアの報道内容，報道姿勢がどう変わったのか」「突発事件における中国メディアの報道機能に何が変化したのか」「ネット世論による政治への影響はどう変わっているのか」という 4 点をめぐって検討を重ねてきた。また，序章の提示した三つの仮説——「21 世紀に入って，急速な社会経済の変化やネットメディアの普及を背景にした市民の意識変化や情報へのニーズ拡大が，中国政府へ何らかの圧力をかけている。中国の突発事件に関する情報公開が質・量的に一層進んでいる」「ネットメディアの普及にしたがって，既存メディアやネットメディアが，それぞれの特長を活かし，また互いの発信する情報を利用し合い，メディア全体で情報の量と質が向上している」「中国政府は情報公開を拡大する一方で，メディアへの新たな規制の導入・強化も始めているが，それらは市民による政府の情報公開への圧力や報道の自立を目指す各種メディアの動きをより一層活発化させ，やがてメディアの報道機関としての機能の向上がもたらされる」を検証するために，SARS 事件，四川大震災，7・23 鉄道事故，8・12 天津爆発事件，雷洋事件の五つの事件を取り上げ，それぞれにおける報道内容あるいは報道内容およびネット発信を分析した。

　本書のまとめとして，以下ではこの 5 事件の報道に関して行ってきた分析結

200

果を整理しながら，三つの仮設の検証結果と中国の突発事件報道の変容の特徴および報道の問題点と合わせて総括する。そしてそれらをもとに，中国の突発事件報道の変容における問題点を指摘し，突発事件に関するネット世論が政治に与える影響力の変化を論じ，突発事件報道の今後のあるべき姿や中国突発事件報道の可能性を考察したい。

第1節　近年における突発事件報道の変容

　本書第1章では，突発事件報道に関する法規制の検討を通じて，2003年までの中国の突発事件報道は，前期（1948～1979年）および後期（1980～2003年）の二つの時期に大別されることを論じた。すなわち前期は政治闘争を宣伝するという特徴があり，後期にはプラス宣伝を主とする，という顕著な特徴が見出された。前期において突発事件報道のあり方を規定したのは，社会的，経済的要因ではなく政治サイドからの一方的な要求であり，それらによって報道の方針，路線は恣意的に変えられた。すなわち当時は政治闘争の宣伝を報道が担っていたと言うべきである。その一方で後期においては，海外メディアが中国内に駐在することから生じる種々の圧力によって，突発事件報道に関する政府認識が変わり，突発事件の情報公開に関する行政法規の整備が促された。それでもなお，既存の「事件そのものの情報はニュースではなく，対応（救援活動など）がニュースである」という報道観念は，依然として報道の実践に影響を与えていたと言えよう。

　次に，本書第2章から第6章の分析を通じて，2003年から14年間における中国の突発事件報道の変容の大きな特徴として，①情報の公開が迅速になっていること，②情報がより多く提供されるようになっていること，③市民に関わる宣伝報道が増えていること，④メディアが政府に対抗する点があること，⑤ネットメディアにより形成された世論が政府の対応や既存メディア世論に与えた影響が顕著になっていること，⑥突発事件報道が変容しているにもかかわらず共産党が構築しているメディアのイデオロギー管理体制は変わっていないこと，という6点の特徴を明らかにした。これらの変容の要因として考えられる点は，メディアのデジタル化によってもたらされたネットメディアの台頭など

の技術革新や，報道に対する社会的な種々の要求の高まり，そして政治コントロールである。

1　メディアによる情報伝達の変容と政府の情報操作

情報公開のスピードが速まっていることは，四川大震災，7・23鉄道事故および8・12天津爆発事件後，各種のメディアを通じて情報が報道されたことから明らかとなる。四川大震災が発生してから10分後，四川省と市レベルのラジオは地震について速報し，また地震発生後18分には新華網が地震の速報を伝え，1時間後には新浪ニュースサイトが震災特集ページを作った（楊・劉2010：132-3）。また7・23鉄道事故と8・12天津爆発事件の際は事故に関する情報がリアルタイムで伝達されたことの背景には，ソーシャルメディアの活躍があった。これらによって，政府による情報隠蔽が行われたSARS事件時とは大きく異なり，迅速な情報公開がもたらされたと言えよう。

このような突発事件報道の迅速化や情報量の増加の要因として，以下の3点が考えられる。

第一に，政府による情報公開への姿勢が変わったことである。上述のように第1章での突発事件報道に関する制度の分析から，改革開放から2003年のSARS事件までの間に中国における多数の突発事件に関する情報規制は緩められてはいたが，情報公開の程度は当局の政治コントロールに大きく影響されていた。しかしSARS事件を経験したあと，中国政府は重大な突発事件に対して情報公開の方針を採り，「突発公共衛生事件に対する緊急対応条例」「家突発公共事件応対応（応対）法」などの突発事件公開に関わる条例を公布し，突発事件に関する情報公開が法制化された。そのために，既存メディアの新聞，放送は四川大震災，7・23鉄道事故，8・12天津爆発事件，雷洋事件に関して迅速に報道することが可能となり，メディアはある程度の自主的な取材・報道活動も認められ，その結果として突発事件に関する情報が多く報道されるという結果につながった。

しかし，それと同時に情報公開には依然として政治情勢の影響が存在することが，本書第2章から第6章までの突発事件報道の内容分析から明らかになった。この点についてはすでに西（2008）が，SARS事件報道の分析によって「人々

が政治の情報公開や，メディア報道の自主的な空間の拡大，および関連法規の整備に対する期待は高まった」（西 2008：178）が，その一方で，政府による「大胆な報道改革の動きが見られなかった」（同上：178）のであり，政府は「権力側の全能政府の体制下における情報管理理念の転換はまだ行っていない」（同上：178）ということが指摘されている。また，本書は SARS 事件以降の四川大震災，7・23 鉄道事故，8・12 天津爆発事故，雷洋事件の報道内容とネットメディアの発信の分析から，中国の多数のメディアは迅速に事件に関する情報を公開したことを明らかにし，突発事件に関する情報公開の法整備前とは大きな違いが見られたことを指摘した。この点は中国メディアの突発事件報道が変容した実態を検証することができたという意味で重要である。

　第二に，ネットメディアの活用によって，情報伝達ルートが変わってきたことである。ネットメディアが普及していない時期には，突発事件の情報伝達は主に公的部門から既存メディアというルートを通じて行われた。

　その伝達のルートは図 7 - 1 で示しているように，突発事件の発生直後において，発生地の当局が上級部門に報告し，上級政府が行政レベルの高い部門に報告する。これは突発事件をどのタイミングで，どのような内容の情報によって市民に伝えるかをすべて政府が判断するためであり，よって各級の地方政府による上級政府への報告や情報開示の判断には時間がかかることになる。また，地方政府が上級政府に事実を隠すことも，また中央政府が市民に情報を隠すことも生じやすい。

　2003 年の SARS 事件では，ネットメディアの普及率がまだ低く，しかもその中で利用率が高いネットサービスは，ニュースサイトや 1 対 1 のチャットルームに限られ，微博のような SNS などはまだ存在しなかった。そのため，一般の市民が短時間で多数に対して情報を発信するルートはほぼ存在しなかった。すなわち当時の突発事件の情報伝達のルートは，図 7 - 1 に示した通りである。しかも，政府が情報を隠蔽したために，このルートの中の最も信頼性を持つ情報源からの情報伝達が中断されたのであったが，実際には市民の間では携帯，電子メールなど狭い範囲ではあったが素早く流言が広がっていた。そして SARS 事件の情報公開期に入ると，流言がなくなった。この事態の推移は，序章において言及した流言の拡散の図式，すなわち市民が状況が不明な環境に置

図7-1　突発事件の情報伝達ルート

```
        報告          情報              報道
突発事件 ──→ 政府 ──→ 既存メディア ──→ 市民
```

かれると不安を抱えるようになり，流言が市民の間に短時間で拡散する，という図式と一致するものである。しかし，基本的な情報伝達のあり方が図7-1の通りである以上，市民による政府の対応への意見やフィードバックは政府に届かず，また政府にコントロールされている既存メディアは市民の声を反映しにくいものであった。そのため，SARS事件の場合，情報公開期になっても政府の対応に対する検証報道はほとんど見られなかった。

　ところが2008年の5・12四川大震災のときには，中国におけるメディアを取り巻く環境は大きく変わっていた。すなわち，ネットメディアの普及，とりわけブログや掲示板の普及にしたがって，突発事件の情報伝達ルートが増えてきたと同時に，情報伝達は図7-1のような一方的な動きであった従来のルートとは全く異なり，既存メディアに加えてネットメディアと市民の間での動きという，多チャンネル化と双方向化の傾向が見られるようになった。このような双方向的なモデルの特徴は，微博が普及した2011年の7・23鉄道事故と2015年の8・12天津爆発事件の報道の際にはより顕著であった。謝ら（2009：38）はそのモデルを図7-2のように構築している。

　突発事件が発生した直後，突発事件の経験者がインターネットあるいは携帯電話などニューメディアを利用し，情報①を人々に伝える。この情報①はネットメディアを経由して速く拡散でき，この情報①は主に②既存メディア，⑤政府，⑥市民，に流れる。また，一部の市民が受信された情報をネットメディアを通じて親友に転送する。ネットメディアの双方性によって，ユーザーが事件に対する評論などフィードバック②をネットメディアを通じて他のユーザーや伝統メディアおよび政府に届ける。また伝統メディアが事件の経験者が発信した情報①を受信したあと，自社の記者の取材に基づき，加工された情報③を報道する。それと同時に，政府部門が突発事件に関する情報を受けたあと，緊急対応措置を取り，事件原因を調査し，既存メディアやネットメディアを通じて

図7-2 ネットメディア時代における突発事件に関する情報伝達モデル

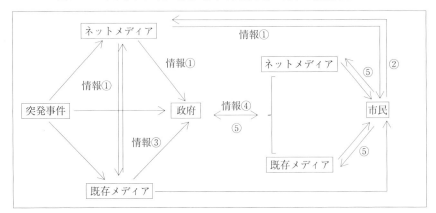

注：②，⑤は市民が受信後のフィードバックを表している。

情報④を公表する。市民は政府が公表した情報④を受けたあと，ネットメディアや既存メディアを通じて，それらの情報に対する評論などフィードバック⑤を伝える。

　この情報伝達モデルの特徴は，突発事件の情報源に政府とともに市民が加わったことである。突発事件を経験，あるいは目撃した市民がネットメディアを通じて政府，既存メディア，一般市民など複数の個人や団体・組織に突発事件に関する最新情報を伝えるという動きが生じた。そしてその結果，市民からの情報を伝える媒体としてのネットメディアが，政府および既存メディアにとっての情報源にもなっている。

　以上を踏まえると，ネットメディア時代の突発事件に関する情報の伝達パターンは以下の3点にまとめられる。すなわち，①突発事件が発生した直後，事件の経験者・目撃者はネットを通じて事件に関する情報を発信し，その情報がネット上で様々に転送され，影響力が拡大し，さらに注目した既存メディアもそれを報道しさらに拡大する，②既存メディアが先に速報するとともにネットメディア上からも情報を収集し，より深く事件を掘り下げて報道すると同時に，ネット上の発信によって，多くのネットユーザーが事件への関心を高める，③既存メディアとネットメディアがほぼ同時に速報し，市民が既存メディアとネットメディアの両方から情報を得た上で，ネットメディアにおいて事件に関

して議論し，さらに既存メディアがそれらを収集・報道することで，市民の意見が世論上に反映される，という三つのパターンである。既存メディアとネットメディアの連携が，突発事件に関する情報伝達の新しい動向を特徴付けていると言えよう。

　第三に，市民の情報へのニーズが多様化している点が挙げられる。特に中国社会の経済的な発展に伴い市民の生活が豊かになり，市民生活に関わる経済，インフラ，健康・安全など多数の側面の情報に対するニーズが増えている。そのため，突発事件の情報伝達は突発事件の死傷者数，被害状況のみならず，ライフライン，インフラの回復状況，政府の対応策の説明など市民の生活に緊密に関わっている多数の情報が求められるようになっている。

2　市民に関する宣伝報道の増加

　プラスイメージ報道を主とする宣伝方針は，中国の突発事件報道に大きな影響を与えてきた。しかしその報道の実態は時代の推移によって大きく異なる。唐山大震災における震災報道は，毛沢東主席や党中央と各級の指導者らが被災地を指導し，「災害と闘う」という宣伝活動を主とするものであり，そのために人心を鼓舞する目的で党と政府のプラスイメージを打ち出したものだったと言える。しかし，SARS事件では情報公開期からプラスイメージ報道が多く見られるようになっていたが，その多くは一般市民として医療関係者が救助活動で活躍したことに対する賞賛であった。そして5・12四川大震災では，政府を報道対象とした救援活動の宣伝が少なくなった一方，一般市民に焦点を当てた救援活動報道が多かった。また，7・23鉄道事故の報道では，政府による救援活動の報道はほとんど見られず，市民による自発的な献血など救援，救援活動の報道が多かった。

　このような変化が生じたことの背景には三つの要因があると考えられる。第一に，宣伝報道の効果が大きく変わったことが考えられる。建国から改革開放に至るまで情報ルートが極めて限定的であった中国では，その当時のメディアの宣伝効果は強力であったと推測できる。しかし改革開放の結果として，経済が急速に発展したほか，海外からの民主的な思潮の流入や市民の主体的な意識の向上などももたらされた。特に情報伝達の即時性・伝達性・双方向性・発信

性・公開性に優れるインターネットが中国で普及し，受け手と送り手の双方の
スタンスに立ちうる市民が自主的な発信意識を持ちつつ，情報収集や情報発信
を同時に行うようになってきた。本書第4章の7・23鉄道事故の分析で述べた
ように，民主的な意識が高まってくる中で，市民はもはや主流メディアが党と
政府の意向に偏って宣伝する報道のあり方に満足してはおらず，さらには政府
の施策に対する監視報道をも期待するようになってきている。これまで党・政
府のイデオロギー的な宣伝報道が繰り返された結果，市民がそれを強く嫌悪し
たことで，宣伝効果が薄れる結果につながったと考えられよう。

　このような背景・経緯の下，中国当局が突発事件における市民の知る権利や
救援・救助などの役割を重視するようになってきている。それは特に，唐山大
震災やSARS事件などといった大きな被害を引き起こした突発事件を経験し
たあと，中国当局は，情報隠蔽が被害者を増加させ，国家イメージが損なわれ，
市民が政府への不信を募らせ，結局は経済および社会の不安などといった深刻
な結果を招く，ということを認識したからである。それゆえ指導者が突発事件
報道を一層重視し，とりわけ市民が突発事件において果たす救援・救助の役割
や，被害者の状況に注目し，政治性に偏った宣伝よりも，市民の宣伝報道を多
くする傾向が見られるようになっている。そしてこの傾向は中国の執政政権の
政治理念とも関わっている。胡錦濤政権は発足後，「和諧社会」というスローガ
ンを掲げ，「科学的発展観」を提示し，「以人為本（人をもって本となす）」を中国
社会の発展の核心と位置付け[1]——つまり，中国の発展は人民大衆の利益から
発展すべきであるとする[2]——，さらにこのような執政理念を報道で広く公表
してもいる。そして実際に中国メディアは「以人為本（人をもって本となす）」報
道方針にしたがって，SARS時の後期から報道活動を行った。

　また，四川大震災後の2008年6月，胡錦濤首相は『人民日報』を視察したと
き，「人をもって本となすことを堅持する，報道の感染力，人を引き付ける能力
を強化することは報道活動の根本的な要求である。人民の根本的な利益をメ
ディアの宣伝活動の出発点と目的として，現実，生活，群衆に近付き，党の主

1　新華網（http://news.xinhuanet.com/newscenter/2007-10/15/content_6886280.htm〔2014
年6月6日〕）。
2　「胡錦濤"以人為本"的"民本位"思想」人民網（http://theory.people.com.cn/GB/82288/
83849/83857/7374564.html〔2014年6月6日〕）。

張や市民を報道に反映させる[3]」と講話した。これはメディアの宣伝活動は民意や市民の利益を反映すべきであると強調したものと言え，胡錦濤政権が提出した「以人為本」という政治理念は，メディアの報道方針にはっきりと大きな影響を与えていると言えよう。

　第二に，メディアの市場化に伴い，メディアの産業的な性質がますます顕著になってきたことである。購読数および広告利益の追求のためには，市民に好まれる情報を提供するしか選択肢はない。それによって，市場化されたメディアは党と市民の代弁者という二重の役割を果たしてきており，それは突発事件報道の場合にも当てはまる。

　突発事件の発生後，被害状況や被災者の実態，救援活動および各種の対応に関する情報を市民が求めるようになっており，政府を宣伝するような報道にも一定のニーズがあるが，それはさほど高くはない。すなわち市民の需要に応じるならば，政府の対応を宣伝するような報道は少なくなるのが本来のあり方であった。しかし，中国の報道界では長い間本末転倒と言いうる状態であり，「本」となる突発事件に関する被害情報や事件の影響などを報道せず，「末」となる政府の救援活動の宣伝を大規模に行ってきた。だがこの14年間ほどで，ようやくメディア業界がこの問題点を意識し，市民の要望に応じた情報を提供するようになってきており，市民を報道対象とする宣伝報道を多く行っている傾向が見られる。

　そして第三には，中国当局は依然としてメディアの報道内容を監督・管理しているため，プラスイメージ報道を旨とするその方針は変わっていないことである。前述の元胡錦濤首相が『人民日報』を視察したときに行った，「人をもって本となすこと」という講話では，「プラスイメージ報道をする」という方針も強調していた。また，習近平首相も2013年全国宣伝思想工作会議で，「プラスイメージ報道をするという方針を堅持する」と強調した。当局の「プラスイメージ報道を堅持する」という方針の下，報道メディア，とりわけ都市報など商業的メディアが，党・政府の宣伝の代わりに，市民の宣伝報道を選んでいる。

　以上にまとめたプラスイメージの報道，すなわち賞賛の対象の変化は，都市

3　「胡錦濤在人民日報社考察工作時的講話」『人民日報』2008年6月20日（http://cpc.people.com.cn/GB/64093/64094/7408960.html〔2014年6月5日〕）。

報など商業性メディアに限らず，党報である『人民日報』の突発事件報道においても生じた。党の代弁者である『人民日報』は党の宣伝活動を主要な任務としていたことは変わらないものの，党の行為ではなく市民の行った活動を宣伝する報道が SARS 事件の情報公開期から多くなる傾向が見られる。その他，『人民日報』が中央政府機関である鉄道部への批判を行ったことを本書第 4 章での 7・23 鉄道事故報道の内容分析から明らかにした。

それでは，このような変化は，『人民日報』が市民生活への貢献や公権力の監視を重視するような報道改革を推進していることを意味していると言えるだろうか。この問いに対して解答を与えることは困難であるが，少なくともこのような変化が進めば，中国社会に一定の意義を有してくると言えよう。『人民日報』におけるこの種の変化は，党中央が突発事件における市民の状況，市民の動向を注視し，突発事件における関連部門の不当な対応や行政措置に対してメディアを通して関連部門に警告することを意味する。社会問題が深刻になっている中国社会では，党・政府と市民の対立が顕在化し，社会が不安定化する恐れがある。そのような緊張・対立関係を緩和するため，党・中央がメディアを通じて市民の意見に寄り添う姿勢や，市民側に望まれる公権力の監視を行っていることを示すことになる。

3　メディアが政府と対抗する動き

党と政府に対して批判的な報道は，長期にわたって中国の報道界で政府に都合の悪い報道形式であった。現在でも当局によりそれは制限されているが，本書第 2 章から第 6 章の分析によって，政府を批判対象とした報道が増加している傾向が見られる。特に 7・23 鉄道事故では，メディアが政府の規制を超えた報道を行ったこともあった。

四川大震災の報道では，メディアの報道姿勢と政府の報道方針はほとんど一致し，多数のメディアと当局との対立はまず見られず，とりわけ SARS 事件の前期では，政府の情報操作によって中国のメディアのほとんどが沈黙した。しかしその後，政府が情報公開の姿勢を示したあと，積極的にメディアは中国のSARS 患者や医療関係者の疾病との闘いを賞賛するようになった。また四川大震災震災では，被災地の救援活動に対する賞賛報道が多かった一方，『新京報』

では被災地の救援物資の分配に関する地方官僚の横領問題への批判が行われた。なお，その横領問題に対する調査報道はなかった。7・23鉄道事故においては，ネットメディアだけではなく既存メディアも当局の報道規制に反発したことがわかった。また，8・12天津爆発事故の際，ネットメディアは天津市政府を批判した報道と議論も多かった。雷洋事件では，『財新網』などメディアは警察の公開した情報に疑問を提起した。

このような変化をもたらした一つの要因は，ソーシャルメディアが既存メディアの背後で存在感を増していることである。ソーシャルメディアの利用者が増えれば増えるほど，ネット上にあふれる議論の影響力は大きくなる。既存メディアが主な情報源であった時代において，中国政府が自らにとって都合の悪い反省報道や調査報道を市民に知られぬよう情報を改ざんしたり撤回したりしたが，現在はネット上にあふれる政府批判の議論を完全にコントロールできなくなっている。草の根ジャーナリズムが形成される基盤が中国のネット空間に現れてきており，市民は社会問題，政府の不正，官僚の汚職についてネットで指摘し，批判し，責任を追及し，政府にその対応を求めている。そして「以人為本」が発展の核心であると位置付けた中国当局は，一部の市民の要請に応じて，告発された官僚，部門に対して調査が行われている。

ただし，このような変化は，強権的な中国政府がイデオロギーのコントロールを放棄したことを意味してはいない。7・23鉄道事故では，既存メディアが当局の報道規制に反発したあと，当局が既存メディアに対してより強い報道規制を通達した。ネット上の議論に対して，第1章で述べたように中国政府によるイデオロギー・コントロールが強化されてきており，ネット世論を誘導するために「五毛党」を雇っている。それと同時に，「網絡警察（ネット上の発言を監視する警察）」をネット監視のチームに配置し，ネット世論を監視し，政府の判断による不適切な発言の存在が把握され，また注意すべきサイトと認定されると，網絡警察がそれらに注意を与え，「警察署でコーヒーを飲ませる[4]」ことになる。中国政府は2013年8月に微博の「大V[5]」に対して調査を行い，一部の

4　警察署でコーヒーを飲ませるというのは，警察署に呼ばれ，警告されることである。
5　微博では，実名認定されると，Vアカウントと呼ばれる。大Vはフォロー数が多いアカウントである。常にオピニオン・リーダーと見られている。

デマを伝えた「大V」を逮捕し，CCTVなど主流メディアでその逮捕の場面された画面が何度も繰り返し報道された。微博などのSNSで影響力を有するオピニオン・リーダーへの厳しい抑圧運動が始まっていると言えよう。この運動はネット上にあふれる誤情報を減らすことを目的としているが，その背後の目的は，当局にとって不利な発言・情報を出し続けるオピニオン・リーダーへ警告を行うものと考えられる。

　しかしその一方で，ネットユーザーは知恵のかぎりを尽くし，新しいソーシャルメディアの活用あるいは暗号など様々な方法を試しながら，情報が削除されないよう中国当局との闘いを繰り広げている。その中で，特に既存メディアに所属するジャーナリストおよび関係者が，その掲載に不適合な記事をネットを通じて公開し，常に大きな反響を引き起こし，ネット上で大きな話題になっているという動きは重要である。それらはネット世論が政府に対応を要求すると同時に，既存メディアの報道を後押しする力になっている。既存メディアの記者は，差し替えられた記事をネットを通じて公表することで，政府および社会の注目を集めさせ，その上で，既存メディアが話題となった事件や問題を報道しなければならない状況を作り上げ，その結果，政府もその問題に注目せざるをえないようになる。このモデルは，中国の権力の責任追及報道および調査報道で活かされており，7・23鉄道事故報道はその典型的な例である。ネット上にあふれる鉄道部に対する批判の声が殺到した直後，当局は権力の責任追及報道を抑える通達を出したが，最初はそれを既存メディアは無視した。すなわち既存メディアは政府に抵抗し，ネット上にあふれた市民の声に応じて報道したと考えられる。

　また，報道側の要因としては，報道記者の報道リテラシーの向上，調査報道に力を入れる『南方週末』『南方都市報』『新京報』など有力紙の増加という点にも影響を与えていると考えられる。

4　ネット世論が政府と世論に与えた顕著な影響と限界

　SARS事件では，ニュースサイトの情報伝達の機能が大きく働いた。しかし，当時のネットメディアの普及の程度はまだ低かったため，ネットメディアの機能の効果が大きく制限されていた。四川大震災の際，ネットメディアは，強い

情報伝達の機能，および寄付金の呼びかけの役割を果たしたが，公権力への監視機能には限度があった。また，７・23鉄道事故ではネットメディアが初報，安否情報の伝達，救援活動の呼びかけに留まらず，公権力の批判にも大きな役割を果たした。

このように，2003年のSARS事件から2017年の雷洋事件まで，ネットメディアの機能が向上し，ネット世論が政府の対応や既存メディアの報道に与える影響力も顕著になっている。SARS事件では，既存メディアの報道や政府の対応には，ネット世論に影響された事象は見出せなかったが，四川大震災，７・23鉄道事故，８・12天津爆発事故では，政府がネット上の指摘・疑問について，積極的に対応する姿勢が見られ，とりわけ７・23鉄道事故では，政府が初めてCCTVを通じてネット上の疑問に対して回答した。また，雷洋事件では，ネット世論が政府側に圧力をかけ，警官の２人を職務怠慢罪で逮捕を決定した。

ネット世論が既存メディアの報道に与えた影響も７・23鉄道事故では顕著であった。このように，ネット世論や既存メディアの世論が党・政府に対し，事件の対応策を改善するよう促すメカニズムが拡大している。

ネット世論の影響力が顕著になってきた理由は大きく三つある。

第一に，スマートフォンの利用者の急増およびソーシャルメディアの普及によって，市民が突発事件報道に参加することが容易になったことである。

第二に，中国政府が従来のメディアコントロールをそのままネットメディアに応用するだけではなく，ネット世論による社会監視の力を利用しつつ，容認できないほどの言論は厳しく統制するという方針を実施していることである。また，政府が市民の意見を多く取り入れ，政策の改善を図るため，中央政府の各省庁・各部門，各級の地方政府が既存メディア，公式微博アカウントを通じてネットユーザーと対話していることは見逃せない。2014年12月まで，全国で認定された政府行政部門の公式微博アカウントの数は27.7万，微信のアカウント数は10万であった[6]。これらを背景にして，中国当局はネットメディアの運用によって，行政サービス，効率の向上および汚職の告発に大きな成果を上げてきている。

6　人民網（http://news.xinhuanet.com/politics/2015-09/28/c_128276413.htm〔2016年10月4日〕）。

そして第三に，ネットユーザーが表現の自由への要望を高めていることである。経済の急速な発展とともに，社会における貧富の差，東部と西部の差，沿海部と内陸部の差が広がりなど，格差社会問題が深刻化している。社会に対する各種の不満，恨み，政権に対する意見は，既存メディアや一般の行政的な陳情ルートを通じては出されにくい。ネットメディアの出現およびブログ，微博などソーシャルメディアの普及は，それらの社会に対する各種の意見を手軽に公開することが可能になった。

だが，ネット世論の限界も雷洋事件でははっきりと見られた。それは，中国政府が事件を発生させた制度の改革を推進しようとしなかった。ネット世論の爆発は権力の恣意的な職権行使に警告の役割を果たしただろうが，その事件を発生させた制度を根本から取り除けないのであれば，それこそまさしく類似事件の連鎖と言えるだろう。

5　共産党によるメディア管理体制の不変性

前項までにおいては突発事件報道の変容を四つの面から考察し，メディアによる突発事件報道においては，情報提供の量・質，メディアと当局の関係，ネット世論と既存メディア世論や当局の対応へ影響するメカニズムという四つの面が変わってきていることを見てきた。しかし，そのような変化の中でも，既存メディアの「党の代弁者」という性質や「世論誘導」機能は依然として存在しており，既存メディアが突発事件報道を行う際には，共産党の意志，規制を完全に無視することはできず，自由に突発事件を報道することはできない。その例証として，第4章の7・23鉄道事故の内容分析が挙げられる。すなわち，既存メディアが党中央の報道規制に対抗しても，最終的には党中央宣伝部の指示にしたがって報道することしかできなかったのである。つまり，共産党が一時的にメディアの対抗や独自の報道を容認しても，その後中国共産党は結局メディアに対するイデオロギー管理（「党管媒体（メディア）」）を維持しているということになる。

また，国有であり，党の代弁者の性質を持つ既存メディアと異なり，多くのネットメディアには商業性がある。すなわち，多くの商業性ネットメディアが「党の代弁者」という性質を持たず，市民のニーズに応じて，情報サービス，娯

楽サービスを提供し，経済的な利益を求めている。とはいえ，第1章で述べたように，商業性メディアも既存メディアと同様に中国当局によって発信内容が規制されている。とりわけ，2000年以降，中国当局によるネットメディアの発信内容へ管理が一層厳格化し，細分化している。むしろ，ネットメディアの台頭にしたがって，「党管媒体」が厳しくなる傾向が見られる。

　これは，中国共産党が一党支配を維持するため，イデオロギーに緊密に関わるメディアの報道・発信内容の管理を手離さないからである。このような共産党のメディア管理の体制のあり方は，天安門事件より前は共産党内部で非公開で構築・運用されるという状態であったが，それ以降は公開されるようになった（陳2008：20）。その理由として，共産党は天安門事件のような政治暴動が共産党の一党支配を脅かすことに配慮し，共産党の一党支配を維持するためにイデオロギー・コントロールを厳格に行わなければならなくなったことが挙げられる。天安門事件以降，メディア報道・発信内容の規制に関する法規制が急増し，メディアのイデオロギー・コントロールが一層厳格になってきた。陳（2008：20）は「『党管媒体体制』が憲法や他の法律の根拠はないが，憲法や他の法律より権威を持つ。さらにこの『党管媒体』という体制に対する議論は中国では認められない」と指摘した。つまり「党管媒体」という体制は中国では絶対的な権威を持ち，疑われることはなく，否定しえないのである。

　陳（2008）が指摘した「党管媒体」というメディア管理体制とは，本書序章で述べた党中央がメディアのイデオロギーを一括的に直接管理する一元体制・二元体制を意味する。今後，共産党が一党支配を維持するために「党管媒体」という共産党によるメディアの管理体制が継続されることが想定される。特に，中国ではグローバル化，情報化，民主思潮の進入が進み，政治社会はそれらのプロセスにしたがって変化しなければならない。当然，共産党が一党支配を維持するため，それらの変化の流れに沿って，政治改革を推進する。その中で，メディア管理の改革もありうる。その前提として，党中央が根本的なメディアを管理する権利の保持を維持することになるだろう。

第2節　突発事件報道のあり方

　前節で検討したように，中国では突発事件報道に多くの側面で変化があった
が，既存メディアの公権力監視機能の不完全さなどの問題点は依然として存在
している。そこで本節では，まず突発事件報道の問題点を整理した上で，今後
の突発事件報道の望ましいあり方を考察する。

1　突発事件報道の問題点

　本書の第2章から第6章での分析によって，中国の突発事件報道の問題点が
明らかとなった。すなわち，政府による情報隠蔽やメディアが政府に都合のよ
い情報しか提供しないなどといった情報伝達に関わる諸問題，権力に対する監
視機能を十分に発揮していないことや，英雄譚式の宣伝報道が多く行われてい
ることである。これらの問題の一部は欧米，日本の突発事件報道でも見られる
が，人権に関わるプライバシー侵害問題など報道被害問題に関しては，それら
の国では多く批判されている。従来は，2008年の四川大震災以降，突発事件報
道におけるプライバシー侵害問題やメディアのセンセーショナリズムが中国の
学術界でも多く議論されるようになっている。したがって，突発事件報道にお
ける問題点は永遠不変ではなく，社会，経済，政治要素などの発展にしたがっ
て新たな問題点が生ずるということになる。以下では，突発事報道における普
遍的な問題や，時代の変遷によって現れる新しい問題および中国の突発事件報
道の独特な問題点という突発事件報道の原理と変容を論じたい。

情報に関する問題点

　リスクコミュニケーション研究者の Michael, Regester はリスクの情報伝達
に関する三つの原則を示した。すなわち，①発信者が把握している情報を受け
手に伝える（Tell You Own Tale），②情報を迅速に提供する（Tell It Fast），③す
べての情報を伝える（Tell It All[7]）である。また Denis は，マス・メディアは突

7　Michael, Regester（1989 = 1995）*Crisis Management*, Random House Business Books（陳
　向陽・陳寧訳『危機公関』復旦大学出版社）.

発事件などのリスクに関する情報を伝えることによって社会に警鐘を鳴らす機能をも持っていると指摘した（デニス 2010：684）。この2研究とも，メディアが突発事件などのリスクに関する情報を迅速に，そして，全面的に社会に伝えるべきであることを示している。突発事件などリスクは人々の様々な情報ニーズを大量に発生させ，集団的なストレスを引き起こし，社会的安定を脅かす可能性が高いため，被害を最小限に抑えることや集団的ストレスを軽減するためには，適切な情報を人々に伝えることが極めて有効であると言えよう。この意味では，突発事件などリスクの時間的な状況変化に応じて，メディアが迅速に的確な情報を伝達することは，どの国においても必要なことである。

しかし，こうした突発事件報道のあり方に関しては，多くの国々で共通した問題点が存在する。その典型例は，本書の第2章や第4章で論じたようなSARS事件に関する政府の情報隠蔽，7・23鉄道事故の後期でメディアは政府が公表した情報しか報道しなかった問題である。さらに序章での先行研究の整理・検討で論じたように，日本においても，3・11東日本大震災に関する原発事故の報道で顕在化した情報の隠蔽，情報開示の遅れ，情報操作，過剰な報道による風評被害などが挙げられる。そこで，以下では3・11東日本大震災・原発報道における情報伝達に関する問題点に関する先行研究での議論をさらに考察した上で，それらの問題点と中国の突発事件報道の情報伝達に関わる問題点と比較し，異同や関連性を検討する。

伊藤（2012）は原発事故に焦点を当て，事故発生直後の1週間の初期対応期間におけるテレビメディアの報道におけるメディア各社と権力（政府，東電）との関係，メディアと専門家との関係（すなわち，専門家は原発事故報道に十分な役割を果たしたか，メディアは専門家の発言を適切な解説を施して視聴者へ伝えたか，という点），メディアと被災者や避難住民との関係（すなわち，メディアは被災者や避難住民の目線に立って報道したか，という点）を検証し，情報の隠蔽，情報開示の遅れ，情報操作など様々な問題があったことを明らかにした。そして検証から得られた結果として次の3点を明らかにした。すなわち，①地震発生直後の原発報道では，政府情報に依拠する報道姿勢が各局共通に見られ，さらに専門家の解説に各局が自己解釈を加えて「安心」を強調した，②専門家は政府発表のデータのみに依拠して，事態を説明だけであった，③3月13日からテレビメ

ディアは自局の記者の取材を自主規制したものの，屋内退避区域の住民に対しては「直ちに人体に影響はない」と報じ，また放射線による各種の汚染の可能性など，市民の目線に立った報道を行わなかった，といった問題点を明らかにした。すなわち，原発事故発生直後の日本のマス・メディアが Michael, Regester が提出した三つのリスクコミュニケーションの原則に従わなかったということになる。

　また他の研究でも，例えば被災地である石巻市の大川小学校の悲惨な状況が詳しく報じられなかったことを指摘したもの（隈本 2013），メディアや専門家による放射線物質の汚染に関する混乱した情報を提供したために「風評被害問題」を引き起こしたと指摘したもの（関谷 2011），外国人や高齢者などの情報弱者向けの情報伝達がまだ不十分であることを指摘したもの（田中ら 2012）が挙げられる。

　上述の問題点をまとめると，情報の隠蔽，情報開示の遅れ，それぞれの受け手の求めに応じた適切な情報が伝達されなかったこと，政府や東電に情報を依存し原発事故後の「安全さ」を強調した一方で，専門家が伝えた情報が多岐にわたったため混乱・風評被害が引き起こされた，ということになる。これについて，リスクコミュニケーション研究者の小山昌宏は3・11での原子力災害の検討から，日本では政府による情報の創出や管理に関する問題，あるいは政府の下で伝達情報を扱うメディアの報道姿勢という，リスクコミュニケーション上の二つの重大な問題があることを指摘している（小山 2012：110-1）。こうした情報源および送り手（送り手が権力との関係，送り手の種類）の問題などは，中国の事情と類似していると言えよう。

　信憑性の高い情報源からもたらされた情報は，受け手にそれが本当であると受け取られ，伝播しやすい（三上 2004：48）。したがって，突発事件に関する報道は政府など公的な機関，専門家を情報源とすることが多い。また政府など公的機関は，突発事件などのリスクの発生直後において，自らの絶対的な影響力・責任を強調し，政府のイメージをよりよくするため，政府にとって有利な情報，社会の安定につながるような情報を提供することが多い（廖・李 2004）。そのため，権威のある情報源に依存するだけでは，それらの情報提示者の都合によって情報操作される可能性がある。したがって，メディアは権威ある情報源が公

表した情報をそのまま流すのではなく，それらの情報を検証し，また解釈や評論を加えて報道することが，情報源による情報操作の防止に重要である。

　情報の送り手と権力との関係は，各国の政治体制やメディア管理制度によって異なる。中国のような一党独裁制の国家では，メディアは独裁当局のコントロール下で報道活動を行うことが多いが，日本，欧米など民主主義国家では，メディア（党の機関紙を除く）は権力から独立して報道活動を行うことを宣言している。一般に，このような送り手と権力との関係は報道内容を大きく左右するため，中国のメディアが突発事件に関する情報を報道する際には，当局の報道規制が原因で情報隠蔽や政府の不都合な情報が報道されない，などといった問題がしばしば指摘される。その一方で，日本，欧米など民主主義国家でもメディアが権力と密接な関係を構築することがあり，ときには多くのメディアがあえて党派性を強調し，視聴者あるいは読者の獲得を目論み，ライバルのメディアと競争することも周知の事実である。

　しかしこのような党派性の標榜は，中国メディアの「党性」とは大きく異なる。日本や欧米諸国のほとんどのメディアは私有であるため，経済的利益の追求を第一の目的としている。さらに，党派性を示すことは視聴者や読者に自らの特性を示そうとする目的から生じているだけでなく，支持政党からの利益を得ることをも求めている。また政治権力のほかに，日本や欧米諸国の私営メディアは経済権力との結び付きも強い。その背景には，経済権力はメディアの広告収入あるいはほかの形（電力，機材の提供など）でメディアと利益を共有しており，日本や欧米のメディアが利益を追求する場合には，多少なりとも経済権力に偏って報道活動を行う必要から逃れられない，という事情があるため，中国のみならず日本や欧米諸国のメディアは権力からの独立を確保しうるわけではないと言える。

　しかし，中国の場合がその他と大きく異なる点は，メディアは支持する権力を選択することができず，すべてのメディアが共産党の管理の下で活動するしかないという事情にある。逆に日本や欧米の私営メディアは支持する権力を自由に選択することができ，また時期や状況によってその支持政党を変えたりすることもできる。こうしたメディアと権力の関係の相違が，中国と日本や欧米諸国の間で突発事件での情報伝達にも差異をもたらしている。とはいえ，小山

は国家という枠組みを超えている突発事件などのリスクをコミュニケーションする際，政府やメディアが様々な情報を広く国民に知らせることにはリスクがあるとしても，そのような不測の事態に際しては，逆に広く情報を伝え，市民参加の門戸を開く方が，不必要な社会的混乱を生むリスクは下がるはずであると指摘した（小山 2012：110）。つまりどの国でも，平時のメディアと権力の関係にかかわらず突発事件の際などにリスクの情報公開を広く行うことは，社会的混乱をもたらすどころか，むしろ社会的な混乱を抑えられると言えよう。

　このように，リスクコミュニケーションの観点から突発事件報道を検討すると，メディアと権力との関係は情報伝達のあり方に大きく影響を与えており，その改善が求められることになる。だがメディアと権力の関係は，情報伝達だけでなく，権力の監視報道ないし権力の宣伝報道にも影響を与えている点を看過できない。そこで，次に権力の監視報道や権力の宣伝報道に関する問題点を検討する。

権力の監視報道や宣伝報道に関する問題点

　メディアと権力の関係がメディアの監視報道に大きく影響するならば，その権力に関する宣伝報道にも影響を与えるはずである。例えば序章で述べたように，中国では長期にわたり，ニュースであるのは災害そのものではなく救援活動など党の宣伝報道である，との方針が突発事件報道の主要方針であった。日本や欧米諸国では，選挙のキャンペーンの際，支持政党のイメージをよりよく作るため，メディアが立候補者のトークショーなど様々な形式で宣伝報道を行う。また，国家の安全にかかわる突発事件が発生する際，軍に対する宣伝報道も行っている。その代表的な例としては，イラク戦争におけるアメリカメディアが軍を美化する報道である（大石 2005）。

　しかしこれらの事例は，中国の突発事件報道における宣伝報道の報道姿勢が，日本や欧米諸国のメディアと同様であることは意味しない。序章で述べたように，宣伝報道を多く行い，批判的な報道を少なくするという突発事件の報道方針は中国当局によって決められ，メディアはその方針にしたがって強制的に政府の都合のよい宣伝報道を行っている。しかし日本や欧米諸国では，メディアが宣伝報道を強制されることはなく，メディアが自発的に自らの利益追求のた

めに関連権力に迎合する宣伝報道を行う場合が多い。この点が，中国の突発事件報道における宣伝報道の報道姿勢が，日本や欧米諸国のメディアで異なる点である。

　本来メディアはどのような権力との関係下にあったとしても，突発事件の際には，人々の情報ニーズに応じた報道を行うことで被害の拡大を最小限に抑えることに注力すべきである。前述したように，たとえ権力との密接な関係ゆえにメディアが権力側の視線で突発事件報道を行うという必然性は多くの国でしばしば見られるものだとしても，メディアが恣意的に権力に操作されることは決して容認されるものではない。日本や欧米など民主主義国家では，市民の「知る権利」は民主主義の核心であり，報道の自由は市民の「知る権利」を確保するという重要な役割を担っている。そのため，マス・メディアは市民の知る権利を支えるべく，突発事件に関する市民の情報ニーズに応じて事実に基づき客観的に権力の監視報道および宣伝報道を行うべきである。これは，民主主義国に属するすべての物事が従うべき民主主義の根本的原則に適う姿勢である。たとえ権力との間に密接な関係を持つメディアであっても，事実を歪曲し，権力側の不正を隠蔽するような報道活動を行っていては，長期的には市民の信頼を失い，そのメディアにとっては経済的な利益獲得に大きな損失をもたらす結果になるだろう。

　しかしながら中国の場合は事情が異なる。中国の憲法第1条で「いかなる組織または個人も社会主義制度を破壊することを禁ずる」と規定している。これは中国共産党の正当性を批判，社会主義制度に反する言論や行為を禁じることを表しており，それゆえ，メディアが党の正当性を脅かす権力の監視報道を行うことは憲法違反となる。すなわち，中国では権力（共産党）に対するメディアの自由な監視報道は不可能であり，メディアが共産党の正当性を脅かす監視報道を行うことは大きなリスクを冒していることを意味する。

突発事件報道が抱える問題の今後

　ここまでに述べたように，突発事件報道では中国のみではなく，他国の報道でも問題がある。

　迅速かつ的確な情報を提供することは，突発事件報道における普遍的な原理

であるが，各国の政治体制や社会発展の状況によって市民の情報ニーズも異なる。また本章第1節で述べたように，中国では情報の送り手であるメディアは権力（共産党）に直接管理されているため，突発事件報道の情報伝達が権力に大きく影響される。中国の突発事件報道は，当局による情報操作で突発事件報道に関する情報の隠蔽が常態化していた期間が長く，2003年のSARS事件まで続いた。このような歴史を背景とする現在の中国の多くの市民が望んでいることは，メディアが情報を隠蔽せず迅速・的確に情報を伝えることである。その一方で，日本や欧米などの民主主義国家では，突発事件に関する情報は高いニュース価値を持つため，メディアが情報を迅速かつ的確に伝えることはすでに常識になっている。これ以外にも，こうした国々の市民が望む点は，伝えられた情報がすべてのニーズに応じているかどうか，過剰かどうかなど，より高いレベルのものである。そして将来的には，中国の突発事件の情報伝達に関しても，中国の市民の知る権利に対する意識の向上や，メディアの突発事件に関する情報伝達の機能のレベルの向上，および政府のメディアによる突発事件報道への規制の緩和などといった変容によって，現在のような情報隠蔽や開示の遅れへの不満だけではなく，上述の日本におけるプライバシーに関する問題など，より幅広くかつ深い問題が生じてくることであろう。

　次に，権力の監視報道問題や宣伝報道について検討する。どの国でも突発事件が発生した際，政府など諸権力は適切に対応したかどうか，事件の発生に責任があるかなど，メディアは権力に対する監視報道を行う。監視報道は，突発事件の予防や被害の拡大を抑え，政府など諸権力の突発事件への対応を向上させる上で重要である。しかし，本節で述べたように，どの国のメディアも権力から完全に独立して監視報道を行うことは不可能ではあるが，特に中国での主な問題は，メディアが直接権力（共産党）に管理されるため，メディアの党に対する監視報道はとりわけ大きく規制されていることである。また日本や欧米諸国の問題は，メディアは原則として自由に権力（政党や経済権力）に対して監視報道を行うことができるが，メディアが利益追求のため監視報道を客観的に行わないことがある。このように中国と日本や欧米諸国の相違は，現在の政治体制の下では時代の変遷にかかわらず不変である。それは，中国の共産党が党の正当性を維持するため，メディア管理を通じて，共産党の正当性を批判する報

道を禁じているからである。つまり，時代が変遷しても，中国の共産党一党独裁の制度を変えなければ，中国メディアの党に対する監視報道は永遠に党にコントロールされる。

また，監視報道と類似する問題を抱えているのは宣伝報道である。メディアが権力と密接な関係を構築している場合，あるいはメディアが権力に支配されている場合には，メディアが権力に迎合して宣伝報道を行う。ただし，これも権力の監視報道問題と同様であるが，日本や欧米諸国のメディアは利益のため自主的に権力の宣伝報道を行う一方，中国メディアは強制的に権力（党）の指示通りに宣伝報道を行う。

2　突発事件の各段階における報道のあり方

突発事件は突発性，破壊性，社会に影響力が大きいなどといった特性を有するため，ニュースバリューも非常に高い。そのため，多数のメディアが突発事件について報道することになる。しかし，前節で述べたように突発事件報道には多くの問題があり，メディアの突発事件報道のあるべき姿が常に問われている。特に①情報の伝達，②メディアと権力の関係，③メディアと市民の関係，がその中心的な問題であり，これは中国のみならず，世界中のメディア報道界の課題である。そこで，上記の①から③という3点を議論の軸にしつつ，突発事件の推移の各段階においてメディアが果たすべき社会的な報道機能を明らかにし，突発事件報道の今後のあり方について検討を試みる。

欧米メディアにおける社会的な機能論は，マス・コミュニケーションの機能論から発展させられてきた。欧米の学術界では，マス・コミュニケーションの社会的な機能に関する多くの議論がなされてきており，特にLasswell（1948），Wright（1960），そしてMendelsohn（1966）が，マス・コミュニケーションの機能を「環境の監視」（社会の発展を脅かす環境条件の変化に対応するため，社会で生じた事態や変化を監視し，社会にそれらの変化を伝える）「社会の諸部分の相互の結び付き」（社会の成員の要求を整理統合して全体の意思決定に反映させ，同時にその決定を社会の成員に伝達し，社会の諸利益を調整する）「文化的遺産の伝達」「娯楽」「動員」としたことは重要である。そしてそれをもとに，デニス（2010：127）がマス・メディアの基本的機能として以下を挙げた。

- 「情報」（社会の出来事に関する情報の提供，権力関係の示す，進歩の促進）
- 「相互の結び付き」（情報に関する説明，解釈，評論，権威や規範に対する支持，社会化，分離した活動の相互関連，合意形成，優先順位の設定など）
- 「連続性」（文化の伝達）
- 「娯楽」（息抜き手段，緊張の緩和）
- 「動員」（政治，経済，戦争，宗教など分野におけるキャンペーン）

すなわち Lasswell（1948），Wright（1960），Mendelsohn（1966）が提示した「環境の監視」をデニスは「情報」に発展させ，また先行 3 研究の言う「社会の諸部分の相互の結び付き」をデニスは「相互の結び付き」としている。つまり，デニスの言う「情報」は，マス・メディアが社会環境の査察・監視で発現した社会的な変化（出来事に関する情報や権力関係の変化）をコミュニケーション活動を通じて社会成員に伝達するという機能である。さらに，情報伝達を通じて権力の不正などを監視することも可能である。そのため，デニスの「情報」機能は「情報伝達」や「権力の監視」という二つの機能に分けられる。

また「相互の結び付き」は，マス・メディアが情報の説明，解釈，評論を通じて，大量の情報の統合や各社会階級の成員の意見を統合し，権力に対する支持を表明し，社会の合意形成を促成する機能である。この「相互の結び付き」という機能には多くの役割が内包されているが，マス・メディアの報道活動では情報に関する分析，説明，解釈，評論を通じて，分離した情報の相互関係を結び付けることや社会成員としての市民の意見を統合する。また，市民の意見の反映（評論）によって，権力の監視にも役立つと考えられる。そのため，デニスが提示した「相互の結び付き」という機能は「分析・説明・解釈」と「権力の監視」（民意の反映）という二つの機能を含んでいると言えるだろう。このようにデニスが Lasswell（1948），Wright（1960），そして Mendelsohn（1966）のマス・コミュニケーションの機能論をよりわかりやすく発展させてきたと言える。

マス・メディアの報道活動では文化伝達による教育という側面もある。そのため，報道活動では「連続性」（文化の伝達）を「文化・教育」という機能に言い換えたほうが適切であろう。「動員」機能について，デニスの説明によれば，

動員機能は政治，経済，宗教主体の利益に結び付く。特に選挙における各政党のキャンペーン活動では，マス・メディアの報道活動を通じて間接的に市民の投票行動に影響を与える可能性もある（デニス 2010：621）。そのため，動員という機能には政治的な宣伝機能という役割も付与されているように見える。西洋の学術界では，政治宣伝に資するような機能を，「政治宣伝機能」として明確なマス・メディアの機能とみなすことはほとんどなされていない。しかし欧米の政党紙は各政党の宣伝活動に全力を尽くしていることも現実である。

　以上の解釈に基づき，本書ではデニスが提示した五つのマス・メディアの機能を「情報伝達」「権力の監視」「分析・説明・解釈」「文化・教育」「娯楽」「動員」という六つの機能に整理することにしたい。

　次に中国の場合を検討すると，中国のマス・コミュニケーション研究は上述の西洋におけるマス・メディアの機能に関する研究と大きく異なり，常に政治宣伝機能を中国のマス・メディアの最重要機能としている。欧米では多数のメディアが権力からの独立を宣言している一方，選挙の際は旗幟鮮明に支持政党を明確にし，報道活動を行うことも普通である。また同時に，欧米メディアは一部の政党紙を除きメディア自身の利益を考慮した上で支持する政党や反対する政党を選択でき，しかもそれらの政党に対して一方的な賞賛をするだけでなく，権力の監視報道も比較的に自由に行われうる。これら欧米メディアのあり方に対して，中国メディアは建国から改革開放に至るまで，共産党のイデオロギーの宣伝道具として，党に奉仕するために報道活動を行ってきた。こうしたメディアの主な任務は政治闘争や階級闘争のための宣伝活動であり，情報伝達，民意の表明，文化，娯楽，世論監督（権力の監視）など多様な機能は後退していた（葛 2011）。しかし改革開放により，中国のマス・メディアが単なる共産党のイデオロギー宣伝道具としての「事業単位」という性質だけからなる従来のあり方から脱皮し，党の代弁者としての「事業単位」であるとともに，情報を伝達するメディア企業としての産業という性質をも持つようになった。

　このように見ると，中国と欧米のメディアには類似点があるが，中国メディアは選択肢を持たず，共産党の宣伝道具として働かざるをえないという根本的な相違点がある。そしてこのような性質の相違によって，中国メディアと欧米メディアの機能の相違も生まれてきた。これに関する中国のメディア研究にお

ける代表的かつ概括的な観点として，童兵の中国メディアの機能論が挙げられる。すなわち，メディアは①情報伝達，②世論誘導，③政府の監視，市民生活の指導[8]，④教育，⑤娯楽，⑥広告，の六つの機能を有するというものである（童2002：83）。また，ネットメディアが中国への影響力を拡大するしたがって，中国メディア研究がネットメディアの社会的機能に注目しているが，童はネットメディアの機能を①政治家に発言の場所を提供しながら，市民の政治参加に好都合なルートを提供する，②大量の経済，消費情報を集め，経済建設にアドバイスを提供する，③文化の統合，文化の分化，文化の変遷を促進する，④個人利用者に情報を提供し，社会問題に関する議論の場を提供し，教育や娯楽サービスをも提供する，とまとめている（童 2002:83）。

　以上のように中国のメディア研究で議論された中国のメディアの機能と，本節のはじめで検討した欧米の学者が提示したマス・メディアの機能とを比較すると，次の二つの相違点が見出される。第一に，中国メディアが世論誘導という機能を果たしていることである。前述のように欧米の研究者はメディアの機能では世論誘導機能を提示しない一方，中国のメディアは共産党の指導の下で世論誘導機能を果たしている。第二に，欧米のメディア機能論における権力に対する監視機能は，中国メディアの政府の監視機能と比べ，その監視範囲の点で異なることである。すなわち，欧米のメディアが第四の権力として政党や経済権力に対する監視機能を持つ一方，中国のメディアは党に所有されているため，監視対象は主に政府や党員幹部になり，党の方針，政策に対する監視活動はタブーとされる。

　まず，世論誘導機能について論じたい。これに関しては中国メディアと欧米メディアとの間に完全な相違ははなく，部分的に類似した点も見られる。中国では，世論誘導機能は党・政府の代弁者としてのメディアの役割の延長である。つまり，メディアが党・政府の提唱する世論の方向に沿って報道活動を行う。その一方で，上述のように，欧米の党派紙を除くメディアは特定の利益を代表しない不偏不党を主張すると同時に，多くのメディアは中立ではなく，ある特定の政党を支持する報道活動も行っている。例えば王は，2004 年のアメリカの

8　市民生活にサービスを提供することを指している。社会的な動員もここに含まれると考えられる。

選挙では，CNN，『ニューヨーク・タイムズ』，『ワシントン・ポスト』が民主党を支持し，FOX テレビ，『ワシントン・タイムズ』および多くの放送が共和党を支持し，それぞれのメディアが支持する政党や補選者を宣伝する活動を行ったと指摘した（王 2004）。党の機関紙ではないメディアが党派性を示す理由は，それらが高い視聴率や経済的収益を追求しているからであると考えられる。こうした商業性メディアは権力・企業側の利益追求のため，政党との癒着が取り沙汰されることも少なくなく，例えばイラク戦争では，FOX テレビをはじめ，多くのアメリカメディアが視聴率競争で優位に立つため従軍報道に全力を尽くした記憶はまだ鮮明である。また大石は，英米の主流メディアが政府の情報を吟味することなく垂れ流し，主戦論の形成に一役買ったことが読者・視聴者を誤りに導いたと指摘した（大石 2005）。つまり，欧米のメディアにしても支配階級の利益に偏るように報道活動を行い，支配階級の都合のよい方向に視聴者を誘導しているのが現実である。それゆえ，欧米メディアも世論誘導という機能を持つとも言えよう。ただし，中国メディアの世論誘導機能は，メディアの重要な機能として党の宣伝方針で明確的に規定されているため，共産党の意向に忠実に，共産党に都合のよい世論を作るために報道活動を行うのであり，このような世論誘導機能は日常的，頻繁に行われている。その一方で，欧米のメディアの世論誘導は，特定の政党に利するのではなく，あくまでメディア自身との間に利害関係を有する諸集団のため働くはずであり，すべてのメディアが同じ権力・勢力に賛同し世論誘導を行うとすれば，それは 9・11 テロ事件やイラク戦争のような重大な緊急時にしか考えられない。しかしそれでも，欧米の報道メディアは，このような重大な緊急事態におけるメディアの世論誘導が正しかったかどうかを事後に検証し，メディアが視聴者を誤った方向に誘導したとされる場合には，メディアが自発的に反省報道を行うことが少なくない点は看過できない。つまり，中国メディアも欧米メディアも同様に世論誘導機能を持つが，同一の権力（共産党）に忠実な中国メディアは頻繁に世論誘導を行う一方で，欧米メディアが世論誘導機能の発揮する際には，特定の権力・勢力に偏らず多少なりとも多様性を持たせ，また世論誘導を行った場合には事後的にその反省を常に行うという特徴が見えてくる。このような相違が生ずる根本的な理由は，欧米と中国ではメディアと権力との関係が大きく異なることにある。

また中国と欧米のメディアで権力監視の対象範囲が異なるのもこれらが要因である。すなわち，欧米の党の機関紙は所属政党をスポンサーとして運営しているが，一般の商業性メディアは原則的に政党の政治的活動そのものからは独立している。そのため，メディアがすべての政党に対する監視報道を行うことが可能であり，商業メディアが政治・経済などの利益を強く求める際，各メディアがそれぞれの利害に応じて政治や経済的権力に賛同するような報道をすることがあるとしても，すべてのメディアが同じ政党の意向に偏向することはない。その一方で，前述のように中国メディアは党の機関紙か否かにかかわらず，すべてのメディアが共産党の管理下で運営され，報道活動が党の指示によって恣意的に操作される。中国メディアが共産党政権の正当性を維持するため，政府に対する監視機能を果たし，政府がよりよい行政施策を行うことを促す。しかし，共産党のイデオロギー装置である以上，中央部に君臨する共産党政権そのものに対する監視は許されない。

以上に述べたように，中国メディアと欧米メディアの機能には，共通性と相違が見られた。それゆえ，中国メディアと欧米メディアが突発事件報道を行う際にも，同一性と相違性が存在する。その相違性は，主に中国のメディアが突発事件に関する政府の主張を宣伝し，政治に関連する情報を多く伝達することである。それゆえ，中国メディアの突発事件報道のあり方を論じる際には，欧米メディアによる突発事件報道のあり方を単に合わせて概観するだけではなく，中国のメディアの特殊性を考慮した上で両者を比較検討し議論する必要がある。

そこで，突発事件の報道においてそれぞれの段階における報道のあり方を，メディアに共通する社会的な機能に着目しつつ検討したい。そして，デニスの議論をもとに本節冒頭で整理しなおしたように，メディア共通の社会的な六つの機能，すなわち「情報伝達」「権力への監視」「分析・説明・解釈」「文化・教育」「娯楽」「動員」という六つの機能に基づいて，以下では突発事件の4段階それぞれにおける報道のあり方を論じる。

本書の序章で示したように，廣井は地震災害を「発生期」「被害拡大期」「救出・救援期」「復旧期」に分け，それらに応じて，適時・適切・的確・丁寧に情報を伝えるべきと指摘している（廣井2004：107）。とはいえ，地震はすべての突

発事件を代表しうるものではない。危機（リスク）や突発事件に関する研究で
は，突発事件全般を危機とみなす研究が多数あり（高見 2007；謝ら 2009），突発
事件より，危機という語が海外の国々では広く社会的に定着している。例えば，
アメリカではそういった危機管理の制度整備を比較的早くから進めてきた。特
に，連邦政府の諸組織の中に散在していた危機管理および災害対策を管轄する
力を一つの組織に集中した。すなわち，中国の中央政府レベルに相当するもの
として，危機管理当局である連邦危機管理庁（Federal Emergency Management
Agency，以下「FEMA」と略す）が創設され，また危機対応の実践的経験のノウ
ハウを世界の国々に提供している。その FEMA では，危機を大きく①発生前，
②発生中，③発生後（復旧期），の３段階に分けている。なお一部の大規模で長
期間持続する危機の場合には，第２段階の「発生中」は，廣井（2004）が提示し
た災害の「発生期」「被害拡大期」「救出・救援期」という三つの小段階にさらに
に分けられると考えられよう。そこで FEMA と廣井（2004）による危機の各段
階の分類にしたがうと，中国における「突発事件」の概念は，①「発生直後」，
②「被害拡大期」，③「救援・救助期」，④「復旧期」，の４段階に分けることが
できる。ただし一部の突発事件はごく短時間に展開するため，その場合には「被
害拡大期」が存在せず，「発生直後」から直接③「救援・救助期」に進むことに
なる。

　こうした段階分けを，報道にどのように活かすことができるだろうか。有効
なリスクコミュニケーションに行うためには，リスクコミュニケーションの情
報の送り手が各段階における受け手のニーズに応じるべきであると，アメリカ
の学者 Sturges が指摘しているが[9]，情報の送り手としてのマス・メディアは，
上述の各段階における受け手のニーズに応じてそれぞれに適した報道機能を発
揮することが求められる。なお娯楽という機能が突発事件報道ではほとんど見
られないが，それは，被害者や被害者の家族に特に配慮しながら報道機能を果
たすという観念が報道業界では普遍化されているからであり，例えば震災報道
では娯楽的な報道はほとんど見られない。また，突発事件の発生前や発生後の

9　Greer, C. F., & Moreland, K. D.（2003）. United Airlines' and American Airlines' online
crisis communication following the September 11 terrorist attacks. *Public Relations
Review, 29*（4），pp. 427-441.

復旧段階において，突発事件の予防や復旧に関する知識を知らせるような文化・教育機能が見出される。その他，突発事件の発生後の各段階においても他の諸機能が発揮するが，状況に応じてそれぞれの優先順位は変わっていく。

　以下では，突発事件の発生直後，被害拡大期，救援・救助期，復旧期それぞれの時期において，受け手の情報需要に応じる報道メディアが果たすべき報道機能を検討する。

発生直後──情報伝達の重要性と必要性

　大きな被害や社会的影響力を伴う突発事件の発生直後には，被害者や社会全体から以下の情報へのニーズが生じる。すなわち，どのような出来事が発生したのか，被害はどれほどか，これから被害が拡大する可能性があるのか，政府や関連企業，その他関連する者・組織が初動に移っているのか，避難などのために人々は何をすべきか，被害者への援助や人々の避難のために何をすることができるか，などといった諸情報である。

　そしてこれらの情報ニーズが，受け手が事件と疎遠か否かによって，報道メディアが果たすべき機能の優先順位も変わる。突発事件との関係が最も近い，まさに当事者と言える事件の直接的被災者・被害者は，メディアからの速報および避難指示，安否情報，被害拡大の予測などを最も必要とする。逆に事件の発生地外に住むが事件との関係が比較的深い人々，すなわち，特に被災者・被害者の家族や知己などにとっては，被災者・被害者の安否情報が必要であり，またその他の人々からも被災地外への被害の拡大の可能性，政府等関係機関の初動などに関する情報へのニーズが高い。そして被害のより薄いその他の一般の市民も，事件・災害に関する速報，政府等の初動や社会全体に与える影響に関する情報の発信を必要とする。

　以上のような様々なレベルの市民の知る権利に奉仕するため，報道メディアは，迅速にそれぞれの受け手の情報ニーズに応じた情報を伝達するという基本な機能を果たす必要がある。特に市民自身が記者となりうるインターネットメディアは，リアルタイムでの情報伝達の特性を活かし，突発事件報道に求められる「リアルタイム性」「速報性」がより確実に実現され，迅速で信憑性の高い情報が市民に伝わることで，市民の生命が守られ，またパニックの回避や流言

の発生・拡大の抑制が可能となる。だがその一方で，事実を確認せずに不確実な情報が提供されると，かえって社会の混乱やパニックが生じる可能性もある。本書第2章で分析した中国におけるSARS事件初期段階の情報隠蔽や携帯電話等による流言の伝達は，こうしたことが社会全体の恐慌や予防を阻害する深刻な流言拡散につながった顕著な例である。また8・12天津爆発事故では，天津市政府が爆発現場の化学品について市民に詳細を説明しなかったため，ネット上で多くの化学品に関する疑いが出てきた。

　そのため突発事件報道では，報道の即時性と事実の的確性の両立が不可欠ということになる。だが本来，あるいは通常は，情報の事実確認の義務を持つメディアによって情報の的確性が確かめられた上で受け手に伝えられるところが，緊急事態においては，権力による情報操作や事件現場への立ち入り規制などで，メディアの正確な情報の入手や事実確認が困難となる状況がしばしば生じる。そのため市民にとっては，緊急時においても市民自身が情報の的確性を判断する権利を保障されるような，よりよいメディアのあり方が実現されること，また少なくとも未確認情報を伝達する際には事実確認ができていないことを確実に知らされることが必要となる。一般に，情報が錯綜しているネット上では誤った情報が多いという先入観があり，ネット上の発信情報の信憑性が低いと認識している市民は多い[10]。しかし，廣井（2004：47）で提示された流言が広く伝播する条件，すなわち「流言テーマの重要性」と「状況の曖昧さ」に基づけば，緊急時の，特に重要なテーマに関する公的な情報が不足している中では，そのようなネットユーザーでも情報の識別度が低くなり，流言に惑わされることがあると言える。

　しかし，政府が信憑性の高い情報を迅速に公開することでこの問題の多くは克服されうる。この点は本書の実証研究で明らかなように，政府による情報公開の迅速化の進展で公開される情報量も近年になり増えてきている。しかし，政府による情報公開は，主に政府部門のホームページや，ニュースサイトなどのネットメディアないし既存メディアを通じて実施されるが，本書での実証研

10　公益財団法人 新聞通信調査会「第5回メディアに関する全国世論調査（2012年）」における各メディアの信頼度についての統計結果によると，インターネットへの信頼度は雑誌より少し高いが，テレビ，新聞，ラジオより低いことがわかった（http://www.chosakai.gr.jp/notification/pdf/report5.pdf〔2015年2月10日〕）。

究によっても示されたように，一部の情報弱者（高齢者，障がい者，外国人など）にも対応しうる情報伝達の特別な方法を中国政府はまだ採用していない。そのため，公的な情報の公開・伝達の技術的問題についてさらに改善されるべき点としては，突発事件に関する情報弱者に対する情報発信方法（システム）の開発にあると言えよう。この点について後述の「情報コモンズ」で詳細に論述する。

被害拡大期および救援・救助期——解釈・説明報道や検証報道が必要

突発事件が発生した際には，その直後にメディアが速報することによって，関連情報が多くの受け手に伝えられ，社会の多くの注目が集まる。そしてこの段階に至ると，一挙に事件に関する情報ニーズが増加し，メディアは各方面から情報提供が求められるようになる。それと同時に，多数の錯綜した情報を受け取ることになる市民に対して，飛び交う諸情報の分析や解釈を行う報道が求められる。したがって，この段階では報道メディアの「分析・説明・解釈」機能が最もよく果たされる必要がある。

基本的には突発事件の発生後は，被害拡大期を経た上で，関連部門が主導する救援・救助活動期に入るが，実際には事件の種類によってその経過は複雑であり，特に一部の突発事件では，発生後に救援・救助期に直接移る場合もある。しかしいずれの経過をたどった際も，この救援・救助段階における市民の情報ニーズは，それぞれが置かれた状況——事件発生地との距離や被害者との関係など——によって様々であることは前項で述べた通りである。とはいえ，緊急事態においてはメディアが事件・事故現場に入れず情報調査が難航し，メディアが権力側の発信する情報に依存することで，権力側による情報操作の影響により，いずれの状況にある市民にも，それぞれが本当に必要とする情報が伝えられないことも少なくない。例えば，第2章，第3章，第5章，第6章で分析したように，SARS事件の場合では，伝染が拡散する段階においては，権力側による情報操作の影響によりメディアがSARSの実際の伝染の拡大状況を伝えられず，四川大震災報道の場合では，被害拡大期・救援救助段階においては，小学校の校舎の手抜き工事問題についての情報公開が不透明であったことがあった。また，雷洋事件では，警察に都合のよい情報しか報道しなかったこともあった。これらの問題は権力側による情報操作の影響があると推測できるだ

ろう。また，この段階における突発事件の情報伝達に関するもう一つの問題は，いかに事実を伝えるかということである。情報伝達とは「事実」を客観的に伝達するのみならず，「真実」に接近する現実像を伝えることが市民の知る権利に奉仕する必要条件である。なぜなら，多数の突発事件報道では，「事実」を伝えた一方，「真実」が意図的に，あるいは無意識に曲げられてきた。このような部分的な事実や曲げられてきた真実しか受けられなかった市民の知る権利が，メディアの意図的あるいは無意識的な報道活動で侵害されるようになる。

　例えば，序章で述べたように，中国では長期にわたり災害報道や事故報道では，災害・事故そのものではなく救援活動を報道してきた。確かに救援活動は多数の事実の中の一つであるが，そもそもの真実とは，大きな災害や事故が多数の被害者や経済的損失をもたらし，政府がそれに迅速に対処し救援活動を行ったということである。しかし中国当局の言論統制によって，メディアが党・政府の宣伝を行うという意図を持ち，「事実」の中で政府が主導する救援活動しか伝達せずに，いわば偽装された「真実」を受け手に伝えることが多い。このように，中国の突発事件報道は常に当局に管理されているため，「真実」を伝えられないケースも散見される。

　もちろん，日本などのように表面上は報道が権力から独立している国々の場合でも，報道メディアの「自主規制」，権力側の脅威，メディア自身の分析能力や科学的知識の不足などが原因となって，「真実」に接近する報道の実現は容易ではないと言える。前述したSARS事件や，東日本大震災および福島第一原発事故におけるメディアの情報伝達の問題点から考察されることは，メディアの情報の発信過程を検証する場合，権力との関係を常に考慮すべきことである。東日本大震災や原発事故の報道において，NHKが権力側の情報を一元的に伝達したことは情報の錯綜を避けるには有効であったが（伊藤2012：65），政府や東京電力に不利となるような被曝等に関する疑問を呈示することはなかった。また，テレビや新聞がパニック，社会の混乱，市民の過剰な心配を回避するため，権力側の情報操作の下で「安心」「安全」などのイメージを強調したことは，権力とメディアの関係が確固とした利害関係として確立している状況下で，既存の秩序や関係を維持するというメディアの意図が内包されている。もっとも，こうしたメディアによる報道傾向の要因を，単に権力側の問題に帰するだ

けでは不十分である。メディア自身も，既存の経験だけをもとにして突発事件に対処しようとする姿勢を持っており，そのため原発事故のような新しい事態や状況に直面しても，その事態の深刻さを理解せず，また情報も十分に把握できない中で取材力を欠如させたこともその原因であろう。

　この段階では権力側の初動や救援・救助活動の効果が可視化されてくるため，メディアは権力との間に距離をもって，権力側が発表した情報を伝達する一方で，市民の情報ニーズに応じ，発表された情報をわかりやすく分析，解釈すべきであろう。この点について，第2章でSARS事件の実証研究によって，中国政府が積極的に情報を公開する段階に入ると，SARSという伝染病に関する予防，治療方法など比較的専門的な情報を多く提供していることを明らかにした。これらの情報を市民に理解させるため，わかりやすい伝え方や解釈が必要である。一般の市民が医学など専門分野の言葉を馴染んでいないため，十分な解釈やわかりやすい伝え方でなければ，市民がそれらの情報を十分に理解できず，誤解を招く可能性もある。その結果，メディアの情報伝達の意味がなくなる。

　なお，救援・救助段階の経過時間の長短は突発事件の種類・性格によって異なるが，特に飛行機の墜落事故などは，事件の調書の作成に2年から3年，あるいはさらに長い時間がかかることもある。その間に，多数の受け手の事件への関心は薄れ，その後に生じた別の新しい事件に関心が移ってしまうこともある。逆に未解決のままである事件の原因究明などに関する情報を強く求め続ける受け手も確かに存在する。しかし，報道メディアがすべての受け手の情報ニーズに応じた報道をすることは理想でしかないと見られるかもしれない。その都度現れる種々の情報ニーズに対して，個別に対応するのは非現実であろう。しかし，概して共通の情報ニーズを持つような様々な階級，社会文化的集団ごとに報道のあり方を各メディアが設定し，「各ニーズに応じた報道を」というよりも，「各集団の恒常的な特性に応じた報道」のあり方をあらかじめ設定し，柔軟に報道することは可能ではないだろうか。東日本大震災のあと，日本のメディア業界や学術界には，例えば情報弱者に配慮して情報を提供するなど，市民の側から報道の場で実践すべき意見が提示されるようになってきている。しかし中国では，このような外国人や高齢者など情報弱者に向けて情報を提供することに関する議論はまだなされていない。

また，救援・救助活動期では，より救援・救助効果を上げるため，メディアはボランティアの募集，医療用品など支援物資の募集などといった社会的な活動を呼びかける動員機能をも発揮する必要があるだろう。この点は本書の実証研究で明らかなように，5・12四川大震災や7・23事故では，メディアの動員機能を発揮し，社会的な募金や救援活動を呼びかける動向などが見られ，その動員機能の発揮は現実的な効果も上げた。特に，ソーシャルメディアの動員機能が顕著になる傾向が見える。例えば，7・23事故における微博での献血の呼びかけなどは重要な例である。また，融合しつつある既存メディアやネットメディアは将来，連動することで双方の動員機能をよりよく発揮し，突発事件の救援・救助活動に現実な効果を上げることが望まれる。

以上のように，この段階では報道メディアの「情報伝達」「権力の監視」「分析・説明・解釈」「動員」機能が十分に発揮されることが求められていると言える。テレビ，ラジオ，インターネットの速報性を生かした報道活動が望まれる突発事件の発生直後と異なり，「被害拡大期」および「救援・救助期」では，新聞がより深く事件の原因，および被害拡大の要因・背景を追究するような報道を行ったり，権力側の対処に対する評論報道を行ったりすることが求められる。それと同時に，インターネットによる事件に関する情報発信やネットユーザーの権力の監視を行うような書き込みが，既存メディアを補完するように働くこともまた必要であろう。

復旧期

復旧期における市民のニーズの中心は，被害の復旧状況や関連当局・企業の復旧対策や，またその効果の分析や解釈に関する報道に向けられてくる。さらに被災者・被害者，および彼らの親族・知己ないしその他の一般の市民が，この段階においてメディアを通じて，救援段階の効果や復旧期の政府の対策に対する意見や要請を表明するようになる。

この期間中，確固とした権力構造がすでに構築された社会秩序を維持するために，当局は政策の効果を一方的に強調，あるいは誇張する可能性があり，逆に対策の不備などに関する情報を過小に発信する可能性もまた高くなる。したがって，報道メディアが権力側に情報の発表を依頼すると，復旧政策について

公平・公正に報道できなくなる恐れがある。事件発生直後，被害の拡大期および救援・救助期おける報道メディアの発信情報が大きく権力側に左右されることとは異なり，復旧期では，多数の情報が事件経験者や関係者から議論されて出てくるため，メディアは情報源として，権力側の発表情報に依存するよりも，市民の立場に立ちつつ民間としての取材から復旧活動の現状や復旧策への評論を伝えることが可能である。

　また，特に権力の監視機能を徹底させるためには調査報道を行うことが非常に重要な報道方式[11]となる。発表報道と対極に位置する調査報道は，権力機関をチェックし，行政による不正の監視に貢献している。調査報道のプロセスに関しては国によって状況が異なるが，どの調査報道においても市民の参加，市民の協力が必要である。むしろ市民の参加があってこそ，調査報道に市民性や客観性がより多く備わってくると言えよう。

　また，メディア自身が，突発事件の発生以降の自らの報道が市民の立場に立って適切になされたかどうかを検証する報道も重要である。それは，いわばメディア自身という権力への監視の際に重要となるだろう。この意味での権力の監視機能の発動は，常にメディアにおいて看過されている。第1章で整理・検討したように，中国は建国から改革開放まで，突発事件報道におけるメディアは権力への監視機能をほとんど持たなかったが，改革開放以降は，メディアが一部の権力（地方政府）に対する限定的な監視機能を果たした。また第2章から第6章の実証分析で明らかなように，中国の既存メディアの権力に対する監視機能は向上してきているが，党中央に対する批判報道はいまだに不可能である。それゆえ，中国メディアの調査報道や検証報道は徹底的に行われていないと言わざるをえない。

　このような報道の機能が失われると，報道メディア自身という権力の行為をチェックする主体が減り，メディアが恣意的に政治や経済権力に利用されることを許したり，メディア自身が政治や経済的権力と等しくなる可能性がある。そのためには，この種の監視には政治的・経済的権力でもなく，またメディア自身でもなく，前述のように市民参加を得た形での検証報道が必要になる。本

11　調査報道について，元朝日新聞記者の山本博は「ジャーナリズムによる公権力の監視が調査報道のポイントである」と調査報道の重要性を強調した（山本2000）。

書での実証分析の結果から，既存メディアよりネットメディアの方が権力に対する監視機能が強く発揮されることがわかった。そのため，既存メディアの代行として，一部のネットユーザーが自ら調査報道や既存メディアの報道に対する検証的な評論を行うことが望まれる。それが実現されれば，調査報道や検証報道の市民参加が促進され，それが中国の既存メディアの弱点を補完することにもつながり，さらには既存メディア（既存メディアの記者，編集者）の活動への刺激になり，既存メディア自身が調査報道や検証報道を改善していく可能性もある。

　市民参加型の調査報道や検証報道の実現の可否は，市民が第三者の立場という壁を超えて，報道者の立場で報道活動を行い，草の根のジャーナリズムを形成するかどうかで決まる。そしてソーシャルメディアこそが，このような草の根のジャーナリズム形成に適した空間を提供していると言えよう。なぜなら，組織化される既存メディアは権力に容易に操作されうるが，個人性に拠って立つ自由な空間であるソーシャルメディアは，権力関係が構築された社会秩序に容易に縛られないからである。個々人のネットユーザーが情報や意見を共有し，価値が認められた情報や意見が迅速に拡散され，それが最終的に草の根ジャーナリズムが必要とする「集合的」なネット世論になる。

　以上で検討した通り，復旧期では復旧政策に対するメディアの「情報伝達」機能，およびそれらの政策に対する「分析・説明・解釈」機能，「権力の監視」機能が最も重要となる。さらにその際には，ソーシャルメディアの参加によって突発事件報道が市民に奉仕することをある程度まで保障できる。市民自身が必要な情報を伝え，必要な情報を自主的に獲得することも保障される。

3　中国の突発事件報道のあり方

　前項までの議論によって，中国に限定されない突発事件報道のあり方が，三つの段階に即して明らかにされた。本項では，特に中国における突発事件報道のあり方を世論誘導機能と権力の監視機能の二つの観点から考察する[12]。

12　中国のメディアが「人民」の代弁者と「共産党」の代弁者の両方として位置付けられるため，メディアは「監視機能」と「世論監督」機能の両方を果たさざるをえない。

「権力の監視機能」をいかに果たすべきなのか

「人民」の代弁者としての中国メディアは，突発事件における情報伝達機能のほか，「権力の監視機能」の発揮も必要とされる。これらの機能は，メディアが市民の知る権利や市民の利益に奉仕するために必要である。しかし，メディアは「人民」の代弁者としての性質を持ちながら，「共産党」の代弁者の性質をも有している。しかもメディアの党・政府の代弁者としての性質は，長期にわたって中国メディアの最も重要な性質とみなされている。そのため，メディアの「権力の監視機能」はこれまでうまく発揮されてはこなかった。

しかしながら，改革開放に伴い，メディアの性質が大きく変化していくにしたがって，それ以前に比べて中国メディアは監視機能を果たすようになった。メディアの監視機能は 1987 年の党第 13 回全国代表大会（以下「大会」と略す）において初めて提起され，そのときから中国メディアが最も重視する政治宣伝機能が見直された（王 2013：60）。1992～2002 年に「都市報」の登場に伴い監視機能の実施が盛んになり，メディアの政治宣伝機能が衰退期に入り（同上），2003 年から監視機能がジャーナリズムの実践では重視されるようになり，政治宣伝機能の脱却期に入った（同上：60, 149）。

2003 年以降中国メディアの政治宣伝機能が弱まったことや「監視機能」が重視されたことは，主に中国当局の指示によるものではなく，ジャーナリズムの実践によって変化したと言えよう。その理由として，多数のメディアが党の報道規制や報道禁令に挑戦していることが挙げられる。すなわち，「1．党の禁令が社内に届く前にできるかぎり早く報道を行う（時間的競争），2．党の禁令を原則として守らなければならないが，禁令の内容の隙間をつくことが可能である[13]，3. 党の報道規制への対応において，人事異動や更迭，免職などの行政処分を受けたベテラン記者がペンネームを変え，表向きには除名されても実際には新聞社に残っているという手段を使うというものである」（同上：91-2）。その他，地方政府に関する不正を暴露する原稿を他地域の有力紙に掲載させる，

13　例えば，禁令に「大々的に報道してはいけない」とあれば，報道関係者は「報道することは許される。少なめの報道，あるいはトップ紙面に載せないのであれば大丈夫である」と理解する。また禁令に「ある特定の事件に関して報道してはいけない」などといった詳細な規定や方向性が明記されているならば，報道関係者は「禁令の中に明記していない別の視点や方向性によってこの事件を報道する」と判断する（2008 年 12 月 25 日の『南方週末』編集者へのインタビューより）（王 2013：91）。

差し替えられた原稿をネットで公開する，新聞紙面を空白にする，風刺画を用いるなど多数の手法がある。その中でもネットを通じて公開することは，近年になって記者や編集者が多く使用するようになってきている手段である。なぜなら，ネットを通じて公開すると短時間でネット上の話題になり，中国当局にネット世論の圧力がかかり，結果，当局がメディアに譲歩せざるをえない状況になるからである[14]。

　そのため，突発事件が発生し，メディアが市民の利益のために「監視機能」を果たす際には，単に当局の指示にしたがって報道するだけではなく，知恵を尽くして地方政府や中央当局の命令に反し，あるいはぎりぎりまで，巧みにしなやかに抵抗する可能性がある。ただし政府に挑戦するメディアは一部の有力な新聞紙——『南方都市報』『南方週末』『新京報』しかない。多数の地方都市報の報道内容は地方政府に干渉され，多くの突発事件を報道できない。そのため，それらの地方都市報は把握した突発事件の関連情報を他の有力紙に伝え，他の新聞紙が代わりに報道するという手段を活用する必要がある。また，記者やその他の報道関係者がネットメディアを通じて関連情報を拡散する手段も利用できる。

　本書第3章で触れた，四川大震災における地方政府の救援物資金の流用問題に関する報道のように，突発事件における権力の不正を市民に伝えることは，市民の知る権利や利益を満足させるのみならず，党・政府の行政状況の改善にも有効である。当局あるいは地方政府・経済的権力に干渉されても，多数の手段を利用して「権力の監視機能」を果たす必要がある。とりわけ，地方政府や地方企業に常に干渉される地方商業メディアこそが，巧みに権力に挑戦し監視機能を果たすべきである。具体的な手段として，上述のように，ネットメディアを通じて権力の不正行為を公開したり，有力新聞にその情報を伝えたりすることがありうる。しかし根本的な問題は，地方メディアが同級の地方政府部門に管理されるという制度の問題である。この制度が改革され次第，地方メディアの権力監視機能が強化されるだろう。

14　『南方週末』事件はこのような事件の典型である。

「世論誘導」の誘導方向のあり方

　メディアの世論誘導の機能は，党のイデオロギーを宣伝するというメディアの機能から発展してきた。つまりメディアの世論誘導は，党が指示する宣伝方向に世論を誘導することである。

　しかし，党・政府の賞賛報道ばかりを報道する時代と異なり，近年メディアの党の宣伝報道には，党・政府の会議の内容，方針や政策を市民にわかりやすく説明し，市民に党・政府の方針や政策をよりよく理解させるという特徴が見られる。もちろん，党報による党・政府の宣伝色が濃い報道はあるが，本書第2章から第5章での内容分析によって，市民を賞賛対象とする傾向が生じていることが明らかになった。党・政府の宣伝は，党・政府の政策や方針の宣伝から，社会の「調和[15]」を反映する報道（市民の献血活動など，プラスイメージを伝える報道）に重点を置いて報道するように変化している。それは，党がメディアの報道を通じて，「調和社会」を支持する世論を作ることを図っているからであろう。

　「調和社会」を支持する内容をメディアに報道させるため，中国当局はメディアの「世論誘導」機能を多くの場合で強調している。例えば，2004年第16期4中全会（四中全会）では，党中央はメディアを管理するという原則を堅持し，世論誘導の能力を向上させ，世論誘導の主導権を掌握する必要があるとした。また，2006年の「突発公共事件新聞（ニュース）報道応急辦法（方法）」では，メディアの突発事件報道における世論誘導とは，党中央の決定に従うことであるとした。

　突発事件では，情報の混乱によって社会的なパニックが引き起こされる場合が多い。そのときはメディアが世論誘導を通じて市民の感情をなだめ，社会の安定のための世論を作る必要がある。このような社会安定のための世論誘導は中国のメディアにかぎらない。海外の突発事件報道でも，社会安定のため，メディア側の自主規制によって，世論を誘導したケースもあった。例えば，東日

15　日本語の「調和」は，中国語では「和諧」と言い，矛盾のない調和のとれた，という意味を指している。2006年の第16期6中全会（六中全会）では，胡錦濤主席が社会主義「調和社会（和諧社会）」の実現に向け努力することを強調した（「解読十六届六中全会：構建和諧社会確定九大目標」人民網〔http://politics.people.com.cn/GB/30178/4910188.html（2015年1月30日）〕）。

本大震災の「安心」「安全」を強調した報道などである。

　しかし，世論誘導の問題点は，一部のメディアが政府の世論誘導（社会の安定）を口実として，重要な情報を隠蔽し，突発事件や社会的な恐慌を引き起こす可能性があることである。例えば，2003年のSARS事件や2005年11月21日に発生したハルビン市政府が偽った断水情報を発表した事件[16]がその例である。このように，メディアの情報隠蔽は，メディアの情報伝達機能を果たせなくなると同時に，市民からのメディアや政府への信頼を失わせる結果となる。その原因として，①メディアが世論誘導の目的を理解していない，②メディアが自身の位置付けを理解していない，という二つが挙げられる。世論誘導の目的は，中国当局が「調和社会」イメージを社会に伝え，社会の安定や政権の正統性を維持することである。しかし，世論を誘導するため，誘導の主導権を掌握しなければならない。世論誘導に関わる情報源としては，政府，既存メディア，市民を代表するネットメディアという三つがある。突発事件が発生した際，政府や既存メディアが迅速に情報を公開すると，世論誘導の主導権を掌握できる。逆に，政府や既存メディアが情報を隠蔽し，ネットメディアが先に関連情報を公開した場合，ネットメディアが世論誘導の主導権を持つことになる。そうすると情報隠蔽をめぐって政府が市民と対立し，ネット上に政府に批判的な世論が形成され，信憑性が低い情報や流言が拡散し，社会が混乱する。そのため，政府が迅速に突発事件の情報を公開することが，世論誘導を効果的に実施するための前提である。

　また，中国当局が世論を効果的に誘導するためには，党のイデオロギー宣伝を本位とする価値観から脱却し，一般市民の生活や声を反映する市民本位の価値観へと変化する必要がある。その理由は，政府が提唱する世論誘導の方向が，ネットメディアですでに形成された市民の世論（ときに既存メディア世論）と共通の認識が多ければ多いほど，世論誘導の効果がある（李　2014）。逆に，政府が提唱する世論誘導の方向が市民の世論（ときに既存メディア世論）と共通の認識が少なければ少ないほど，ネット世論が政府の誘導しようとする世論と対立す

16　ハルビン市政府は社会の安定のためとして，同じ日に二つの異なる断水情報を発した。しかもそれらの情報は偽った情報であった。そのため，結果として逆に市民の不安を引き起こし，大きな事件になった。

る結果になる。そのため，既存メディアが政府の指示する世論誘導を行う際には，ネット（市民）世論に近い方向に巧みに誘導する必要がある。誘導に失敗した場合，既存メディアは政府の代弁者であるとの市民の反感を招き，既存メディアの信頼度も下がる。このように，ネットメディアが台頭する中国では，市民意識の向上にしたがって，党・政府の利益を一方的に強調する世論誘導方向は現実的ではなくなり，市民や社会の利益に沿った世論に誘導することが望まれている。

　以上に述べたように，中国のメディアは党や政府から独立していないため，突発事件報道を完全に独自に行うことができず，党が指示した通りに「世論誘導」を行わればならない。しかし，メディアが世論誘導の主導権を掌握するためには，情報を迅速に公開することが必要である。その後，党が指示した通り世論誘導をするが，市民の利益を反映できる方向に世論誘導することを工夫する必要がある。つまり，メディアは単に当局の世論誘導の道具として働くわけではなく，市民の利益を代弁して，政府とのコミュニケーションを促進するコーディネーターの役割を果たすべきなのである。

市民に寄り添った突発事件報道のあり方

　ここまでは，党に所有され，党に管理される中国メディアの突発事件報道における「監視機能」と「世論誘導」の必要性と可能性を論じた。改革開放以降，メディアは政治属性[17]だけでなく経済属性[18]をも持つようになったため，単に党のイデオロギー宣伝志向にしたがうのみで突発事件を報道するだけであってはならず，市民のニーズに応じて報道する必要が出てきた。また市民の代弁者としての性質も，メディアの報道が市民に奉仕し，市民の声を反映することを要求している。そのため，党・政府の管理の下，メディアが市民の利益に奉仕し，党・政府と慎重に交渉し，対抗し，監視機能をできるかぎり発揮し，市民や社会に寄り添った世論を誘導することが，今後の中国における突発事件報道のあり方と言えよう。

　このように，世論誘導が強調されているものの，突発事件報道の仕方は，従

17　メディアの政治属性とは，党・政府を宣伝することを意味する。
18　メディアの経済属性とは，メディアが企業としての産業属性を意味する。

来のような党・政府を一方的に賞賛するものではなくなっている。現在の突発事件報道においては，既存メディアやネットメディアが「権力」と交渉－対抗して行われる権力の監視と，市民に密着した世論誘導とが複合した突発事件報道の方法が形成されている。すなわち，本書での実証分析の中で論じたように，党員幹部を賞賛対象とする宣伝活動を行うことを抑え，一般市民を賞賛対象として宣伝活動を行うような傾向や，ネットメディアと既存メディアの連動で権力に対する監視機能の向上が進む傾向が見られる。こうした傾向は今後も継続するであろう。これは望ましいことと思われる。

第3節　中国における突発事件報道の変容の可能性

　先行研究の多くは，中国共産党が一党支配を維持するために，党とメディアの支配と被支配の関係を変えず，メディアを自由化させないと断じ，中国メディアの自由化の可能性を過小評価してきた。しかし，本書の実証研究から，ネット世論や既存メディアの世論の要請によって党や政府が対応策の改善を促進するメカニズムが存在し，このメカニズムが今後拡大していく傾向があることが示された。だが，このメカニズムの拡大には限度がある。したがって，党・政府が政治改革の枠組みで民主的な要請を容認できる範囲はどこまでなのかを検討することが重要である。

　著者は中国の突発事件の報道に関する今後の容認範囲は，次のようなものであると考える。第一に，党の指導思想や方針への否定的報道は不可能である。第二に，政府や官僚の監視報道がより自由化する可能性がある。第三に，民族問題に関わる突発事件報道については，メディアの自主的な報道が自由化する可能性は低いが，関連情報を開示する範囲を広げる可能性があると推測できる。

　まず，第一について，党の執政に関する「四つの基本原則」——①社会主義の道，②プロレタリアート独裁，③中国共産党の指導，④マルクス・レーニン主義，毛沢東思想の堅持——が憲法で定められている。この四つの基本原則は「中国の立国の元であり，憲法の根本的な指導思想であり，公民の言論の自由の方向や基準を提供している」（谷・鄭 1999：441）と述べている。つまり，メディアが報道活動を行う際，その四つの基本原則に反することは不可能である。そ

のため，突発事件報道では，マルクス主義，レーニン主義，毛沢東思想，共産党の指導や共産党の方針の否定，社会主義政治体制の否定など，共産党が堅持してきた原則を破ろうとする行為は党に認められない。

第二に，共産党の政治執政原則を堅持する一方，発展途上国としての中国は，他の国と同様に強い国へと発展するため，政治改革や経済改革を同時に行っている。経済改革では大きな成果を上げた一方，政治改革が遅れている。とりわけ，行政能力の低下，幹部の腐敗問題はすでに中国当局が抱える最大の難題である。1990年代から，中国当局はメディアの「世論監督」を提起し，メディアが政府の不正を暴露する報道を奨励したが，地方政府の阻害や中央政府が地方政府の不正報道が社会的な不安を引き起こすという懸念（例えば，政府の不正報道を多く報じると市民の政府への印象が悪くなるなど）があり，結局メディアの政府への「世論監督」は成功したとは言えなかった。

近年，腐敗問題の深刻化にしたがって，習近平政権は主導する汚職撲滅キャンペーンを行っている。その撲滅キャンペーンをより効果的に行うために，メディアによる政府の不正や官僚の汚職への「世論監督」が今後さらに重視されるはずである。そのため，突発事件における政府の不正行為や党員・幹部の不当な対応，汚職問題に対する報道・発信が容認できる範囲となり，現在より自由化が進む可能性があると考えられる。

第三に，第1章で論じたように，民族問題，突発事件の両方がメディアの報道・発信内容の管理の重点に置かれているため，民族問題に関わる突発事件は報道内容管理のダブルで重点化の対象になっている。したがって，関連情報を迅速に報道しても，メディアの自主的な報道を自由化するのは難しいと言えよう。その一方で，ネット上における市民の情報要請や海外世論の圧力によって，民族問題に関する情報の開示範囲が広がる可能性もある。

しかし，以上に述べたような可能性を実現するためには，ネットメディアの主体である市民が突発事件報道に対して民主的な要請を提出し，また既存メディアの主体である記者の意識が向上する必要がある。つまり，市民を代表するネット世論が中国当局に圧力をかけ，記者が中国当局の報道規制に挑戦し続けることが，突発事件報道の可能性を実現する鍵となろう。また，ネットメディアと既存メディアの相互協力によって，突発事件報道の自由化の範囲での

拡大が可能であろう。

　中国では，ネット世論や既存メディアの世論が中国当局の対応を改善させるメカニズムが形成されたばかりで，まだ未成熟である。したがって，ある意味で中国の突発事件報道の新たな歩みは始まったばかりと言えるだろう。また，本書で得られたネットメディアと既存メディアとの連動や，ネット世論や既存メディアの世論が中国当局の対応を改善させるメカニズムの形成は，政治改革中の発展途上国の突発事件報道や政治権力と衝突がある報道の考察にも，寄与する可能性を持つであろう。具体的には，以下の3点に特に寄与することができる。

　第一に，本書は中国メディアの突発事件報道・発信の全体像を把握するために，既存メディアやネットメディアの相互関係が生じるという分析アプローチを提示した。このような分析アプローチは，他国の突発事件報道の考察にも貢献し得るだろう。

　第二に，本書では既存メディアとネットメディアの報道・発信の内容分析（機能フレーム，報道イメージなど項目）を用いて，既存メディアとネットメディアの報道・発信実態を明らかにした。また，それらの報道・発信実態を政府の対応の変化と合わせて分析し，ネットメディアと既存メディアとの連動や，ネット世論や既存メディアの世論が中国当局の対応を改善させるメカニズムを捉えた。こうしたネット世論が政府の対応に影響することを検証するという手法は，一つの方法論として，ほかの国のネットメディア研究にも活用できると考えられる。

　第三に，本書は政治改革中の発展途上国としての中国の突発事件報道におけるメディアの報道・発信実践が，政府（権力）の施策に影響力を与えていることを検証した。政治改革中の発展途上国の突発事件報道や政治権力と衝突がある報道を考察する際，本書がほかの国で発生しうる事態の可能性を推測するに一つの根拠を提供している。

　他方，本書にはいくつかの限界と解題が残っている。第一に，本書の第3，6章では，ネットメディアの発信を分析したが，発信内容を収集する際，ネット上の発信内容の一部は削除されたため，すべては入手できなかった。そのため，現時点で入手可能な資料の範囲での分析であることに留意する必要がある。

第二に，突発事件は4種——自然災害，公共衛生事件，生産安全事故，公共安全事件——がある。本書は，公共衛生事件，自然災害，生産安全事故，公共安全事件の代表として，SARS事件，5・12四川大震災，7・23温州高速列車脱線事故，8・12天津爆発事故および雷洋事件を選んだ。公共安全事件では，民族問題，宗教問題，外交問題など，より複雑な諸要素に配慮する必要があるテロ事件や少数民族の騒乱事件もある。だが，この種類の事件は常に外国の勢力や宗教問題とかかわるので，ほかの種類の突発事件と区別して検討する必要があると考える。テロ事件，少数民族の騒乱事件の報道に関しては，今後の課題として研究していきたい。

掲載図表一覧

第1章

表1-1　ネットメディアに対する主要な管理法規制

第2章

図2-1　2紙の報道件数の時間推移
表2-1　『人民日報』の報道ジャンルの割合
表2-2　『南方都市報』の報道ジャンルの割合
表2-3　『人民日報』の報道主題別の件数および割合の内訳
表2-4　『南方都市報』の報道主題別の件数および割合の内訳
表2-5　『人民日報』の各報道イメージの割合
表2-6　『南方都市報』の各報道イメージの割合
表2-7　2紙のマイナスイメージ報道の内訳
表2-8　2紙のプラスイメージ報道の内訳
表2-9　マイナスイメージ報道における指摘・批判対象の内訳
表2-10　プラスイメージ報道における賞賛対象の内訳
表2-11　『人民日報』のSARS報道の発信クレジットの割合
表2-12　『南方都市報』のSARS報道の発信クレジットの割合
表2-13　『人民日報』の各ニュースソース1の内訳
表2-14　『南方都市報』の各ニュースソース1の内訳
表2-15　『人民日報』の各ニュースソース2の内訳
表2-16　『南方都市報』の各ニュースソース2の内訳

第3章

図3-1　3紙の報道件数の時間推移
表3-1　各報道ジャンルの件数および割合の内訳
表3-2　各報道主題の件数および割合の内訳
表3-3　3紙の救援活動報道主題の内訳
表3-4　3紙の人物主題の内訳
表3-5　3紙の政府の動向主題の内訳
表3-6　3紙の各報道イメージの件数および割合の内訳
表3-7　3紙のマイナスイメージ報道の内訳
表3-8　3紙のプラスイメージ報道の内訳
表3-9　マイナスイメージ報道における指摘・批判対象の内訳
表3-10　プラスイメージ報道における賞賛対象の内訳

表3-11　3紙の震災報道の発信クレジット件数と割合
表3-12　『新京報』『華西都市報』の発信クレジットの利用状況
表3-13　3紙の各ニュースソース1の内訳
表3-14　3紙の各ニュースソース2の内訳
表3-15　2種のメディアによる発信件数と割合
表3-16　報道主題別の件数および割合の内訳
表3-17　報道および書き込みのイメージの件数と割合
表3-18　マイナスイメージの発信における指摘・批判対象の内訳
表3-19　プラスイメージの発信における賞讃対象の内訳
表3-20　機能別に見た掲示板の書き込みの内訳
表3-21　機能別に見た掲示板のコメントの内訳

第4章

表4-1　3紙の7・23鉄道事故報道の第1面掲載数の内訳
表4-2　3紙の7・23鉄道事故報道の特集紙面の有無
表4-3　3紙の報道ジャンルの割合
表4-4　報道総数に占める各報道主題の割合
表4-5　3紙の救援活動報道主題の内訳
表4-6　3紙の政府の動向主題の内訳
表4-7　3紙の報道イメージの内訳
表4-8　3紙のマイナスイメージ報道の内訳
表4-9　3紙のプラスイメージ報道の内訳
表4-10　マイナスイメージ報道における指摘・批判対象の内訳
表4-11　プラスイメージ報道における賞賛対象の内訳
表4-12　3紙の7・23鉄道事故報道の発信クレジットの割合
表4-13　3紙の各ニュースソース1の内訳
表4-14　3紙の各ニュースソース2の内訳
表4-15　3種のメディアによる発信件数と割合
表4-16　新浪微博の人気書き込みの発信ユーザーアカウントの内訳
表4-17　報道主題別の件数および割合の内訳
表4-18　報道および書き込みのイメージの件数と割合
表4-19　マイナスイメージの発信における指摘・批判対象の内訳
表4-20　プラスイメージの発信における称賛対象の内訳
表4-21　機能別に見た新浪微博と天涯掲示板の書き込みの内訳
表4-22　機能別に見た新浪微博と天涯掲示板のコメントの内訳

第5章

図5-1　発信件数の時間推移

表 5 - 1 主題別の書き込み件数および割合の内訳
表 5 - 2 フレーム別の書き込み件数および割合の内訳
表 5 - 3 書き込みのイメージの件数と割合
表 5 - 4 マイナスイメージの発信における指摘・批判対象の内訳
表 5 - 5 書き込みの情報源の内訳
表 5 - 6 コメントの態度の内訳
表 5 - 7 批判・指摘・疑問のコメントの内訳
表 5 - 8 熱門評論の内容の内訳 I
表 5 - 9 熱門評論の内容の内訳 II
表 5 -10 熱門評論の内容の内訳 III
表 5 -11 熱門評論の内容の内訳 IV
表 5 -12 熱門評論の内容の内訳 V
表 5 -13 熱門評論の内容の内訳 VI
表 5 -14 熱門評論の内容の内訳 VII
表 5 -15 熱門評論の内容の内訳 VIII
表 5 -16 熱門評論の内容の内訳 IX

第6章

図 6 - 1 書き込み件数の時間推移
図 6 - 2 知乎掲示板の雷洋事件の検索結果
図 6 - 3 新浪微博の雷洋事件の検索結果
図 6 - 4 雷洋事件関係者の発信件数の変化
表 6 - 1 主題別の書き込み件数および割合の内訳
表 6 - 2 書き込みのイメージの件数と割合
表 6 - 3 マイナスイメージの指摘対象別の件数と割合
表 6 - 4 書き込みの情報源の内訳
表 6 - 5 ソーシャルメディアの情報源の内訳
表 6 - 6 書き込みに付随するコメントの態度の分析
表 6 - 7 期間別のコメントの態度の内訳
表 6 - 8 期間別の批判・指摘・疑問のコメントの態度の内訳
表 6 - 9 雷洋事件関係者の微博への書き込みの態度の内訳
表 6 -10 陳有西の書き込みに付随するコメントの態度の内訳
表 6 -11 雷洋の妻の書き込みに付随するコメントの態度の内訳

第7章

図 7 - 1 突発事件の情報伝達ルート
図 7 - 2 ネットメディア時代における突発事件に関する情報伝達モデル

内容分析コード表

第2章に用いる内容分析分類コード表			
カテゴリー	コード	分類基準	分類の注意点
報道ジャンル	1 社会	訴訟，事故，インフラ，家庭，結婚，健康，医療，衛生，福祉，文化	衛生部が発表した感染状況および治療状況に関する報道は社会ジャンルとして分類する
	2 政治	政治会議，政策制度，行政，財政，外交，政治家の講話，政治家の動向，国際政治	SARSの感染状況による旅行，経済への影響は社会ジャンルとして分類する。
	3 評論	事件に対する疑問，コメント	
	4 その他	社会，政治，評論に分類できない内容。例えば，スポーツ，天気	
	1 感染・治療状況	SARSの感染者数，感染地域，感染による死亡者数，SARS患者の治療情報	衛生部門は SARS 感染の主要対応部門であるため，中央政府の動向，地方政府の動向と分けて分類する
	2 感染者，感染者家族	感染者の生活状況，感染者家族の生活状況	
	3 SARSの影響	社会，経済への SARS の影響	SARS 予防や治療は予防状況と治療状況ではなく，予防知識や治療知識である
	4 中央政府の動向	中央政府による会議の開催，中央幹部の講話・視察，中央政府による SARS の対応策・方針	
	5 衛生部門の対応	衛生部門による会議の開催，衛生部門幹部の講話・視察，衛生部門の SARS 治療方案，措置	
報道主題	6 地方政府の動向	地方政府による会議の開催，地方幹部の講話・視察，地方政府による SARS の対応策・方針	

	7 SARS予防と治療	SARSの予防知識，SARSの治療知識	
	8 人物	SARSの治療活動で活躍した医療関係者	
	9 社会の動向	社会の各業界あるいは一般の市民がSARSに対応する動向およびSARS患者に対する援助動向	
	10 国際の動向	海外各国のSARSへの反応や対応策，WHOによる開催する会議，関係者の発言	
	11 その他	以上各項目に分類できないこと	
報道イメージ	1 マイナス	批判的なコメント，問題の指摘および疑問	
	2 中立	客観的な事実報道	
	3 プラス	一般市民，医療関係者，中国当局の対応を賞賛する報道	マイナスやプラスが同一の記事で同時にある場合，報道量が多いほうに分類する
指摘・批判対象	1 中国共産党・中国政府・中国指導者	中国共産党，中国中央政府，中央指導者に対する批判，疑問，指摘	
	2 中国体制	中国の政治経済体制に対する批判，疑問，指摘	衛生部門はSARSの主要な対応部門であるため，地方政府，中央政府に分けて分類する
	3 地方政府・地方幹部・省庁幹部	地方政府・地方幹部・省庁幹部に対する批判，疑問，指摘	
	4 民間（個人・組織・企業）	個人・組織・企業に対する批判，疑問，指摘	批判対象が複数ある場合,批判の分量(文字数)で判断し，主要な批判対象に分類する
	5 衛生部門	衛生部門に対する批判，疑問，指摘	
	6 その他	以上各項目に分類できないこと	

	1 中国共産党・中国政府・中国指導者	中国共産党，中国中央政府，中央指導者の対応に対する賞賛	
	2 中国体制	中国の政治体制，経済体制に対する賞賛	賞賛対象が複数ある場合，批判の分量（文字数）で判断し，主要な批判対象に分類する
賞賛対象	3 地方政府・地方幹部・省庁幹部	地方政府，地方幹部，省庁幹部に対する賞賛	
	4 民間（個人・組織・企業）	個人，組織，企業に対する賞賛	
	5 衛生部門	衛生部門や衛生部門の関係者に対する賞賛	
	6 その他	以上各項目に分類できないこと	
	1 自社	新聞社自社による発信	
	2 新華社	新華社による配信	新華社や他社あるいは自社の総合発信は新華社クレジットに分類する
発信クレジット	3 他の既存メディア	自社や新華社以外の既存メディアによる発信	
	4 ネットメディア	ニュースサイトやソーシャルメディアによる発信	
	5 政府部門のホームページ	政府部門のホームページによる発信	
	6 その他	分類できない，クレジット不明	
	1 政府	政府関係者，政府機関，公的資金で設立される団体	ニュースソースが複数存在する場合，報道分量が多いニュースソースに分類する
ニュースソース 1	2 民間	一般企業，民営企業，個人，非営利組織	
	3 不明	不明なニュースソース	
	1 記者	記者や編集者	
ニュースソース 2	2 市民・企業・団体	一般の市民，企業，非営利組織など団体	同上

	3 ネット	ネット上市民の発信	

第3章に用いる内容分析分類コード表			
カテゴリー	コード	分類基準	分類の注意点
報道ジャンル	1 社会	訴訟，事故，インフラ，家庭，結婚，健康，医療，衛生，福祉，文化	民政局，民航局，衛生部，鉄道部などインフラ，衛生部門による救援・救助活動は政府による措置であるが，これらの情報は市民生活と密接に関係し，新聞紙では社会面に掲載される記事が多い。そのため，ここで社会ジャンルに分類している
	2 政治	政治会議，政策制度，行政，財政，外交，政治家の講話，政治家の動向，国際政治	
	3 評論	震災に対する疑問，コメント	
	4 その他	社会，政治，評論に分類できない内容。例えば，スポーツ，天気	
	1 震災	地震そのものに関する内容を主題とするもの。例えば被害状況や被災地状況，二次災害に関する状況，死傷者数，震災の影響	
	2 被害者の状況	被災者の治療・生活状況，死傷者家族の動き	
	3 救援活動	市民，医療部門，解放軍・警察の被害者救援・救助活動	「政府・政府関係者」（軍隊，警察，武装警察，党員幹部，団員救援，指導者の救援指導会議，視察，慰問，国際援助，地方政府の対応）「民間」（被災者，市民，非政府組織救援，企業か

			らの救援・援助活動)「不明」
	4 指導者の動向	中央指導者，省長など省庁レベル以上の幹部の視察，講話など動向	
	5 政府の動向	中央，地方政府部門の対応(会議，措置の実施など)	政府の動向を「中央政府」「地方政府」「不明」の三つの小項目に分ける
報道主題	6 社会の動向	民間の寄付等援助活動，民間の震災への反応など	
	7 海外の動向	海外からの慰問，援助，外国人による震災への反応など	
	8 再建・復旧・避難状況	被災地の再建・復旧状況，被災者の避難状況	
	9 人物	救援活動における英雄的な救援者および被害者	人物を「公務員・党員」「一般市民」の二つの小項目に分ける
	10 その他	以上各項目に分類できないこと	
	1 マイナス	批判・問題暴露報道・被災地の状況や被災者の状況を悲惨な言葉で描写すること	
報道イメージ	2 中立	震災に関する中立の事実報道	
	3 プラス	賞賛する内容	マイナスやプラスが同一の記事で同時にある場合，報道量が多いほうに分類する
	1 中国共産党・中国政府・中国指導者	中国共産党，中国中央政府，中央指導者に対する批判，疑問，指摘	
	2 中国体制	中国の政治経済体制に対する批判，疑問，指摘	
指摘・批判対象	3 地方政府・地方幹部・省庁幹部	地方政府・地方幹部・省庁幹部に対する批判，疑問，指摘	
	4 民間（個人・組織・企業）	個人・組織・企業に対する批判，疑問，指摘	批判対象が複数ある場合，批判の分量(文

				字数）で判断し，主要な批判対象に分類する
	5 国際の動向	国際社会，海外の団体・組織・個人の行為に対するや衛生部門の関係者に対する批判，疑問，指摘	
	6 その他	以上各項目に分類できないこと	
	1 中国共産党・中国政府・中国指導者	中国共産党，中国中央政府，中央指導者の対応に対する賞賛	
	2 中国体制	中国の政治体制・経済体制に対する賞賛	賞賛対象が複数ある場合，批判の分量（文字数）で判断し，主要な批判対象に分類する
賞賛対象	3 地方政府・地方幹部・省庁幹部	地方政府，地方幹部，省庁幹部に対する賞賛	
	4 民間（個人・組織・企業）	個人，組織，企業に対する賞賛	
	5 海外の動向	国際社会，海外の団体・組織・個人の行為に対するや衛生部門の関係者に対する賞賛	四川大震災の発生後，外国政府や外国人による四川大震災に対する援助や評価が多かったため，ここで一つの項目を作った
	6 その他	以上各項目に分類できないこと	
	1 自社	新聞社自社による発信	
	2 新華社	新華社による配信	新華社や他社あるいは自社の総合発信は新華社クレジットに分類する
発信クレジット	3 他の既存メディア	自社や新華社以外の既存メディアによる発信	
	4 ネットメディア	ニュースサイトやソーシャルメディアによる発信	
	5 政府部門のホー	政府部門のホームページ	

	ムページ	による発信	
	6その他	分類できない，クレジット不明	
ニュースソース1	1政府	政府関係者，政府機関，公的資金で設立される団体	ニュースソースが複数存在する場合，報道分量が多いニュースソースに分類する
	2民間	一般企業,民営企業,個人,非営利組織	
	3不明	不明なニュースソース	
	1政府	政府関係者，政府機関，公的資金で設立される団体	
ニュースソース2	1記者	記者や編集者	同上
	2市民・企業・団体	一般の市民，企業，非営利組織など団体	
	3ネット	ネット上市民の発信	
ネットメディアの情報源	1独自の発信	ネットメディアによるオリジナル発信	
	2転載	他のメディアからの転載発信	
機能別にみた掲示板の書き込み(書き込みに付随するコメントも含む)	1情報伝達	震災に関する情報伝達	
	2公権力の監視	公権力への指摘・批判	
	3動員	救援活動や哀悼活動などの呼びかけ	
	4分析	震災に関する問題点に対する具体的な分析。例えば，震災の救援における難点についての分析	
	5その他	以上各項目に分類できないこと	

第4章に用いる内容分析分類コード表			
カテゴリー	コード	分類基準	分類の注意点
	1第1面に掲載される	第1面に掲載された7・23鉄道事故の関連記事	

第1面掲載	2 第1面に掲載されない	第1面に掲載されなかった7・23鉄道事故の関連記事	
	1 特集紙面がある	7・23鉄道事故の特集紙面を作った	
特集紙面の有無	2 特集紙面がない	7・23鉄道事故の特集紙面を作っていない	
報道ジャンル	1 社会	訴訟, 事故, インフラ, 家庭, 結婚, 健康, 医療, 衛生, 福祉, 文化	民政局, 民航局, 衛生部, 鉄道部などインフラ, 衛生部門による救援・救助活動は政府による措置であるが, これらの情報は市民生活と密接に関係し, 新聞紙では社会面に掲載される記事が多い。そのため, ここで社会ジャンルに分類している
	2 政治	政治会議, 政策制度, 行政, 財政, 外交, 政治家の講話, 政治家の動向, 国際政治	
	3 評論	震災に対する疑問, コメント	
	4 その他	社会, 政治, 評論に分類できない内容。例えば, スポーツ, 天気	
	1 事故	事故そのものに関する内容を主題とするもの, 例えば事故状況や被害状況, 救援の状況, 死傷者数, 事故の交通への影響, 外国での同様な事例の紹介	
	2 被害者	被害者に関する内容, 例えば事故経験者の治療・生活状況, 死傷者家族の動き, 死傷者リスト	
	3 救援活動	市民, 医療部門など関係部門による被害者救援・救助活動	「政府・政府関係者」(軍隊, 警察, 武装警察, 党員幹部, 団員救援)「民間」(市民,

				非政府組織救援，企業からの救援・援助活動）「不明」
	4 指導者の動向	中央指導者，省長など省庁以上レベル幹部の講話，視察動向など		
	5 政府の動向	中央，地方政府部門の対応（会議，措置の実施など）	政府の動向を「中央政府」「地方政府」「不明」の三つの小項目に分ける
報道主題	6 社会の動向	市民，慈善団体，企業，病院など各面の動き	
	7 鉄道部の動向	鉄道部および鉄道部門（鉄道部門関係者も含む）が記者会見での講話，事故対応，措置等	
	8 復旧・賠償	鉄道線路の復旧状況，被害者の賠償状況	
	9 その他	以上各項目に分類できないこと	
	1 マイナス	政府・鉄道部批判，事故に関わる問題の指摘や疑問の提起	
報道イメージ	2 中立	震災に関する中立の事実報道	
	3 プラス	賞賛する内容	マイナスやプラスが同一の記事で同時にある場合，報道量が多いほうに分類する
	1 中国共産党・中国政府・中国指導者	中国共産党，中国中央政府，中央指導者に対する批判，疑問，指摘	
	2 中国体制	中国の政治経済体制に対する批判，疑問，指摘	鉄道部・鉄道産業に対する批判が多いため，ここで「鉄道部・鉄道産業」項目を作った
指摘・批判対象	3 鉄道部・鉄道産業	鉄道部，鉄道産業，鉄道部関係者に対する批判，疑問，指摘	
	4 地方政府・地方幹部・省庁幹部	地方政府・地方幹部・省庁幹部に対する批判，疑問，	批判対象が複数ある場合，批判の分量（文

		指摘	字数）で判断し，主要な批判対象に分類する
	5 その他	以上各項目に分類できないこと	
	1 中国共産党・中国政府・中国指導者	中国共産党，中国中央政府，中央指導者の対応に対する賞賛	
	2 中国体制	中国の政治体制，経済体制に対する賞賛	賞賛対象が複数ある場合,批判の分量（文字数）で判断し，主要な批判対象に分類する
賞賛対象	3 地方政府・地方幹部・省庁幹部	地方政府，地方幹部，省庁幹部に対する賞賛	
	4 民間（個人・組織・企業）	個人，組織，企業に対する賞賛	
	5 その他	以上各項目に分類できないこと	
	1 自社	新聞社自社による発信	
	2 新華社	新華社による配信	新華社や他社あるいは自社の総合発信が新華社クレジットに分類する
発信クレジット	3 他の既存メディア	自社や新華社以外の既存メディアによる発信	
	4 ネットメディア	ニュースサイトやソーシャルメディアによる発信	
	5 政府部門のホームページ	政府部門のホームページによる発信	
	6 その他	分類できない，クレジット不明	
	1 政府	公人，政府機関，公的資金で設立される団体	ニュースソースが複数存在する場合，報道分量が多いニュースソースに分類する
ニュースソース1	2 民間	一般企業，民営化企業，個人，非営利性組織	
	3 不明	不明なニュースソース	

内容分析コード表 259

	1 政府	公人，政府機関，公的資金で設立される団体	ニュースソースが複数存在する場合，報道分量が多いニュースソースに分類する
ニュースソース2	2 記者	記者や編集者	
	3 民間	一般企業，民営化企業，個人，非営利性組織	
	4 不明	不明なニュースソース	
ネットメディアの情報源	1 独自の発信	ネットメディアによるオリジナル発信	
	2 転載	他のメディアからの転載発信	「既存メディア」「それ以外」の二つの項目に分ける
発信ユーザーアカウント名義	1 団体・組織・企業ユーザー	「既存メディア」「ネットメディア」「その他」	
	2 個人ユーザー	「一般市民」「記者」「有名人」	
機能別にみた掲示板の書き込み(書き込みに付随するコメントも含む)	1 情報伝達	7・23鉄道事故に関する情報伝達	
	2 公権力の監視	公権力への指摘・批判	
	3 動員	救援活動や哀悼活動などの呼びかけ	
	4 分析	事故原因，事故対応に関する問題点に対する具体的な分析。例えば，事故の原因が雷なのかそれとも人因なのかについての分析	
	5 その他	以上各項目に分類できないこと	

第5章に用いる内容分析分類コード表			
カテゴリー	コード	分類基準	分類の注意点
	1 事故	そのものに関する内容を主題とするもの，例えば事故状況や被害状況，死傷者数，事故の環境への	

		影響など	
	2 死傷者および死傷者の家族	事故経験者の治療・生活状況，死傷者家族の動き，死傷者リスト	
	3 救援者	警察，消防士など事故救援者の動向	
	4 政府部門および政府の関係者	中央指導者，省長など省庁以上レベル幹部の動向，講話や中央，地方政府部門の対応・調査など	
	5 社会	市民，慈善団体，企業，病院など社会各面の動向	
報道主題	6 事故関連企業	事故の関連企業の瑞海国際という会社の関連情報	
	7 その他	以上各項目に分類できないこと	
	1 事故過程	事故の発生状況，被害状況，政府の初動など事故の流れに関する情報	
	2 現場の詳細状況	爆発現場および爆発周辺の詳細状況	
	3 責任の追及	政府や関連企業の責任の追及	
書き込みフレーム	4 社会の反応および事故への評価	社会の各業界や一般市民の事故への反応および市民の事故における各関係者の対応への評価	
	5 事故の背景情報	事故関係企業の情報など事故の発生に間接的な情報	
	6 事故影響と結果	爆発による汚染など影響および事故の結果	
	7 その他		
	1 マイナス	政府や事故関連企業の批判，事故に関する問題の指摘や問題の提起	
イメージ	2 中立	震災に関する中立の事実報道	
	3 プラス	賞賛する内容	マイナスやプラスが同一の記事で同時にある場合，報道量が

			多いほうに分類する
	1 中国政府	中国共産党，中国中央政府，中央指導者に対する批判，疑問，指摘	
	2 中国政治・経済体制	中国の政治経済体制に対する批判，疑問，指摘	
指摘・批判対象	3 事故関係企業（瑞海国際）	事故関係企業（瑞海国際）に対する批判，疑問，指摘	
	4 地方政府・地方幹部	地方政府・地方幹部・省庁幹部に対する批判，疑問，指摘	批判対象が複数ある場合，批判の分量（文字数）で判断し，主要な批判対象に分類する
	5 その他	以上各項目に分類できないこと	
	1 オリジナル		
	2 通信社		
	3 新聞社		
ネットメディアの情報源	4 放送		
	5 ニュースサイト		
	6 ソーシャルメディア		

第6章に用いる内容分析分類コード表			
カテゴリー	コード	分類基準	分類の注意点
	1 事件	事件そのものに関する内容を主題とするもの，例えば事件の発生時間，詳細情報，事件に対する疑問，類似の事件情報など	
	2 雷洋の個人情報	雷洋の職業，学歴，家族構成など個人情報	
報道主題	3 警察	警察側に関する内容，例えば事件にかかわる警察側の対応など。	
	4 メディア	メディアに関する内容，例えば主流メディアの報	

		道など	
	5 社会	一般市民，雷洋の友人など社会各面の動向	
	7 国家体制	中国の体制に関する議論	
	1 マイナス	事件に関する問題点の提出や警察，制度への指摘など	
イメージ	2 中立	事件に関する情報の提供	
	3 プラス	賞賛する内容	マイナスやプラスが同一の記事で同時にある場合，報道量が多いほうに分類する
	1 警察側	事件に関わる警官と警察全体	
	2 メディア	既存メディアとネットメディア	
指摘・批判対象	3 制度	中国の法制度など	
	4 雷洋と家族	雷洋と雷洋の家族	批判対象が複数ある場合，批判の分量（文字数）で判断し，主要な批判対象に分類する
	5 社会	一般市民，雷洋の友人など社会各面	
	1 オリジナル		
	2 通信社		
	3 新聞社		
情報源	4 放送		
	5 ニュースサイト		
	6 ソーシャルメディア		

参考文献

日本語（50 音順）

天野勝文・橋場義之『新現場からみた新聞学』学文社，2008 年。

伊藤高史「ロバート・M・エントマンのフレーム分析と『滝流れモデル』についての検討——ジャーナリズムの影響に関する政治社会学的研究と『正当性モデル』の視点から」『慶應義塾大学 メディア・コミュニケーション研究所紀要』第 59 号，2009 年，141-55 頁。

伊藤守『テレビは原発事故をどう伝えたのか：ドキュメント』平凡社，2012 年。

遠藤薫『インターネットと〈世論〉形成——間メディア的言説の連鎖と抗争』東京電機大学出版局，2004 年。

遠藤薫『『ネット世論』という曖昧——〈世論〉，〈小公共圏〉，〈間メディア性〉』『マス・コミュニケーション研究』77，2010 年，105-126 頁。

遠藤薫『間メディア社会における〈世論〉と〈選挙〉——日米政権交代に見るメディア・ポリティクス』東京電機大学出版局，2011 年。

遠藤薫『メディアは大震災・原発事故をどう語ったか——報道・ネット・ドキュメンタリーを検証する』東京電機大学出版局，2012 年。

王冰「中国メディアの『世論監督』機能をめぐる権力関係」筑波大学 2013 年度博士（学術）学位請求論文，2013 年。

大石裕「『政局報道』と『政策報道』——『3・11 震災報道』を中心に」『メディア・コミュニケーション』No.63，2013 年，77-83 頁。

大石裕「メディア・フレームと社会運動に関する一考察」『三田社会学』第 12 号，2007 年，19-31 頁。

大石悠二「イラク戦争と『埋め込み』報道——マスメディアの新しい役割」『コミュニケーション科学』23 号，2005 年，61-73 頁。

大谷順子「四川大地震に見る現代中国-阪神淡路大震災と福岡西方沖地震との比較を交えて」『九州大学アジア総合政策センター【紀要】』第 3 号，2009 年，23-37 頁。

加藤洋子「SARS 事件から見た中国の危機管理に関する一考察」『21 世紀社会デザイン研究』No.7，2008 年，41-52 頁。

限本邦彦「東日本大震災の災害報道の問題点——教訓は正しく伝えられているのか」『消防科学と情報』No.113，2013 年，16-9 頁。

小山昌宏「セキュリティ社会論の形成は可能か——リスク，リスク社会，リスクコミュニケーションからのアプローチ」『情報セキュリティ総合科学』第 4 号，2012 年，104-7 頁。

近藤誠司「被災者に寄り添った災害報道に関する一考察——5.12 中国ブン川大地震の事例を通して」『自然災害科学』Vol.28，No.2，2009 年，137-49 頁。

佐藤潤司「ネット空間におけるマスメディア批判言説の分析-アルジェリア人質事件の被害者実名報道を題材に」『マス・コミュニケーション研究』85，2014 年，185-204 頁。

西茹『中国の経済体制改革とメディア』集広舎，2008 年。

朱家麟『現代中国のジャーナリズム——形成・変遷・現状の研究』田畑書店，1995 年。

瀬川至朗「原発報道は『大本営発表』だったか——朝・毎・読・日経の記事から探る（検証3・11報道）」『Journalism』、朝日新聞社、8月号、No.255、2011年、28-39頁。

関谷直也『風評被害——そのメカニズムを考える』光文社、2011年。

高井潔司『中国文化強国宣言批判——胡錦濤政権の落日』蒼蒼社、2011年。

高見尚武『災害危機管理のすすめ——事前対策とその実践』近代消防社、2007年。

田中淳「災害情報の要件」田中淳・吉井博明編『災害情報論入門』弘文堂、2008年。

田中幹人・丸山紀一朗・標葉隆馬『災害弱者と情報弱者——3・11後、何が見過ごされたのか』筑摩書房、2012年。

陳雅賽「7・23温州列車衝突事故に関する中国新聞報道の分析」『早稲田政治公法研究』105、2014年、73-90頁。

陳雅賽「7・23温州列車脱線事故における中国ネット世論の形成——新浪ニュースサイト、新浪微博、天涯掲示板の分析を通じて」『マス・コミュニケーション研究』第86号、2015年、123-42頁

津金澤聰廣「流言飛語とメディア」黒田展之・津金澤聰廣編『震災の社会学——阪神・淡路大震災と民衆意識』世界思想社、1999年。

津田大介『動員の革命——ソーシャルメディアは何を変えたのか』中央公論新社、2012年。

東京大学新聞研究所編『地震予知と社会的反応』東京大学出版会、1979年。

中森広道「被災地住民向けの広報」吉井博明・田中淳編『災害危機管理論入門——防災危機管理担当者のための基礎講座』弘文堂、2008年。

西本紫乃「中国インターネット世論の内政・外交への影響」『外務省調査月報』No.4、2012年、1-27頁。

廣井脩編『災害情報と社会心理』北樹出版、2004年。

廣井脩「放送による災害報道の課題」『民放』第12号、1993年、6-9頁。

ファクラー、マーティン「第一部『東日本大震災報道の検証』（パネルディスカッション、〈特集〉日本マス・コミュニケーション学会60周年記念シンポジウム 震災・原発報道の検証-「3.11」と戦後日本社会）」『マス・コミュニケーション研究』NO．81、2012年、30-1頁。

マクウェール、デニス著、大石裕監訳『マス・コミュニケーション研究』慶応義塾大学出版会、2010年（McQuail, Denis,. *McQuail's Mass CommunicationTheory*, SAGE Publications Ltd, 2005）。

三上俊治「災害情報と流言」廣井脩編『災害情報と社会心理』北樹出版、2004年。

孫旭培著、高井潔司・西茹・及川淳子・魯靜・雷紫雯訳『中国における報道の自由——その展開と命運』桜美林大学北東アジア総合研究所、2013年。

安野智子『重層的な世論形成過程——メディア・ネットワーク・公共性』東京大学出版会、2006年。

横田陽子「科学知識の伝達——スーパースプレッダーの例」『コア・エシックス』vol.1、57-72頁、2005年。

李相哲「岐路に立つ中国メディア」李相哲編『日中韓の戦後メディア史』藤原書店、2012年。

中国語（ピンイン順）

崔蘊芳『網絡輿論形成機制研究』中国伝媒大学出版社，2012 年。

陳建雲『中国当代新聞伝播法制史論』山東人民出版社，2005 年。

陳建雲「汶川大地震報道中的倫理問題」『新聞大学』第 4 期，2008 年，24-8 頁。

陳芳「再談『両個世論場』——訪外事委員会副主任委員，全国人大常委会委員，新華社原総編輯南振中」『中国記者』第 1 期，2013 年，43-6 頁。

陳昌鳳『中国新聞伝播史——伝媒社会学的視角（第二版）』清華大学出版社，2009 年。

陳力丹「反思與展望——中国伝媒改革開放三十周年筆談」『傳播與社會学刊』第 6 期，2008 年 20 頁。

曹林「天災死亡人数不再是国家秘密」『防災博覧』第 5 期，2005 年，9 頁。

丁俊傑・張樹庭編『網絡輿情及突発公共事件危機管理経典案例』中共中央党校出版社，2010 年。

丁紅「論汶川地震報道中的跨媒体聯動」『淮海工学院学報（社会科学版・学術論壇）第 8 巻第 1 期，2010 年，104-7 頁。

鄧利平・趙淑雯「従災害新聞的伝播看中美新聞理念的不同——以『人民日報』和『紐約時報』的台風報道為例」『西南科技大学学報（哲学社会科学版）』第 26 巻 1 期，2009 年，98-102 頁。

方漢奇編『中国新聞伝播史（第 3 版）』中国人民大学出版社，2014 年。

葛瑋「中国特色伝媒体制——歴史沿革与発展完善」『中国行政管理』第 6 期，2010 年，9-11 頁。

谷春徳 ・鄭抗生主編『人権——従世界到中国』党建読物出版社，2010 年。

胡正栄「媒介尋租的背後」『新聞週刊』第 42 期，2003 年，40-1 頁。

金炳華主編『新聞工作者必読』文匯出版社，2002 年。

李斌「政府網絡輿論危機及其治理策略——社会転型，網絡政治参与，政治体制改革的交集」『広東広播電視大学学報』第 6 期，2010 年，52-7 頁。

李金龍「再論必須強化期刊的『三審制』制度」『黒龍江教育学院学報』第 12 期，2010 年，178-9 頁。

李宇「互聯網時代突発事件網絡輿論引導的路経与方法」『行政管理改革』第 2 期，2014 年，45-50 頁。

林晖・孫瑛・王全意「我国突発公共衛生事件信息公開的進展」『中国初級衛生保健』第 5 期，2012 年，1-3 頁。

劉嘉「融合新聞：汶川地震新聞報道新模式」『新聞伝播』第 7 期，2008 年，10-2 頁。

廖為建・李梨「美国現代危機伝播研究及其借鑒意義」『広州大学学報（社会科学版）』第 8 期，2004 年，18-23 頁。

梁衡「論報紙走向市場」『新聞記者』第 12 期，1992 年，10-3 頁。

Michael Regester. *Crisis Management*. Random House Business Books, 1989.（陳向陽・陳寧訳『危機公関』復旦大学出版社，1995 年）

毛亜美「新聞網站重大突発事件報道的框架分析——以人民網与鳳凰網対"7·23 動車事故"報道為例」『新聞世界』第 1 期，2012 年，134-6 頁。

潘曉凌・喬同舟「新聞材料的選択与建構——連戦" 平和之旅 "両岸媒体報道比較研究」『新聞与伝播研究』第 4 期，2005 年，54-65 頁。

孫旭培『当代中国新聞改革』人民出版社，2004 年。

孫発友「従"人本位"到"事本位"——我国災害報道観念変化分析」『現代伝播——北京広播学院学報』第 2 期，2001 年，33-7 頁。

沈正賦「災難新聞報道方法及其対受衆知情権的影響——従我国伝媒対美国『9・11』事件報道談起」，『新聞大学』夏，2002 年，45 頁。

沈正賦『突発公共事件報道研究』安徽人民出版社，2010 年。

沈正賦「唐山大地震死亡人数為何三年後才允許報道？」『炎黄世界』第 6 期，2013 年，68-9 頁。

童兵『比較新聞伝播学』中国人民大学出版社，2002 年。

王芸「対微博與論場的伝播学解構——以"温州動車事故"的微博伝播為例」『新聞界』第 1 期，2012 年，6-9 頁。

王潤澤「大選報道与美国媒体的党派色」『中国記者』第 12 期，2004 年，70-1 頁。

呉廷俊編『中国新聞伝播史 (1978-2008)』復旦大学出版社，2011 年。

魏永征『新聞伝播法教程 (第三版)』中国人民大学出版社，2010 年。

謝耕耘・曹慎慎・王婷『突発事件報道』上海交通大学出版社，2009 年。

夏倩芳・葉暁華「従失語到喧哗：2003 年 2 月——5 月国内媒体"SARS 危機"報道跟踪」『新聞与伝播研究』第 2 期，2003 年，56-65 頁。

尹韵公「論中国独創特色的内部参考信息伝播工作及其機制」『新聞与伝播研究』第 1 期，2012 年，4-14 頁。

楊魁・劉暁程『政府・媒体・公衆：突発事件信息伝播応急機制研究——以 2008 年 5・12 大震災為例』中国社会科学出版社，2010 年。

厳功軍「当前我国新聞体制改革的新趨勢」『西南民族大学学報 (人文社会科学版)』第 10 期，2009 年，134-8 頁。

楊秀娜「突発性危機事件与政府新聞発布制度——以西蔵 3・14 事件和新疆 7・5 事件為例」『新聞愛好者月刊』第 4 期，2011 年，35-6 頁。

楊雅淇「7・23 動車事故的報道框架分析——以新浪網為例」『新聞世界』第 1 期，2012 年，122-4 頁。

喩国民主編『中国社会與情年度報告 (2012)』人民日報出版社，2012 年。

喩国民「網絡與論情熱点事件的特徴及統計分析」『人民論壇・学術前沿』第 287 期，2010 年，24-6 頁。

中国社会科学院新聞研究所編『中国共産党新聞工作文献匯編』(中) 新華社出版社，1980 年。

中央宣伝部辦公庁編『党的宣伝工作文献選編④ (1988-1992)』中央党校出版社，1994 年，1845-7 頁。

中国共産党党内監督条例 (試行) 学習資料編写組編『中国共産党党内監督条例 (試行)』中国方正出版社，2004 年。

趙士林『突発事件与媒体報道』復旦大学出版社，2006 年。

英語（アルファベット順）

Allport, G. W., & Postman, L., *The psychology of rumor*, New York:Henry Holt, 1947.

Ball-Rokeach, S. J., Hale, M., Porras, L., Harris, P., & Drayton, M "Changing the media production process: From aggressive to injury-sensitive traffic crash stories", *Mass media, social control, and social change: A macrosocial perspective*, 1999, pp. 229-62.

Beck, P. A., Dalton, R. J., Greene, S., & Huckfeldt, R., "The social calculus of voting: Interpersonal, media, and organizational influences on presidential choices", *American political science review*, 2002, 96 (01), pp. 57-73.

Cogburn, D. L., & Espinoza-Vasquez, F. K., "From networked nominee to networked nation: Examining the impact of Web 2.0 and social media on political participation and civic engagement in the 2008 Obama campaign", *Journal of Political Marketing*, 2011, 10 (1-2), pp. 189-213.

Donald, S. H., Keane, M., & Hong, Y., *Media in China: Consumption, content and crisis*. Routledge, 2002.

Fu, K. W., White, J., Chan, Y. Y., Zhou, L., Zhang, Q., & Lu, Q, "Enabling the disabled: media use and communication needs of people with disabilities during and after the Sichuan earthquake in China", *International Journal of Emergency Management*, 7 (1), 2010, pp. 75-87.

Gamson. W. et al., "Media Images and the Social Construction of Reality" *Annual Review of Soeiology* 18:, 1992, pp. 373-393.

Gitlin, T, "Public sphere or public sphericules?", *Media, ritual and identity*, 1998, pp. 175-202.

Greer, C. F., & Moreland, K. D., "United Airlines' and American Airlines' online crisis communication following the September 11 terrorist attacks", *Public Relations Review*, 29 (4), 2003, pp. 427-41.

Hayes, A. F., & Krippendorff, K., "Answering the call for a standard reliability measure for coding data", *Communication methods and measures*, 1 (1), 2007, pp. 77-89.

Habermas, J., "The public sphere: An encyclopedia article", *NEW German Critique3*, 1974, pp. 49-55.

Humphreys, L., Gill, P., Krishnamurthy, B., & Newbury, E, "Historicizing new media: A content analysis of Twitter", *Journal of communication*, 63 (3), 2013, pp.413-31.

Hong, S., & Nadler, D., "Which candidates do the public discuss online in an election campaign: The use of social media by 2012 presidential candidates and its impact on candidate salience", *Government Information Quarterly*, 2014, 29 (4), pp. 455-61.

ITO, Takehiko, "What Kind of Media Contributes to Human Happiness? : From the News Report on the 311 Nuclear Plant Accidents", *Journal of International Society of Life Information Science*, 32 (2), 2014, pp. 241-5.

Luther, C. A., & Zhou, X., "Within the boundaries of politics: News framing of SARS in China and the United States", *Journalism & Mass Communication Quarterly*, 82 (4),

2005, pp. 857–72.

Luo, Y., "The Internet and agenda setting in China: The influence of online public opinion on media coverage and government policy", *International Journal of Communication*, 8, 2014, pp. 1289–1312.

Lasswell, H. D., "The structure and function of communication in society", *The communication of ideas*, New York: Institute for Religious and Social Studies, 1948, pp. 32–51.

Lowrey, W., Gower, K., Evans, W., & Mackay, J., "Assessing newspaper preparedness for public health emergencies", *Journalism & Mass Communication Quarterly*, 83 (2), 2006, pp. 362–80.

Loges, W. E., & Ball-Rokeach, S. J., "Dependency relations and newspaper readership", *Journalism & Mass Communication Quarterly*, 70 (3), 1993, pp. 602–14.

Loia V, Senatore S., "A fuzzy-oriented sentic analysis to capture the human emotion in Web-based content", *Knowledge-Based Systems*, 2014, 58 (1)： pp. 75–85.

Mendelsohn, H., *Mass entertainment*, New Haven (Conn.)： College & University Press, 1966.

MacKinnon, R., "Flatter world and thicker walls？ Blogs, censorship and civic discourse in China", *Public Choice*, 134 (1–2), 2008, pp. 31–46.

Michael, Regester, *Crisis Management*, Random House Business Books, 1989–1995.

Quarantelli, E. L., "The nature and conditions of panic", *American Journal of Sociology*, 1954, pp. 267–75.

Stockmann, D., *Media commercialization and authoritarian rule in China*, Cambridge University Press, 2013.

Tichenor, P. J., Donohue, G. A., Olien, C. N., & Clarke, P., *Community conflict & the press*. Newbury Park, CA: Sage publications, 1980.

Wright, C. R., "Functional analysis and mass communication", *Public Opinion Quarterly*, 24 (4), 1960, pp. 605–20.

Xiao, Q., "The rise of online public opinion and its political impact", Susan L. Shirk eds., *Changing media, changing China*, Oxford University Press, 2011, pp. 202–24.

Yuvaraj, N., & Sabari, A., "Twitter sentiment classification using Binary Shuffled Frog Algorithm", *Intelligent Automation & Soft Computing*, 2016, pp. 1–9.

Yao, L., "Position the Brand: Identify the Role of Social Media for Public", *Accounting Firms*, Doctoral dissertation: LIBERTY UNIVERSITY., 2016.

Zheng, Y., *Technological empowerment: The Internet, state, and society in China*. Stanford University Press, 2007.

Zhao, Y., *Media, market, and democracy in China: Between the party line and the bottom line*. University of Illinois Press, 1998.

Zhao, Y., *Communication in China: Political economy, power, and conflict*. Rowman & Littlefield Publishers, 2008.

電子報告書（アルファベット順）

CNNIC「2008 年中国互联网舆情分析报告」(http://www.china.com.cn/aboutchina/zhuanti/09zgshxs/content_17100922.htm〔2014 年 10 月 7 日〕)。

CNNIC「第十二次中国互聯網発展状況調査統計報告 (2003 年 7 月)」(http://www.cnnic.net.cn/hlwfzyj/hlwxzbg/hlwtjbg/201206/P020120612484925610080.pdf〔2010 年 5 月 20 日〕)。

CNNIC「(第 22 次) 中国互聯網絡発展状況統計報告」(http://www.cnnic.net.cn/hlwfzyj/hlwxzbg/index_3.htm〔2011 年 1 月 6 日〕)。

CNNIC「(第 31 次) 中国互聯網絡発展状況統計報告」(http://www.cnnic.cn/gywm/xwzx/rdxw/rdxx/201302/W020130115444339760410.pdf〔2013 年 12 月 14 日〕)。

CNNIC「(第 38 次) 中国互聯網絡発展状況統計報告」(http://www.cnnic.net.cn/hlwfzyj/hlwxzbg/hlwtjbg/201608/P020160803367337470363.pdf〔2016 年 10 月 1 日〕)。

総務省 (http://www.soumu.go.jp/main_content/000280553.pdf〔2014 年 6 月 1 日〕)。

法規制・条例（年度順）[1,2]

1952 年 10 月 1 日　出版総署〔関於国営出版社編輯機構及工作制度的規定〕(「国営出版社編集機構および業務制度に関する規定」)。

1980 年 4 月 20 日　国家出版局・中共中央宣伝部〔出版社工作暫定条例〕(「出版社工作（業務）に関する暫定条例」)。

1987 年 7 月 18 日　中共中央宣伝部・中央対外宣伝小組・新華通信社〔関於改進新聞報道若干問題的意見〕(「ニュース報道の改善に関する若干の意見」)。

1989 年 5 月 6 日　中共中央宣伝部・新聞出版署〔中央宣伝部, 新聞出版署関於印発当前出版社改革, 図書発行制度改革的若干意見〕(「中央宣伝部, 新聞出版署が現在の出版社改革, 図書発行制度の改革について若干の意見」)。

1989 年 1 月 28 日　国務院辦公室・中央宣伝部〔関於改進突発事件報道工作的通知〕(「突発事件の報道活動の改善に関する通知」)。

1993 年 6 月 29 日　新聞出版署〔関於出版単位的主辦単位和主管単位職責的暫行規定〕(「出版単位の主管・主辦単位の職責に関する暫定規定」)。

1998 年 10 月 25 日　中華人民共和国国務院〔事業単位登記管理暫行条例〕(「事業単位の登録や管理に関する暫定条例」)。

1999 年 10 月 6 日　中共中央辦公庁〔中央宣伝部, 中央対外宣伝辦公室関於加強国際互聯網絡新聞宣伝工作的意見〕(「中央宣伝部, 中央対外宣伝辦公室による国際インターネットニュース宣伝業務に関する意見」)。

2000 年 2 月 29 日　民政部・国家保密局〔民政工作中国家秘密及其密級具体範囲的規定〕(「民政業務における国家秘密および国家秘密の具体的な範囲に関する規定」)。

2000 年 5 月 29 日　中央宣伝部・新聞出版総署〔関於建立違紀違規報刊警告制度的意見〕(「紀

1　並び順は「制定年月日」「制定機関」「法規制・名例名」。

2　〔　〕内は中国語表示,「　」内は日本語訳である。

律や規則に反する新聞や刊行物の警告制度の創設に関する意見」)。

2000 年 9 月 25 日　中華人民共和国国務院〔互聯網信息服務管理辦法〕(「インターネット情報サービスの管理方法」)。

2000 年 11 月 6 日　国務院新聞辦公室・信息産業部〔互聯網站従事登載新聞業務管理暫行規定〕(「ネットサイトでのニュース掲載業務に関する管理暫定規定」)。

2000 年 11 月 8 日　信息産業部〔互聯網電子公告服務管理規定〕(「インターネットにおける掲示板サービスに関する管理規定」)。

2001 年 12 月 25 日　中華人民共和国国務院〔出版管理条例〕(「出版管理条例」)。

2002 年 6 月 27 日　新聞出版総署・信息産業部〔互聯網出版管理暫行規定〕(「インターネットの出版管理に関する暫定規定」)。

2003 年 5 月 9 日　中華人民共和国国務院〔突発公共衛生事件応急条例〕(「突発公共衛生事件に対する緊急対応条例」)。

2003 年 12 月 31 日　中国共産党中央〔中国共産党党内監督条例 (試行)〕(「中国共産党党内における監督条例 (仮試行)」)。

2005 年 9 月 25 日　国務院新聞辦公室・信息産業部〔互聯網新聞信息服務管理規定〕(「インターネットニュース情報サービスの管理規定」)。

2008 年 8 月 30 日　第十届 (次) 人民代表大会常務委員会『中華人民共和国突発事件応対 (対応) 法』。

2009 年 2 月 9 日　新聞出版総署〔報紙，期刊審読暫行辦法〕(「新聞，定期刊行物の審読暫定規定」)。

2011 年 7 月 28 日　工業信息産業部〔互聯網新聞信息服務管理規定(征求意見稿)〕(「インターネットニュース情報サービスの管理規定 (意見募集案)」)。

2011 年 3 月 19 日　中華人民共和国国務院〔出版管理条例 (修訂版)〕(「出版管理条例 (修正版)」)。

2013 年 7 月 18 日　中華人民共和国国務院〔出版管理条例 (修訂版)〕(「出版管理条例 (修正版)」)。

2011 年 12 月 16 日　北京市人民政府新聞辦公室・北京市公安局・北京市通信管理局・北京市互聯網信息辦公室〔北京市微博客発展管理若干規定〕(「北京市微博の発展の管理に関する若干規定」)。

2013 年 4 月 8 日　国家新聞出版広電総局〔関於加強新聞加采編人員網絡活動管理的通知〕(「報道記者や編集者のネット活動に関する管理を強化する通知」)。

2014 年 8 月 7 日　互聯網信息辦公室〔即時通信工具公衆信息服務発展管理暫行規定〕(「インスタントメッセージ・サービスの発展や管理に関する暫定規定」)。

2016 年 7 月 3 日　互聯網信息辦公室〔関於進一歩加強管理制止虚假新聞的通知〕(「偽ニュースを排除するための管理制度通知」)。

索　引

◆アルファベット

Allport & Postman　5
boundary　161
building frame　161
CNN　225
FOX テレビ　225
Gamson　161
Lasswell　222
Mendelsohn　222
Michael, Regester　214
Quarantelli　6
SARS 事件　1
SARS の蔓延　76
SNS　119
UBER　171
Wright　222

◆あ行

アカウント　175
悪影響　62
安心　215
安否　163
遺憾　100
遺族　132
依存度　140
異地監督　153
一元管理体制　8
一元体制・二元実行（運行）　30
一党支配　213
一般市民　96
意図的　231
イメージ分析　111
インターネット発展状況　107

網絡警察　209
網絡反腐敗　154
微信　157
微博　119
微博コミュニティー　49
微博事業者　49
英雄　172
援助活動　92
汚染　216
オリジナル　186
温家宝　149

◆か行

改革開放　3
階級闘争の道具　29
カイ二乗検定　76
科学的発展観　206
格差社会　212
華西都市報　95
活性化　85
管轄行政地域内　46
監視機能　21,240
感情的な発信　168
感情の発散　187
感染拡大　61
感動的な宣伝報道　116
カンヌ国際映画祭　113
旗幟鮮明　223
規制緩和　23
既存メディアとネットメディアの連動　117
既存メディアの補完　233
救援精神　98
恐慌止于公開　64
強国掲示板　19

議論場　107

草の根ジャーナリズム　209

草の根の階層　22

薬の買い占め　63

君臨　226

軍の美化　218

計画経済　29

経済権力　217

経済体制　124

結婚記念日　179

献血活動　136

検察機関　155

原発報道　4

言論統制　174

高官問責制　17

公共衛生事件　1

〈公共〉空間　120

公共道徳　52

公権力の監視機能　138

高速列車の減速　148

公表機能　106

コーディネーターの役割　240

胡錦濤政権　61

国営通信社　82

国際世論　66

国内社会の安定化　53

国務院　56

五毛党　173

◆さ行

災害報道　4

財新網　180

削除　191

産業的性格　13

三審制　36

三訂正一読制度　36

恣意的な職権行使　197

事業単位，企業管理　30

事後検閲　42

事後審査　31

事後審査制度　38

事実報道　75

自社報道　103

自主規制　33

事前規制　31, 32

事前審査　31

四川大震災　108

自治区　46

実証的分析　21

失望　184

実名登録　144

実名登録制　43

指摘・批判対象　79

指摘・批判報道　101

司法過程の不透明さ　195

司法制度　190

市民の権利　3

市民の利益を代弁　86

社会公共安全事件　24

社会混乱の予防措置　66

社会問題　208

シャロン・ストーン　113

上海青年報　130

宗教問題　244

習近平　207

重大な歴史的題材　39

主管単位　38

取材権　23

小公共圏　120

賞賛記事　78

上層管理者　164

常態化　140

情報隠蔽　57

情報公開制度　18

情報公開の方針　201

情報公開法整備　61

情報弱者　230

情報操作　2

情報伝達ルート　202
情報の信頼性　45
情報報告制度　35
職務怠慢罪　177
初動　88
処罰制度　33
敬一丹　123
新華社　103
新京報　94
人事任免　29
真相の追及　174
審読制度　38
新聞グループ　9
新聞の規律違反問題　32
新聞の商業性　13
新聞評閲制度　41
新聞，旧聞，無聞　54
人民大学　180
人民日報　26
「人民」の代弁者　236
人民網　89
新浪ニュースサイト　111
新浪微博　45
瑞海国際物流　156
スポークスマン　65
スポンサー　226
スマートフォン　107
政権の支配力　59
政策批判　119
生産安全事故　24
政治改革　3
政治参与　119
政治思想のチェック　38
政治的な覚醒　197
政治闘争　200
政治を動かす力　176
政府が主導する救援活動　165
政府の統制　8
責任追及報道　17

銭江晩報　130
宣伝機能の優先　152
宣伝式報道　54
相互監視　154
相互補完　122
双方向化　203
ソーシャルメディア　158
ソーシャルメディアと選挙研究　19
速報性の無視　87

◆た行

大 V　209
対抗関係　58
大統領選挙キャンペーン　19
大本営報道　5
対立関係　208
多チャンネル化　203
陳有西　180
知乎掲示板　181
地方監視機能　35
中央国家機関　47
中央新聞単位　47
中央政府　134
中央報道機関　46
中華人民共和国突発事件対応（応対）法
　　4,57
中国共産党　2
中国経営報　124
中国式災害報道　87
中国政府の無責任　155
中国赤十字会　90
中国体制　102
中国メディア産業研究　13
中産階級　177
調査報道　102
調査報道紙　153
直接権力　220
直轄市　46
地理的な優位性　104

沈静期　189
擦辺球　58
通気会　41
通稿　130
停刊整頓処理　33
提起役　167
デジタル化　10
鉄道部　136
手抜き工事問題　113
天安門事件　50
展開期　188
転載記事　109
伝達機能　152
テント横領事件　90
唐山大震災　116
頭条新聞　159
党内監督　34
党の喉と舌論　8
党派性　217
童兵　224
党報　93
東方早報　130
特警（特別警察）　138
特集紙面　128
独占する鉄道事業　148
突発事件　1

◆な行

内外有別　17
「内部参考」（内参）制度　34
内容分析　122
内容の遮断　38
南方週末　64
南方都市報　26
二元管理体制　29
21世紀経済報道　124
二次話題　162
日本救援隊　113
ニュース価値　128

人気話題　159
人間性　147
「認識枠組」としてのフレーム　160
内緊外松　16
ネット検索禁止語　191
ネット世論　143
ネットメディアの活用　202
ネットメディアの融合　117
ネットメディアへの依存度　27
ネット世論の形成のメカニズム　27

◆は行

報喜不報憂　16
白岩松　123
発信クレジット　80
発信自由　45
発展途上国　242
ハルビン　239
韓寒　40
韓流ドラマ　166
非政府組織　85
微話題　157
敏感な事件　22
頻出語　127
貧富の差　212
フィルタリング　51
風刺画　237
風習　175
風評被害　216
複合メディア　121
不作為　146
付随するコメント　126
不正の監視への貢献　234
腐敗問題　176
プライバシー侵害　214
プラスイメージ　98
フレーミング　161
文化大革命　50
汶川大震災　108

偏向報道　　188
変死　　179
編集方針　　152
ペンネーム　　236
暴行　　182
報告制度　　56
防災報道　　6
法治程度　　184
報道イメージ　　74
報道慣例　　62
報道ジャンル　　70
報道主題　　72
報道の自由　　11
方法論　　243
法律制度批判　　185
法輪功　　50
保険金　　138
補助警官　　178

◆ま行

マイナスイメージ　　98
ミクロ分析　　12
民間への取材　　84
民衆参加式　　177
民主的な意識　　206
民族問題　　242
無意識な歪曲　　231
無期限出版停止　　40
メディアのイデオロギー・コントロール　　10

メディアの革新　　27
メディアの役割　　7
免職処分　　69
毛沢東　　205

◆や行

優酷　　89
誘導　　190
抑圧運動　　210
四つの基本原則　　241
世論　　120
世論観測室　　156
世論形成ルート　　23
世論コントロール　　185
四中全会　　238

◆ら行

雷洋　　177
熱門微博　　126
熱門評論　　170
利益追求　　218
李克強　　158
流言　　229
両会報道　　65
連邦危機管理庁　　227
ローカル都市報　　68

◆わ行

和諧社会　　206

Changes in China's Media:
How the new media influenced news-reports

CHEN Yasai

This book is based on an analysis of the SARS crisis in 2003, the 512 Sichuan earthquake in 2008, the Wenzhou train crash in 2011, the 812 Tianjin explosion in 2015, and Lei Yang's death in 2017 to approach how the Chinese media's emergency reports changed, how to improve the coverage of emergency, and the principles of emergency reporting.

Specifically, the purpose of this book is to clarify the changes in the coverage of emergencies in China after 2003, and to approach the changes in the relationship between online media, traditional media and politics, and the influence mechanism of public opinion, media and politics.

Chapter 1 mainly discusses the Chinese media management system and the content control system. Focusing on the analysis of dual management system, that is the CCP's ideological control system in the media and the administrative departments' media management system. Specifically, it analyzes the relevant provisions of the content control system.

Chapter 2 takes up the SARS crisis as a case study, and analyzes relevant reports in the People's Daily and the Southern Metropolis Daily, from April 1 to April 30, 2003, and clarifies the relationship between the Chinese governments' response and the media coverage.

Chapter 3 analyzes the relevant reports in the People's Daily, the Beijing News, and the West China City Daily one month after the Sichuan earthquake in 2008, and discusses the similarities and differences between the party newspaper and the city newspaper. The chapter also analyzes postings on the Sina news website and Tianya BBS one month after the Sichuan earthquake, to discuss their specific characteristics, the role of online media, and the relationship between online media and traditional media.

Chapter 4 analyzes relevant reports in the People's Daily, the Beijing News, and the

Wenzhou City News two weeks after the 723 train crash to clarify the differences between the three newspapers. It also analyzes the relevant reports and postings on the Sina microblog, Sina news-website and Tianya BBS to clarify the formation of public opinion, the relationship between online media, traditional media and the government.

Chapter 5 and 6 take up the 812 Tianjin explosion and Lei Yang's death as case studies. Chapter 5 analyzes related reports and discussions of the "headline news" account on the Sina microblog to clarify the formation of online public opinion. Chapter 6 analyzes related reports and discussions on Tianya BBS and the Sina microblog to clarify the characteristics of online public opinion.

Chapter 7 compares the results of the above five cases by considering social development, media reform, and other factors between 2003 and 2017. It also clarifies the changes in media coverage and the formation of public opinion in China in the last ten years.

著者紹介

陳　雅賽（ちん　がさい）

1987年中国湖南省生まれ。2016年早稲田大学大学院政治学研究科博士課程修了。博士（ジャーナリズム）。

現在，上海師範大学人文伝媒学院准教授，上海師範大学現代伝媒発展研究センター副主任。

主要研究業績：「中国のニューメディアと世論形成メカニズム」『ソーシャルメディアと世論形成』（共訳）東京電機大学出版局，2016年9月，「8・12天津爆発事故における中国ネット世論形成──新浪微博の分析を通じて」『社会情報学』2016年5巻1号，「7・23温州列車脱線事故における中国ネット世論の形成──新浪ニュースサイト，新浪微博，天涯掲示板」『マス・コミュニケーション研究』2015年86号，「7・23温州列車衝突脱線事故に関する中国新聞報道の分析」『早稲田政治公法研究』2014年105号。

早稲田大学エウプラクシス叢書7

中国メディアの変容
──ネット社会化が迫る報道の変革

2017年10月30日　　第1刷発行

著　者……………… 陳　　雅　賽
発行者……………… 島　田　陽　一
発行所……………… 株式会社　早稲田大学出版部
　　　　　　　　　〒169-0051　東京都新宿区西早稲田1-9-12
　　　　　　　　　TEL03-3203-1551　http://www.waseda-up.co.jp
装　丁……………… 笠井亞子
印刷・製本………… 精文堂印刷株式会社

©Yasai Chen 2017 Printed in Japan　　ISBN978-4-657-17805-3
無断転載を禁じます。落丁・乱丁本はお取替えいたします。

刊行のことば

　1913（大正2）年、早稲田大学創立 30 周年記念祝典において、大隈重信は早稲田大学教旨を宣言し、そのなかで、「早稲田大学は学問の独立を本旨と為すを以て　之が自由討究を主とし　常に独創の研鑽に力め以て　世界の学問に裨補せん事を期す」と謳っています。

　古代ギリシアにおいて、自然や社会に対する人間の働きかけを「実践（プラクシス）」と称し、抽象的な思弁としての「理論（テオリア）」と対比させていました。本学の気鋭の研究者が創造する新しい研究成果については、「よい実践（エウプラクシス）」につながり、世界の学問に貢献するものであってほしいと願わずにはいられません。

　出版とは、人間の叡智と情操の結実を世界に広め、また後世に残す事業であります。大学は、研究活動とその教授を通して社会に寄与することを使命としてきました。したがって、大学の行う出版事業とは大学の存在意義の表出であるといっても過言ではありません。これまでの「早稲田大学モノグラフ」、「早稲田大学学術叢書」の2種類の学術研究書シリーズを「早稲田大学エウプラクシス叢書」、「早稲田大学学術叢書」の2種類として再編成し、研究の成果を広く世に問うことを期しています。

　このうち、「早稲田大学エウプラクシス叢書」は、本学において博士学位を取得した新進の研究者に広く出版の機会を提供することを目的として刊行するものです。彼らの旺盛な探究心に裏づけられた研究成果を世に問うことが、他の多くの研究者と学問的刺激を与え合い、また広く社会的評価を受けることで、研究者としての覚悟にさらに磨きがかかることでしょう。

　創立150周年に向け、世界的水準の研究・教育環境を整え、独創的研究の創出を推進している本学において、こうした研鑽の結果が学問の発展につながるとすれば、これにすぐる幸いはありません。

2016年11月

早稲田大学